Marcel Müller

Von der *Weltfremdheit* zur *Antiquiertheit*

Marcel Müller

Von der *Weltfremdheit* zur *Antiquiertheit*

Philosophische Anthropologie bei Günther Anders

Tectum Verlag

Marcel Müller

Von der „Weltfremdheit" zur „Antiquiertheit".
Philosophische Anthropologie bei Günther Anders

ISBN: 978-3-8288-2885-8
Printed in Germany

Besuchen Sie uns im Internet
www.tectum-verlag.de

Bibliografische Informationen der Deutschen Nationalbibliothek
Die Deutsche Nationalbibliothek verzeichnet diese Publikation in der Deutschen Nationalbibliografie; detaillierte bibliografische Angaben sind im Internet über http://dnb.ddb.de abrufbar.

Für Etienne

Inhalt

Vorwort

Die Vorarbeiten zu diesem Band basieren auf meiner 2010 an der Universität Leipzig vorgelegten Magisterarbeit. Für Unterstützung bei der Erarbeitung möchte ich mich bei folgenden Personen bedanken: meinem Erstgutachter Prof. Dr. Volker Caysa; beim Zweitgutachter Prof. Dr. Ulrich Bröckling, der mich auf das Thema Anthropologie bei Günther Anders aufmerksam machte; bei Prof. Dr. Gerald Hartung, der mir die Denkweise der Philosophischen Anthropologie näher brachte. Gerald Oberschlick und Werner Reimann gewährten mir Einsicht in die Rückübersetzungen der in französischer Sprache publizierten Andersschen Aufsätze - auch dafür herzlichen Dank. Christian Dries verdanke ich wertvolle Hinweise zum Nachlass von Günther Anders und die Anregung, die Ergebnisse meiner Untersuchungen einer interessierten Öffentlichkeit zugänglich zu machen. Außerdem gilt mein Dank den Mitarbeiterinnen und Mitarbeitern des Österreichischen Literaturarchivs, die mich Einblick in den Nachlass von Günther Anders nehmen ließen. Schließlich möchte ich mich bei all jenen bedanken, die mir bei der Abfassung und Überarbeitung des Buches behilflich waren, insbesondere bei Karin Beckmann, Heiko Beyer, Hendrikje Schauer und Susan Wille.

Marcel Müller, Leipzig im Oktober 2011

1 Einleitung

Wenige Denker sperren sich der akademischen Rezeption so sehr wie Günther Anders. Wem er bekannt ist, der kennt ihn als gnadenlosen Kritiker des technologischen Zeitalters und unermüdlichen Warner vor der atomaren Gefahr. Angesichts dieser praktischen Bedrohung schien ihm rein theoretische Diskussion nicht gerechtfertigt. So suchte er Abstand vom universitären Treiben und lehnte unter anderem zwei Berufungen auf Lehrstühle ab. In den *Methodologischen Nachgedanken* des zweiten Bandes seines Hauptwerkes *Die Antiquiertheit des Menschen* gab er seinen Untersuchungen *Über die Zerstörung des Lebens im Zeitalter der dritten industriellen Revolution* (so der Untertitel des Buches) die Selbstbezeichnung „*'prognostische Hermeneutik'*" (AM II: 425[1]) - es ging ihm also um das Verstehen des beunruhigenden Potentials, das in den technischen Artefakten steckt und sich gegen deren Schöpfer, den *homo faber* wendet. Doch er nimmt dieses, verdächtig nach Schulphilosophie klingende, Label im Anschluss sofort wieder zurück:

> „Aber solche gespreizten termini technici erübrigen sich, da es keinen akademischen Vertreter dieser Disziplin gibt, vielmehr die meisten Philosophen, ihrer Zeit nachhumpelnd, wenn sie ‚verstehen' oder ‚interpretieren', noch immer ausschließlich das auszufinden suchen, was die Autoren der (nicht nur literarischen) Produkte mit diesen gemeint hatten; nicht das, was die Produkte aus uns machen werden." (ebd.)

Es gibt also keinen und auch Günther Anders ist kein *akademischer* Vertreter der prognostischen Hermeneutik. Zugleich wird der philosophischen Betrachtung philosophischer Werke mit einem versteckten Hinweis auf (den Universitätsprofessor) Hegel jede Berechtigung entzogen. Ist Philosophie nach diesem doch *ihre Zeit* in Gedanken gefasst (Hegel 1970: 26) und nicht etwa die *philosophischen Veröffentlichungen* ihrer Zeit in Gedanken gefasst. Aus diesem Grund würde Anders der in dieser Arbeit unternommenen werkgeschichtlich-hermeneutischen Interpretation seiner Philosophie vermutlich jede Legitimation absprechen, zumindest jedoch nach den Aktualisierungen seiner Beurteilung des Weltzustandes Technik (vgl. AM II: 9) im 21. Jahrhundert fragen. An-

---

1 Die Aufschlüsselung der Siglen findet sich in der Bibliographie, S. 151f.

lässe hierzu bestehen sicherlich: zwar ist die Drohung einer atomaren (und damit für die Menschheit terminalen) Eskalation des Kalten Krieges überwunden, aber die Möglichkeit, dass z.B. so genannte *dirty bombs* im Rahmen einer irregulären Kriegsführung (vgl. Freudenberg 2008: 21, 135) eingesetzt werden, wird nicht nur in der westlichen Welt gefürchtet.

Doch soll dieser Weg hier nicht beschritten werden. Diese Inkonsequenz kann sich zu ihrer Verteidigung auch auf die Günther Anders' eigene Inkonsequenz[2] berufen. Tatsächlich finden sich in den beiden Bänden der *Antiquiertheit des Menschen* nur spärliche Bezüge auf andere Autorinnen und Autoren, zeitgenössische Diskussionen zur Technikphilosophie (und immerhin liegen zwischen dem Erscheinen der zwei Bücher knapp 25 Jahre) werden kaum berührt. Begibt man sich jedoch in das Anderssche Denkgebäude, wartet Überraschendes. So untersucht er im einleitenden Aufsatz des ersten Bandes seiner Technikphilosophie, der gewissermaßen das Prolegomenon für die noch immer anregenden Überlegungen zum Fernsehen und vor allem zur ersten philosophischen Thematisierung der Atombombe bilden, die *prometheische Scham*. Er beobachtet diese *„Scham vor der ‚beschämend' hohen Qualität der selbstgemachten Dinge"* (AM I: 23) an einem Bekannten während der Führung durch eine technische Ausstellung. Angesichts der Perfektion der präsentierten Apparate, die dem Beobachter als „Vertreter einer höheren Seinsklasse" (AM I: 23) erschienen, fühlte dieser sich „in seiner fleischlichen Tölpelhaftigkeit, in seiner kreatürlichen Ungenauigkeit" (AM I: 23) als makelbehaftet, als „Fehlkonstruktion" (AM I: 32), den Ausstellungsobjekten unterlegen, er schämte sich *„geworden, statt gemacht zu sein"* (AM I: 24).

Auffällig ist nun zweierlei: Die anschließende subtile Interpretation dieser ersten Beobachtungen als „ein in einen Zustand der Verstörtheit ausartender reflexiver Akt, der dadurch scheitert, daß der Mensch sich in ihm, vor einer Instanz, von der er sich abwendet, als etwas erfährt, was er ‚nicht ist', aber auf unentrinnbare Weise ‚doch ist'" (AM I: 98), weist Anders als einen würdigen Schüler seines Lehrers Edmund Husserl aus. Mit Recht lässt sich der Essay daher als „Phänomenologie der Scham" (Wittulski 1992a: 32) bezeichnen. Selbst der sich als Außenseiter des universitären Betriebes stilisierende Anders spricht von einer „akademisch-phänomenologischen Beschreibung" (AM I: 68). Zusätzlich weist Anders in einer Anmerkung darauf hin, dass seine Überle-

2 Er selbst scheute solches Verhalten nicht. Trotz seines offensiv vertretenen theoretischen Nihilismus (s.u., Abs. 4.4.4) trat er für das Überleben der Menschen mit *„eiserner Inkonsequenz"* (Anders 1982b: 198) ein.

gungen keineswegs ausschließlich angesichts der drohenden Entwürdigung des menschlichen Selbstbewusstseins durch die Produkte der Hochtechnologie entstanden sind. Denn für eine erste „Formulierung dieser Scham-Theorie" (AM I: 332) - die noch fernab des Objekts Technik ausgearbeitet wurde - verweist er auf einen frühen eigenen Aufsatz mit dem Titel *Pathologie de la liberté*, erschienen 1936/37 in einer französischen philosophischen Fachzeitschrift zu einer Zeit, da sich Anders selbst noch vorsichtige Hoffnungen auf eine akademische Laufbahn machen durfte.

Dort thematisiert Anders - der damals seine Texte noch unter dem Familiennamen seines Vaters, des Psychologen William *Stern*, veröffentlichte - die Scham als Reaktion auf das „Schockiertsein vor dem Kontingenten" (PF: 12, s.u., Abs. 2.2.6). Als kontingent erfährt sich der Mensch, weil er zwar ein Bewusstsein von sich als frei handelnde Person hat, sich aber zugleich als „nicht-von-sich-gesetzt erfährt" (PF: 12), insofern also nicht nur *Ich*, sondern auch *Welt ist* (vgl. PF: 14) und noch dazu für die Tatsache des „Ausgerechnet-ich-seins" (PF: 13) - trotz seiner Freiheit - nichts kann. Scham ist daher *„vor allem Scham über den Ursprung"* (PF: 13), sie zeigt an, dass „ich zugleich identisch und nichtidentisch mit mir bin" (PF: 12). In den Bestimmungen der prometheischen Scham finden sich diese Charakterisierungen insofern wieder[3], dass der imperfekte Mensch sich auch hier seines Ursprungs, seiner ontischen Mitgift (vgl. AM I: 69) schämt - er ist geboren und nicht konstruiert, daher mit natürlichen Fehlern behaftet und noch dazu *„leicht verderblich"* (AM I: 50).

Und noch etwas erweist sich als erstaunlich: die Scham wurde einige Jahre zuvor von Max Scheler - ein weiterer Vertreter der Phänomenologie, zu dem Anders zeitweilig in Kontakt stand - im Rahmen seiner *Grammatik der Gefühle* behandelt. Ausschnitte der Ergebnisse wurden 1913, der Großteil des Materials 1933, in einem Nachlassband der *Gesammelten Schriften* Schelers, publiziert. Es lässt sich nicht rekonstruieren, ob Anders die Arbeiten kannte, es findet sich kein Verweis auf Scheler bei ihm. Für Scheler ist Scham „einerseits die Rückwendung des Individuums auf sich selbst und Gefühl einer Notwendigkeit des inneren Selbstschutzes vor aller Sphäre des Allgemeinen" (Scheler 1957a: 90). Die Geschlechtsscham, auf die sich Scheler konzentriert,

3 Lohmann warnt, die Kontinuität überzubewerten, da keine unmittelbare Anknüpfung an den frühen Schambegriff vorliegt (1996: 172). Diese Warnung ist ebenso ernst zu nehmen wie Anders eigener Verweis. Die Frage zu klären, inwiefern in Anders' Werk Brüche und Kontinuitäten vorliegen, wird ein wesentliches Movens der weiteren Ausführungen sein (s.u., v.a. Abs. 4.5.1f.)

reagiert demnach auf die Verbindung von Allgemeinstem - gemeint ist die Sexualität als Bedingung der Fortpflanzungsfähigkeit der Gattung - und Individuellstem - die Intimität des eigenen Leibes[4] (vgl. ebd.: 80). Dabei ist die Scham für Scheler ein Beweis für die Sonderstellung des Menschen im Sein, denn ein Tier *kann* keine Scham, ein Gott *muss* keine Scham empfinden (vgl. ebd.: 65ff.; vgl. Schloßberger 2010: 810f.). Sie ist *nur* dem Menschen möglich, denn nur er *hat* einen Leib, ist nicht bloß ein physischer Körper und hat daher ein Bewusstsein von sich als Natur (vgl. Scheler 1957a: 69).

Die Schamanalyse Schelers enthält also eine *anthropologische These;* Scham wird als (eine) *differentia specifica* des Menschen ausgezeichnet. Zwar wird Schelers anthropologisches Hauptwerk *Die Stellung des Menschen im Kosmos* erst später veröffentlicht werden und es bildet auch nur eine Einleitung, während der größte Teil seiner Anthropologie sich im Nachlass findet, aber schon hier gilt sein Interesse der Frage nach dem, was den Menschen ausmacht und von anderen Seinsarten unterscheidet. Die Schamtheorie kann also als ein früher Beitrag zur Schelerschen Anthropologie verstanden werden. Und bei näherer Betrachtung des französischen Aufsatzes von Günther Anders, der zudem den zweiten Teil eines schon 1934/35 veröffentlichten Textes bildet, erweist sich dieser ebenfalls als ein Versuch über *Philosophische Anthropologie.* In einem Interview aus dem Jahr 1979 gibt Anders über seine frühe Schaffensperiode Auskunft und dort heißt es, er habe zur Entstehungszeit der beiden Aufsätze vorgehabt, „eine systematische philosophische Anthropologie zu verfassen“ (GA: 27). Der Anders der *Antiquiertheit des Menschen* wird, ebenso wie auf eine Diskussion der Ergebnisse akademischen Philosophierens zum Thema Technik, auf die Ausarbeitung eines *Systems* ausdrücklich verzichten (vgl. AM I: 13f.; AM II: 10f.). Seine Methode bezeichnet er jetzt als Gelegenheitsphilosophie (vgl. AM I: 8; AM II: 10), die sich die Objekte der Sorge und der Gefahr jenseits aller methodischen Strenge vornimmt. Und trotzdem finden sich auch innerhalb dieser Konzeption immer wieder Rückverweise auf die frühen Arbeiten, es werden Gedanken wieder aufgenommen, weiterentwickelt, andere verworfen. Nicht zuletzt hat er an zentraler Stelle auch seine

---

4 Dieser Gedanke findet sich nahezu unverändert in den zwischen der *Pathologie de la liberté* und der *Antiquiertheit des Menschen* entstandenen (aber erst 1986 veröffentlichten) *Notizen zur Geschichte des Fühlens.* Dort geht es um den Abbau der Geschlechtsscham und Anders schreibt: „Das Individuum schämt sich seines nicht-individuellen Teiles und macht diesen zum unsichtbaren, dadurch privatesten Teil, den er ‚die Scham‘ nennt.“ (Anders 1986: 81)

Technikphilosophie explizit als eine philosophische Anthropologie im Zeitalter der Technokratie ausgewiesen (vgl. AM II: 9).

Diese *konsequente Inkonsequenz* werde auch ich mir zu Eigen machen und in einem Zugriff auf die ‚literarischen' Produkte des frühen Anders die Entstehung seiner nicht-akademischen Philosophie bis in deren akademische Vorzeit zurückverfolgen. Da Günther Anders innerhalb seines Jahrhundertlebens (1902-1992) als Jude 1933 das nationalsozialistische Deutschland verlassen musste und zunächst in Frankreich, später in den Vereinigten Staaten im Exil lebte, blieb ihm eine akademische Laufbahn nicht nur aus selbst gewählten Gründen verwehrt. Mit der fehlenden Reputation als Wissenschaftler ging aber auch die Unmöglichkeit einher, Geschriebenes zu publizieren. Dabei war Anders nicht nur Philosoph, sondern auch Schriftsteller (vgl. GA: 30). Nach eigener Aussage machen die Veröffentlichungen nur ein Viertel seines Werkes aus (vgl. 1982b: 321). Daher werde ich neben den beiden schon erwähnten Aufsätzen weitere Schriften heranziehen, die der Ausarbeitung der philosophischen Anthropologie gewidmet sind und die sich größtenteils im Nachlass von Günther Anders befinden, der im Österreichischen Literaturarchiv in Wien aufbewahrt wird.

Dilthey hat darauf hingewiesen, dass „alles Leben an sich hermeneutisch" (Landmann 1975: 11) ist, sich also stets Deutungen seiner selbst gibt. Insbesondere aber das philosophische Denken kam nie ohne eine Reflexion auf den Menschen aus; insofern existierte von jeher philosophische Anthropologie (vgl. Marquard 1971: 362). Andererseits „gibt es erst seit den zwanziger Jahren des vorigen Jahrhunderts" „ein gesondertes philosophisches Fragen nach dem Wesen des Menschen, das auf den Namen *philosophische Anthropologie* hört" (Hartung 2008: 39). In diesem Kontext sind auch die Andersschen Texte entstanden, die im weiteren Verlauf näher betrachtet werden sollen. Insgesamt kann für die letzten gut zwanzig Jahre von einer „Wiederkehr des anthropologischen Denkens" (Hartung 2009: 112) gesprochen werden, insbesondere weil sich neue Möglichkeiten der „angestrebten technischen Reproduzierbarkeit des Lebens" (ebd.: 113; vgl. Thies 2004: 142f.) ergeben haben. Aber auch die Entwicklungen in der Hirnforschung, die damit einhergehende Demontage der Vorstellungen menschlicher Freiheit und Verantwortlichkeit (vgl. Krüger 2010: 16f.) lassen unser - mittlerweile traditionell säkulares - Wissen vom Menschen *erneut* „völlig und restlos ‚problematisch'" (Scheler 1976b: 120) werden, wie es Scheler noch angesichts der Kränkung[5] (vgl. Freud 1969: 283f.) des christlich geprägten

[5] Johannes Rohbeck hat den drei von Freud genannten Kränkungen (kosmologische, biologische und psychologische) noch eine vierte, die *„technologische Krän-*

Selbstbildes des Menschen durch Darwin und die naturwissenschaftliche Entwicklung an der Wende zum 20. Jahrhundert formulierte. Dieses neue Interesse hat auch die philosophiehistorische Forschung angeregt und in den kommenden Ausführungen soll es daher unter anderem darum gehen, Günther Anders und seine Beiträge innerhalb des Gesamtzusammenhangs des anthropologischen Denkens zu verorten.

Die Arbeit gliedert sich in drei Kapitel, deren erstes Anders' Arbeiten zur Philosophischen Anthropologie bis zum Ende des Zweiten Weltkriegs untersucht. Im darauf folgenden wird systematisch gefragt, ob Anders in diesen frühen Schriften als ein typischer Vertreter des *Denkansatzes Philosophische Anthropologie* (vgl. Fischer 2008) gelten kann. Das dritte Kapitel widmet sich der nach 1945 entstandenen Andersschen Technikphilosophie und prüft, inwiefern hier das anthropologische Thema wieder aufgenommen wird. Das Eingangskapitel gliedert sich in zwei Teile: zuerst werden die von Anders selbst veröffentlichten Aufsätze zur Philosophischen Anthropologie vorgestellt. Im zweiten werden vor allem unveröffentlichte Manuskripte und Vorarbeiten herangezogen und so die Genese der Andersschen Anthropologie auch anhand der Bezüge auf die zeitgenössische philosophische Diskussion rekonstruiert, wobei zusätzlich die Spuren der philosophisch-anthropologischen Überlegungen in thematisch anders ausgerichteten Schriften derselben Entstehungszeit verfolgt werden. Außerdem wird in einem Exkurs die Beziehung von Günther Anders zu seinem Lehrer Heidegger unter dem Gesichtspunkt ihrer Haltung zur Philosophischen Anthropologie thematisiert. Dem folgt in einem zweiten Anlauf der Versuch, die rekonstruierten Themen und Thesen in die Philosophiehistorie der Philosophischen Anthropologie einzuordnen. Dabei greife ich auf die oben erwähnte Untersuchung von Joachim Fischer (2008) zurück, der auch die Unterscheidung von *Philosophischer Anthropologie* als Denkansatz und *philosophischer Anthropologie* als Disziplin entstammt[6] und in der er den Versuch unternimmt, den ‚Identitätskern' des Denkansatzes freizulegen. Das letzte Kapitel ist dem Vergleich der späten Technikphilosophie von Günther Anders mit seiner frühen Philosophischen Anthropologie gewidmet. Der technikphilosophische Ansatz von Anders wird dargestellt und den Überlegungen zur Technik als Kulturphänomen von Helmuth Plessner und Arnold Gehlen gegenübergestellt. Den Schwerpunkt bildet die Suche nach offensichtlichen und

kung" (1993: 10) hinzugefügt. Damit wird neben dem neu angestoßenen Nachdenken über *den Menschen* auch der Ursprung der *„Kritik der Technik"* (ebd.) in den zwanziger und dreißiger Jahren des 20. Jahrhunderts verständlich.

6 Zu dieser Differenzierung s.u., S. 88f.

auch impliziten Rückbezügen auf die frühen Aufsätze zur Philosophischen Anthropologie in Anders' Hauptwerk *Die Antiquiertheit des Menschen* und anderen Veröffentlichungen.

Das Ziel der Arbeit ist es also einerseits, die Beiträge von Günther Anders zur Philosophischen Anthropologie zu rekonstruieren und durch die Analyse der Einflüsse und Anregungen, die Anders aus den zeitgenössischen Diskussionen aufnahm, in den Gesamtzusammenhang der Philosophie des Menschen der zwanziger und dreißiger Jahre in Deutschland zu stellen. Andererseits soll der Frage nachgegangen werden, ob und wenn ja wie sich die frühen Arbeiten in der späteren Technikphilosophie aufgenommen finden. Dabei sollen drei Thesen begründet werden: 1. Günther Anders' publizierte und nicht-publizierte Beiträge zur Philosophischen Anthropologie beziehen sich ausdrücklich auf die zeitgenössischen Diskussionen zum Thema, vor allem auf die Beiträge von Scheler und Plessner, stehen aber gleichzeitig unter dem Einfluss Heideggers. Der Begriff der *Weltfremdheit* soll, ähnlich wie Schelers *Weltoffenheit* und Plessners *exzentrische Positionalität*, die natürliche Künstlichkeit des menschlichen Wesens begreifbar machen. 2. Anders kann daher mit Recht in seinen Veröffentlichungen zwischen 1927 und 1942 als Vertreter des Denkansatzes der *Philosophischen Anthropologie* gelten. 3. Werkgeschichtlich lässt sich die Zuordnung nicht auf die nach 1945 veröffentlichte Technikphilosophie ausdehnen, da er sich dort vom Identitätskern des Denkansatzes entfernt, ja sich, trotz ambivalenter Rückbezüge, von ihm distanziert. Mit Recht kann seine Diagnose der *Antiquiertheit des Menschen* aber als ein Beitrag zur philosophischen Anthropologie als *Disziplin* zählen.

2 Die Philosophische Anthropologie im Frühwerk Günther Anders'

2.1 Biographisches und Bibliographisches zu Anders' Arbeiten zur Philosophischen Anthropologie

Bevor Günther Anders[7] seit ungefähr 1950 eine ganz eigene, *exterritoriale* (vgl. Liessmann 2002: 9) Philosophie formulierte, genoss er zu Beginn des 20. Jahrhunderts die wohl beste philosophische Ausbildung, die man sich nur denken kann. So konnte er die ‚Ahnherren' der Phänomenologie, Existentialontologie und Philosophischen Anthropologie - Husserl, Heidegger, Scheler - als seine Lehrer bezeichnen (vgl. GA: 101). Da er sich von Husserl schon während seiner Promotion und von Heidegger spätestens 1933 distanzierte, war es wohl vor allem der Einfluss Schelers, der ihn ermunterte, „eine systematische philosophische Anthropologie zu verfassen" (GA: 27).

Dieser Ausflug in die ‚Denkrichtung der Philosophischen Anthropologie' (Joachim Fischer) währte ungefähr zehn Jahre. 1926 findet sich in einer Rezension ein erster Hinweis auf das, was er später als ‚Materiales Apriori' in den Texten und Manuskripten zur Anthropologie näher ausführen wird (vgl. Anders 1926: 361). Kurz darauf, im Jahr 1927, beginnt er, Material unter dem Titel *Notizen zur Philosophie des Menschen* zu sammeln. Mit der Veröffentlichung des überarbeiteten zweiten Teiles seines 1930[8] gehaltenen Vortrages über die *Weltfremdheit des Menschen* in den *Recherches Philosophiques* 1936/37 endet die explizite Beschäftigung mit dem Thema. Trotzdem wird Anders seine Gedanken zur philosophischen Anthropologie in späteren Schriften immer wieder aufnehmen (s.u., Kap. 4).

---

7 Warum Günther Stern seinen Nachnamen in Anders änderte (nach dem Krieg erscheinen alle seine Veröffentlichung unter dem Pseudonym), darüber kursieren verschiedene Geschichten (vgl. Wittulski 1992a: 79ff.).

8 Der Vortrag ist nicht eindeutig zu datieren. Obwohl das Manuskript im ÖLA (vgl. VWM) und auch die editorische Anmerkung zu den Rückübersetzungen der französischen Aufsätze von Werner Reimann als Datierung 1930 enthalten - vgl. auch die Werkbibliographie von Raimund Bahr (2009: 165) und Dries (2009: 24) - erwähnt Anders an verschiedenen Stellen, der Vortrag sei 1929 gehalten worden (vgl. AM II: 129; GA: 36, 98, 170; 1984: XV). Liessmann (2002: 30) gibt als Datum „1929/30" an.

Das Studium der Philosophie (und Kunstgeschichte) hat Anders kurz nach Ende des Ersten Weltkrieges in Hamburg, u.a. bei Ernst Cassirer, begonnen[9]. 1921 wechselt er nach Freiburg und hört dort bei Husserl und Heidegger. 1923 promoviert er bei Husserl, jedoch „mit einer Arbeit gegen ihn" (GA: 101; vgl. Bahr 2010: 111f.), die den Titel *Über die Rolle der Situationskategorie bei den ‚Logischen Sätzen'* trägt. Eine ihm von Husserl angebotene Assistentenstelle lehnt er ab. 1925 geht er nach Marburg zu Heidegger und lernt im Seminar seine spätere Ehefrau Hannah Arendt kennen. Im darauf folgenden Jahr ist Anders für einige Zeit als Assistent Max Schelers tätig (vgl. Strümpel 1992: 86; Liessmann 2002: 200), der zu dieser Zeit am *Forschungsinstitut für Sozialwissenschaften* an der Universität Köln lehrt. 1928 erscheint Anders' erste eigenständige Veröffentlichung *Über das Haben. Sieben Kapitel zur Ontologie der Erkenntnis*, in der sich neben einer überarbeiteten Fassung seines Promotionsthemas sechs weitere Essays aus den Jahren 1924-1928 finden. Nebenbei ist er als Journalist in Berlin und Paris tätig. Er verfasst eine Arbeit über Musikphilosophie; der Versuch sich mit dieser zu habilitieren scheitert jedoch 1930[10]. Nach der Heirat mit Hannah Arendt in Berlin, wo er sie bei der Überarbeitung ihrer Dissertation für die Veröffentlichung unterstützt (vgl. Young-Bruehl 1986: 129), ziehen sie gemeinsam nach Frankfurt. Dort hält Anders vor der Kant-Gesellschaft den Vortrag, der seine bisherigen Überlegungen zur philosophischen Anthropologie zusammenfasst. In Frankfurt besucht er mit Hannah Arendt auch ein Seminar von Karl Mannheim (ebd.: 135); beide veröffentlichen Rezensionen zu dessen Buch *Ideologie und Utopie* (vgl. Anders 1982a; Arendt 1982) und Anders sagt rückblickend über diese Zeit, er habe sich „fast ausschließlich mit philosophischer Anthropologie und Kunsttheorie" (Anders 1982a: 512) beschäftigt.

Gleichzeitig entwickelt Anders in jenen Jahren ein Bewusstsein für die Gefahr des Nationalsozialismus: er liest 1928 mit Freunden in einem spärlich besuchten (vgl. Heilbut 1983: 24, 400) Seminar Hitlers *Mein Kampf* und schreibt 1930-32 an dem „antifaschistischen Roman" (Liessmann 2002: 21) *Die Molussische Katakombe*. 1933 ist Anders zur Emigration nach Paris gezwungen. Hier besucht er ein Jahr später, wiederum gemeinsam mit Hannah Arendt, ein Seminar Alexandre Kojèves (vgl. Young-Bruehl 1986: 177). So knüpft er Kontakt zu Mitarbeitern der von Kojève und Henry Ey herausgegebenen Zeitschrift *Recherches Philo-*

9 Die biographischen Angaben entnehme ich Bahr 2010, Dries 2009: 11ff., Liessmann 2002: 19ff., Schubert 1992: 20ff. und GA: 25ff., 100f.

10 Zur Musikphilosophie von Anders vgl. Ellensohn 2008.

sophiques[11]. Für diese überarbeitet Anders in der Folgezeit seinen Frankfurter Vortrag über die *Weltfremdheit*, so dass in Heft 4 (1934/35) und 6[12] (1936/37) die Aufsätze *Une interpretation de l'a postériori* bzw. *Pathologie de la liberté. Essais sur la non-identification* - von verschiedenen Übersetzern ins Französische übertragen - erscheinen. Nachdem er 1936 in die USA emigriert, beendet Anders die systematische Beschäftigung mit der philosophischen Anthropologie - er muss sich mit verschiedenen Jobs über Wasser halten (vgl. Wittulski 1989: 60), veröffentlicht nur noch vereinzelt Gedichte und kurze Artikel im *Aufbau* und Rezensionen in der *Zeitschrift für Sozialforschung*.

Für meine Rekonstruktion der Andersschen Überlegungen zur Philosophischen Anthropologie habe ich versucht, alle relevanten Texte einzubeziehen, die mir zugänglich waren. Neben den veröffentlichten Aufsätzen aus den *Recherches Philosophiques*, die ich in den Rückübersetzungen von Werner Reimann heranziehe, gehe ich auf folgende unveröffentlichten Materialien ein, die sich im Nachlass von Günther Anders im Österreichischen Literaturarchiv (ÖLA) befinden: *Notizen zu Philosophie des Menschen. 1927.* Es handelt sich um 23 handschriftliche unpaginierte Blätter, von Anders in einer Mappe mit Titel und Datierung versehen[13]. Beim Text *Materiales Apriori und der sogenannte Instinkt. Ein Beitrag zur Theorie des Wissens* handelt es sich um ein paginiertes und von Anders auf 1927 datiertes Typoskript. Ein nächstes Typoskript trägt den Titel *Die Positionen Schlafen - Wachen relativierender Exkurs.* Es ist ebenfalls paginiert und enthält als Jahresangabe 1928. In einer weiteren Mappe finden sich 13 handgeschriebene unpaginierte Blätter mit dem Titel *Philosophie des Menschen. 1927-1929.* Schließlich greife ich auf ein paginiertes Typoskript mit handschriftlichen Korrekturen zurück, das *Situation und Erkenntnis* betitelt und nicht datiert ist, jedoch aus dem Jahr 1929 stammen muss[14].

---

11 *Recherches Philosophiques* erschien in sechs Ausgaben zwischen 1932 und 1937 (vgl. Agard 2006: 25).

12 In der gleichen Ausgabe veröffentlichte Sartre seinen Aufsatz *Die Transzendenz des Ego* (vgl. Haug 1991: 101).

13 Bei der Zitation gebe ich die Nummer des Blattes an und Übernehme dabei die Reihenfolge, in der die einzelnen Blätter im ÖLA vorliegen.

14 Dries (2009: 24) datiert *Situation und Erkenntnis* auf 1927. Allerdings zitiert Anders in diesem Typoskript sowohl Heideggers 1928 erschienenes Kantbuch, sein eigenes, im selben Jahr veröffentlichtes Buch *Über das Haben*, als auch Mannheims *Ideologie und Utopie* von 1929. *Situation und Erkenntnis* muss also 1929 entstanden sein, als letzte Vorarbeit zum Vortrag über die *Weltfremdheit*.

Neben diesen Texten beziehe ich folgende Schriften mit in die Untersuchung ein: die schon erwähnte Rezension von 1926, die im von Helmuth Plessner herausgegeben *Philosophischen Anzeiger* erschien (vgl. Anders 1926); die relevanten Passagen aus *Über das Haben. Sieben Kapitel zur Ontologie der Erkenntnis* (vgl. Anders 1928); Anders' Auseinandersetzung mit der Wissenssoziologie Karl Mannheims, die 1930 im *Archiv für Sozialwissenschaft und Sozialpolitik* erschien (vgl. Anders 1982a). Weiterhin berücksichtige ich diejenigen Arbeiten zur Literatur, die dem im Interesse stehenden Dezennium entstammen: gemeinsam mit Hannah Arendt verfasste Anders 1930 eine Interpretation von Rilkes *Duineser Elegien* (vgl. Arendt/Stern 1982). 1931 setzte er sich in einem Aufsatz mit Döblins Roman *Berlin. Alexanderplatz* (vgl. Anders 1984b) auseinander, vier Jahre später folgte eine Interpretation von *Babylonische Wanderung* (vgl. Anders 1984c). Im Kontext der Kontakte zum emigrierten *Frankfurter Institut für Sozialforschung* veröffentlichte Anders 1937 eine Rezension zur völkisch-politischen Anthropologie im nationalsozialistischen Deutschland (vgl. Anders 1937) und nahm 1942 an einer Diskussion zur ‚Theorie der Bedürfnisse' teil, wo er auch seine Anthropologie in Ausschnitten vorstellte (vgl. Anders 1985a).

Ich werde zunächst ausgehend von der am weitesten ausgearbeiteten Version der Philosophischen Anthropologie in den beiden Aufsätzen aus den *Recherches Philosophiques* Anders' Überlegungen vorstellen. Anschließend untersuche ich unter Einbeziehung der übrigen Quellen die Entwicklung einzelner Begriffe, Gedanken und Thesen näher. Dabei gehe ich auf wesentliche Übereinstimmungen mit und Abweichungen zu den Ansätzen Schelers, Plessners und Gehlens ein.

2.2 Anders' Anthropologie in den *Recherches Philosophiques*

Wie bereits erwähnt wurde (s.o., S. 19), liegen zwischen dem Vortrag über die Weltfremdheit und der Veröffentlichung der beiden Aufsätze fünf bis sechs bzw. sieben bis acht Jahre. Dies lässt darauf schließen, dass Anders seinen ursprünglichen Text einer Überarbeitung unterzog. Während sich jedoch im ersten Beitrag in den *Recherches Philosophiques*: *Une interprétation de l'a posteriori* gegenüber dem Vortragstext nur wenige, kurze Auslassungen und Einfügungen finden, sind im zweiten Teil starke Veränderungen zu erkennen. Schon rein äußerlich wurde der nur durch Absätze gegliederte Fließtext der Vortragsversion neu formatiert und in drei Haupt- und mehrere Unterabschnitte gegliedert, die mit Überschriften versehen sind. Eine knappe Einleitung fasst die wesentlichen Ergebnisse des ersten Beitrags zusammen. Für *Pathologie de la liberté* stimmt somit was Werner Reimann in seinen Anmerkungen zur Übersetzung eine „Zuspitzung der Gedanken" (Reimann o.J.: 4) nennt. Im Folgenden beziehe ich mich also auf die beiden in der Pariser Exilzeit publizierten Aufsätze[15].

2.2.1 Erfahrung und Weltfremdheit

Das Ziel der Andersschen Untersuchung ist es, anthropologisch zu zeigen, dass es dem Menschen möglich ist, Erfahrungserkenntnis zu erlangen, dass diese Erfahrungserkenntnis ebenso eine Notwendigkeit für ihn darstellt und welche Konsequenzen das für sein Selbst- und Weltverhältnis hat. Mit anthropologischer Herangehensweise ist hier gemeint, dass Anders nach der „spezifischen Lage des Menschen in der Welt" (WM: 2) fragt und nach einer Entsprechung in der typisch menschlichen Art und Weise, Welt zu erfahren, sucht. Zunächst ist nicht von einem Ableitungsverhältnis die Rede; es geht vielmehr darum, die Tatsache der Erfahrung anhand der Lage des Menschen in der Welt „auszulegen" bzw. kann die Erfahrung als „Index" für diese „spezifische Lage" (WM: 2) dienen.

In Anlehnung an Kant wird die menschliche Erfahrung als *nachträglich* gedeutet; die Erfahrungserkenntnis des Menschen ist *aposteriorisch.* Für diese Aposteriorität findet Anders nun eine Reihe Veranschaulichungen, die er hier vorstellt, um sie später genauer zu untersuchen: der Mensch sei von der Welt auf fundamentale Weise *getrennt, abgesperrt, nicht* in sie *einbalanciert* bzw. *eingebettet;* er müsse die Welt *nachträglich einholen.* All diese Beschreibungen kulminieren im Begriff der Weltfremdheit. Ein Wesen, das weltfremd ist, muss sich die Welt per Erfahrung aneignen, muss sich der Welt erfahrend zuwenden.

---

15 Zitiert wird nach den Rückübersetzungen ins Deutsche, die mir dankenswerterweise Werner Reimann (als Übersetzer) und Gerhard Oberschlick (als Nachlassverwalter Günther Anders') zur Verfügung stellten.

2.2.2 Zum Vergleich Tier - Mensch

Diese erste grobe Deutung der ‚spezifischen Lage des Menschen in der Welt' will Anders näher erläutern, in dem er das ‚weltfremde Wesen' Mensch mit der „tierischen Existenz" (WM: 2) konfrontiert. Auch viele andere Vertreter der Philosophischen Anthropologie wählten diese Vorgehensweise (vgl. Fischer 2008: 522f.), die aber andererseits scharfer Kritik ausgesetzt ist (vgl. Böhme 1985: 237ff.). Die auf diese Weise versuchten Bestimmungen seien „in den meisten Punkten widerlegt" (ebd.: 242) und die Methode insgesamt nur ein „Ausdruck der Vollendung der Herrschaft des Menschen über das Tier" (ebd.: 249).

Dem Menschen wird von Anders das Tier als Instinktwesen gegenübergestellt, welches relativ erfahrungs-, erinnerungs- und lern*unbedürftig* ist. Die Welt ist ihm als apriorisches Material *mitgegeben*, als *„con-ditium, Mitgift"* (WM: 3)[16]. In seine Welt ist das Tier eingebettet, so dass im stofflichen Austausch mit dieser deren Angebot und seine Nachfrage sich weitestgehend decken, also eine Bedürfniskongruenz vorliegt - „bewältigt wird vom Tier nur das, was seine natürliche Ausstattung zu bewältigen gestattet" (Fischer 2004: 29). Natürlich nimmt das Tier auch wahr, aber seine Perzeption übersteigt niemals „den Bestand des Antizipierten" (WM: 4), also das Angebot der Welt, die Bindung an die je schon gegebene Welt kann nicht überschritten werden; es kann nichts Neues erfahren. Auch spricht Anders der tierischen Wahrnehmung Intentionalität ab: sie richtet sich nicht bewusst auf ein distinktes Objekt, sondern wird gewissermaßen *gestillt*. Er greift zur Illustration auf den Menschen zurück:

> „Ein aus einem luftleeren Raume in die Luft Rückkehrender nimmt nicht die Luft wahr, deckt nicht mir dieser Wahrnehmung eine vorhergehende Luftvorstellung, sondern er wird ‚gestillt' [...]. Ebenso ist das Wahrgenommene für das Tier [...] Stillung." (WM: 5)

Die „feste Weltbindung" des Tieres verweist also auf einen weit höheren *„Einbettungskoeffizienten"*, als er für den Menschen charakteristisch ist, während umgekehrt die Bewegungsfreiheit, über die das Tier gegenüber der Pflanze verfügt, einen gewissen „Grad der Abgehobenheit" (WM: 6) und Freiheit von Welt dieser gegenüber anzeigt. Dem

---

16 In Reimanns Übersetzung sind kursivierte Stellen zugleich einfach unterstrichen. Auf diese zusätzliche Hervorhebung verzichte ich fortan.

Tier kommt ein „spezifische[s] In-der-Welt-sein“ (WM: 5) zu, ein Verhältnis von Mitsein (Eingebettetsein) und Selbstsein (Freisein) und Anders verweist darauf, dass „[j]ede gewöhnlich verabsolutierte spezifische Differenz“ (WM: 6) dieses Faktum als Basis anerkennen muss.

2.2.3 Welterfahrung

Der Mensch dagegen ist kein solches „material-apriorische[s] Wesen“ (WM: 7), er zeichnet sich durch „mangelnde Welteinbettung“ (WM: 2) aus. Die Realität und Materialität der Welt muss er - abgeschnitten von ihr - erst erfahren. Dieses praktische Angewiesensein auf Erfahrung bringt ihn auf die theoretische Frage nach der Realität der Außenwelt. Anders fragt also nach der „anthropologischen Bedingung der Möglichkeit der Fragestellung“ (WM: 7) nach der Realität der Außenwelt. Dem Menschen ist Welt zwar zunächst etwas Fremdes, aber er ist zugleich a priori darauf angewiesen, seine Weltfremdheit zu überwinden. Diese spezifische Form der Vermittlung von Subjekt und Objekt jedoch wird weder von der idealistischen Philosophie, noch von der Phänomenologie Heideggers zureichend erfasst: der Idealismus behandle Welt und Ich als völlig disparate γένει und könne daher die Möglichkeit von Welterfahrung nicht klären; Heideggers Charakterisierung des Daseins als je schon In-der-Welt-Sein verkenne dagegen den Aspekt der Weltfremdheit des Menschen.

> „[D]as Tier lebt ‚je schon in einer Welt‘. Und zwar mehr ‚in‘ als der Mensch.“ (WM: 8)

Nur die anthropologische Herangehensweise erlaube es, den „Abstand als *Abstand des Menschen von der Welt in der Welt*“ und das *„Insein als Insein in Distanz“* (WM: 8) zu verstehen. Als unausdrückliches Grundmotiv des „Außenweltproblems“ könne aber das Freiheitsproblem gelten, dem sich Anders daher im nächsten Schritt zuwendet (vgl. WM: 9).

2.2.4 Freiheit

Dabei geht es ihm zunächst nicht um Freiheit als Aspekt der Moralphilosophie, sondern - im Rahmen einer Anthropologie - um die

Beantwortung der Frage nach dem Verhältnis von Mensch und Welt. Freiheit zeigt sich in der Individuation, die jedoch besser als *Dividuation* zu fassen ist: Freiheit als Abgeschnittenheit eines bestimmten Seienden vom Seienden als Ganzen (vgl. WM: 9f.), das sich also „sich selbst entfremde" (WM: 10), indem es mündige, unabhängige Produkte hervorbringt[17]. In einer Doppelperspektive auf die Freiheit wird diese dann vom Subjekt und vom Objekt aus näher bestimmt. Freiheit bedeutet also zum einen eine bestimmte „Seinsmöglichkeit" für „den Freien", zum anderen, aus der Perspektive des Objekts, dass „ein bestimmtes Seiendes von ihm abgeschnitten, seinem Spruch nicht unterworfen ist" (WM: 11).

2.2.5 Menschliche Erfahrung in Theorie, Praxis und Ästhetik

Nach diesen Ausführungen zur Freiheit kommt Anders auf die zentrale Kategorie der Erfahrung, zurück, warnt jedoch davor, diese aus dem Freiheitscharakter zu deduzieren (vgl. WM: 12). Vielmehr behauptet er eine Gleichursprünglichkeit von Freiheit und Erfahrung; beide ergeben sich aus der Stellung des Menschen in der und zur Welt:

> „Aposteriorität ist apriorischer Charakter des Menschen, d.h. das spezifisch Nachträgliche der nachträglichen Erfahrung kommt ihm nicht nachträglich zu; Mensch ist von sich aus ein solcher, der im Laufe eigenen Lebens aposteriori Weltbeziehungen aufnehmen kann, aufnehmen *wird*." (WM: 12f.)

Anschließend wird an drei „Gebiete[n]" (WM: 18) des Menschlichen - Theorie, Praxis und Ästhetik - die Gleichursprünglichkeit, die Anders hier als Zusammengehen von Distanz zur und Kommunikation mit der Welt fasst, näher verdeutlicht.

Kennzeichnend für die menschliche Erfahrung ist erstens der Bezug auf ein Objekt als Gegenstand oder Gegenüberstand (vgl. WM: 13) in *„distanzierte[r] Gegebenheit"* (WM: 14). Dieser sei positionstheoretischer Index menschlicher Erfahrung, also „Ausdruck für die Lage des

---

17 Hier zeigt sich, wie wenig sich ein anthropologisches Verständnis der Freiheit von der Moralphilosophie trennen lässt. Anders betont gegen die Behandlung der Ethik als Sphäre *sui generis* im Neukantianismus die „universalphilosophische Rolle" der Freiheit innerhalb seines Ansatzes (vgl. WM: 10f.).

Menschen" (WM: 13f.), wogegen das Tier als eingebettetes Wesen Weltobjekte entweder im Modus der Stillung (s.o., S. 24) bzw. der Ungegebenheit oder des Unheimlichen (da es seine Bedürfniskongruenz nicht übersteigen kann) ‚habe' (vgl. WM: 13f.)[18]. Zugleich fehlt dem Tier, ob seiner Bindung an die Welt als apriorisches Material, die Möglichkeit, Natur als „für sich seiende" (WM: 14) zu erfahren. Anders der Mensch:

> „Nur was nicht Natur ist, findet Natur." (WM: 15)

Weil der Mensch frei von Welt ist, „so ist *θεωρεῖν*, d.h. in Distanz auf Welt-bezogensein, primärer Index menschlicher Freiheit" (WM: 15).

Neben der Theorie ist aber auch die Praxis Freiheitszeugnis. Denn Weltfremdheit, Weltabgeschnittenheit und Insuffizienz der Welt (wieder im Gegensatz zum Eingebettetsein und zur Bedürfniskongruenz des Tieres) kann der Mensch als *homo faber* kompensieren. Er macht „etwas *aus* der Welt, er greift in sie ein, verändert sie, überträgt sie auf seine eigene Unfestgelegtheit, schafft in ihr von der Welt selbst nicht vorgesehene neue Spezies, er macht sich eine eigene Welt, eine Welt über der Welt" (WM: 16). Dass der Mensch, indem er praktisch tätig ist, zugleich geschichtlich wird, führt Anders in einer längeren Anmerkung aus:

> „Er verändert nicht nur die vorfindliche Welt, um seine bestimmte daraus zu machen; er verändert auch jeweils *seine* errichtete Welt zu einer anderen ‚seinen' Welt. Er ist nicht nur auf *diese* Welt nicht festgelegt, sondern auf *keine*; nur darauf, in jeweils einer seiner Welt zu leben. Dies Nichtfestgelegtsein auf ... ist die *conditio sine qua non* seines Freiseins für Geschichte; [...]." (WM: 54)

Theorie und Praxis sind also „Äste der Freiheit" (WM: 17), die dem Tier beide fehlen.

Die dritte an die Freiheit gebundene Sphäre des Menschlichen ist die Ästhetik. Nur dem Mensch ist aufgrund seiner Distanz zur Welt ein „Natur-treffen-können" (WM: 17) und so die Erfahrung von Naturschönheit möglich.

---

[18] In diesem Zusammenhang wird der optische Sinn als Distanz-Sinn schlechthin ausgemacht: „Das Gesehene ist *dort*, der Sehende ist *hier*." (WM: 14)

Drei speziellere Erläuterungen, die von Anders nicht den zuvor behandelten Gebieten zugeordnet werden, seien hier lediglich kurz erwähnt. Alle eint, dass sie spezifische Leistungen des Menschen, seiner Freiheit und Erfahrung sind. Zunächst ist die Trennung von Existenz und Essenz[19] zu nennen: weil der Mensch „frei *ist* von der Existenz oder Nichtexistenz bestimmter Welt" (WM: 19), kann er auch von der Existenz eines Dinges abstrahieren und dessen Essenz erschließen. Weiter kann der Mensch im Gegensatz zum Tier ein Absenzverständnis entwickeln, also „Nichtdaseinendes [...] vermeinen" (WM: 19). Zum einen in der Erinnerung (vgl. WM: 21) Gewesenes festhalten, aber auch Präsentes loslassen in die Absenz - im Abschied oder Verzicht (vgl. WM: 20). Schließlich kann der Mensch Seins-Aussagen über Nichtseiendes formulieren, er kann also: Lügen (vgl. WM: 21f.). Auch diese Tatsache ist „Symptom für das spezifische Nichtsein des Menschen, d.h. hier für sein Nicht-diese-Welt-sein, für seine Unangewiesenheit auf sie in ihrem jeweiligen kontingenten Seinsbestande; positiv: für sein Welt-Verändernkönnen, für seine Weltfreiheit..." (WM: 23)[20].

2.2.6 Kontingenzschock

Nachdem Anders zu Beginn des zweiten Aufsatzes die Hauptthesen von *Une interpretation de l'a postériori* noch einmal zusammengefasst hat (vgl. PF: 1f.), behandelt er in zwei Abschnitten die Reaktion auf diese anthropologische Lage in der Selbsterfahrung des Menschen als Nihilist (vgl. PF: 3ff.) bzw. geschichtliches Wesen (vgl. PF: 26ff.). Schließlich formuliert er ein Fazit *Zum Problem der Philosophischen Anthropologie* (vgl. PF: 44ff.), das im Vortrag *Die Weltfremdheit des Menschen* (vgl. VWM), der ja die Grundlage der beiden Aufsätze bildet, keine Entsprechung hat. Zunächst ist jedoch zu klären, *worauf* die beiden ‚Varianten' des Menschen (Nihilist und geschichtlicher Mensch) reagieren müssen.

Gemeint ist hier das aus der anthropologischen Lage des Menschen sich ergebende „Grundparadox der Zusammengehörigkeit von

---

19 Zum Einfluss der Anderssschen Aufsätze auf Sartre vgl. David 2002; Fischer 2008: 220f.

20 Jedoch zeigt die neuere Primatenforschung, dass das Lügen kein Monopol des Menschen ist (vgl. Lenk 2010: 36f.): zwar kann der Mensch (wie es auch Anders formuliert) „auf nicht aktuell existierende Sachverhalte Bezug nehmen - in gewissem Sinne können das Schimpansen allerdings auch, wenn sie betrügen und lügen" (ebd.: 37).

Freiheit und Kontingenz" (PF: 4), von Anders auch als Kontingenzschock (vgl. PF: 5) bzw. Freiheitsparadox (vgl. PF: 19) bezeichnet. Bei Plessner wird das Phänomen ganz ähnlich in der Rede vom utopischen Standort des Menschen gefasst (vgl. 1975: 341ff.), mit dem er zum Ausdruck bringen will, dass die menschliche „Existenz der Vergänglichkeit und Nichtigkeit" (Hartung 2008b: 55) anheim gegeben ist. Es geht also um die Tatsache, dass die Abstraktion von der Welt, nicht das Setzen der Welt (wie bei Fichte), der Rückzug auf sich Selbst (die eigentliche Bedeutung des Begriffes der Selbstreflexion), zwar Zeichen der Freiheit ist (vgl. PF: 3). Zugleich aber ergibt „dieser freie Akt des Selbstrekurses", dass der Mensch *„sich gerade nicht frei, als nicht durch sich selbst bestimmt erfährt"* (PF: 3). Gerade der reflektierende Mensch ist zwar „unwiderrufliche Voraussetzung seiner selbst", aber diese Unwiderruflichkeit erscheint als „völlig beliebig" (PF: 4). Er weiß sich als einem Ursprung entstammend, den er jedoch nicht zu verantworten hat (vgl. PF: 4). Hieraus ergibt sich nichts anderes als der im Titel angesprochene pathologische Aspekt der Freiheit:

> „Freisein heißt: Fremdsein; nichts Bestimmtem verbunden sein; auf nichts Bestimmtes zugeschnitten sein; sich im Horizont des Beliebigen finden [...]. Im Beliebigen, was ich aufgrund meiner Freiheit finden kann, treffe ich auch mein eigenes Ich [...]. Als kontingent getroffen ist das Ich sozusagen Opfer seiner eigenen Freiheit. Der Begriff des Kontingenten muß daher diese zwei Charaktere bezeichnen: das ‚Nicht-von-sich-gesetzt-sein' des Ich und sein ‚gerade Sosein'." (PF: 4)

2.2.7 Ausdruck der Kontingenz

So klar diese Doppelstruktur der Freiheit zunächst erscheint, zeigt sich nach Anders doch, dass der des Schocks sich gewahr werdende Mensch diesen weder in einer Frage, noch in einem Urteil (einer Fest-Stellung) ausdrückt - ihn also nicht identifizieren kann. Wie auch immer sich der Schock zu Bewusstsein bringt, es geschieht vermittelt über den misslingenden Versuch des Ich, sich mit sich selbst zu identifizieren (vgl. PF: 5f.), denn nur eine gelingende (Selbst-)Identifikation könnte den Kontingenzschock überwinden. Anders verfolgt diese Versuche an einem idealtypischen Ich - wobei er zugibt, dass es sich um eine konstruierte „Ausnahmesituation" (PF: 10) handelt. Sie ist gekennzeichnet von dem Schock, dass ich, der ich doch gar nicht mir selbst ‚entspringe' doch ich selbst bin (vgl. PF: 6). Den Mensch zeichnet also das „Staunen vor dem Kontingenten“ (PF: 7) der Welt aus, davor, „'daß ich weder dieses noch jenes, sondern gerade *ich selbst*'“ (PF: 7) bin. Schließlich dehnt sich der Schock auf die Dinge der Welt aus, man staunt „'daß das, was da ist, gerade das da ist und nichts anderes'“ (PF: 7). Auf diese Iteration der Kontingenzen reagiert schließlich der Nihilist, indem er all das leugnet, was der Beliebigkeit anheim fällt: Einzelnes, Besonderes, Ichsein und gar das Sein des Seienden als ganzes gerinnen ihm letztendlich zur Formel „'daß es überhaupt etwas gibt, das ich bin'“ (PF: 9). Allen Ausformungen des Kontingenzschocks gemeinsam sind dabei zwei scheinbar unvereinbare Elemente: die *Freiheit* der erfahrungsgestützten Reflexion auf das Selbst und die Welt und die *Abhängigkeit* von Kräften, die der eigenen Verfügung entzogenen sind.

2.2.8 Die Antwort des Nihilisten

Anders untersucht drei Reaktionsweisen des nihilistischen Menschen auf den Kontingenzschock, die diesen jedoch niemals in einem positiven Sinne bewältigen können. Immer geht es dem Nihilisten darum, auf seiner Freiheit zu beharren und seinen Ursprung bzw. seine Herkunft zu ignorieren (vgl. Liessmann 2002: 39). Zunächst ist da die Scham als die *„Wirklichkeit des Bewußtseins vom Kontingenten und als klassische Form seiner Verbergung“* (PF: 12, s.o., Einleitung). Scham ist die Inkongruenz des Ich, das Faktum, „zugleich identisch und nicht-identisch mit mir“ (PF: 12) zu sein. In der Scham ahnt das Ich die Unverfügbarkeit seiner Herkunft und so ist sie *„vor allem Scham über den Ursprung“* (PF: 13). Dem Tier ist diese Empfindung verwehrt: als unfreies Wesen kann es nicht auf seinen unfreien Ursprung reflektieren. Indem der Mensch seinen Ursprung in der Scham als Geheimnis verbirgt, rehabilitiert er sein Ausgerechnet-ich-selbst-Sein, bestärkt also zunächst sein Selbst und die Identifikation mit diesem (vgl. PF: 13f.). Allerdings kann diese gelungene Selbstidentifikation in der Scham laut Anders nur provisorisch und vorläufig sein (vgl. PF: 15).

Eine zweite Antwort auf den Kontingenzschock verortet Anders im spezifischen Zeit- bzw. Raumverständnis des Menschen. So kehre im Gebrauch des Futur die den Menschen kennzeichnende „Dimension der Unbestimmtheit“ (PF: 16) wieder; also seine Freiheit, das kontingente Gerade-jetzt-Sein transzendieren zu können (vgl. PF: 17). Weiter sei gerade das Futur II ein Akt der freien Selbstüberspringung (vgl. PF: 18). Im „'ich-werde-gewesen-sein'“ (PF: 17) drückt sich die Selbstabstraktion des Menschen insofern aus, als er Geburt (Ursprung) als Gewesenes und Tod als zukünftig gewesen sein Werdendes von sich abspaltet (vgl. PF: 18). Aber auch hierin zeigt sich letztlich nur das „Scheitern der Selbstidentifikation" (PF: 16). Parallel zum Überspringen in der Dimension der Zeitlichkeit attestiert Anders dem Menschen bei der Orientierung im Raum eine Fluchtmentalität als Reaktion auf den Schock des kontingenten Gerade-*hier*-Seins (vgl. PF: 19). Eine Strategie, die scheitern muss: man bleibt Gefangener des ‚Gerade-hier', weil es ohne räumliche Begrenzung ist - jedes andere ‚Hier' entpuppt sich doch erneut als ein ‚Gerade-hier' (vgl. PF: 21).

Schließlich stellt Anders Machthunger und Ruhmsuche als Versuche dar, den Kontingenzschock zu bewältigen (vgl. Dries 2009: 29f.). Wie Scham oder Ekel (vgl. Liessmann 2002: 38f.) sind sie *„modi vivendi"* im Umgang mit der „Bedrohung durch das Kontingente", die sonst unweigerlich zum Selbstmord führen müsste (PF: 25). Im Machthunger will der Nihilist die Kontingenz neutralisieren, indem er überall zugleich sein und sich der Welt im Ganzen bemächtigen will (vgl. PF: 22f.).

> „In der Gier nach Macht sucht der Mensch den Vorsprung einzuholen, den die Welt vor ihm hat; da er nicht je schon alles *ist,* muß er alles *haben.*" (PF: 23)

2.2.9 Die Antwort des geschichtlichen Menschen

Auch wenn es verlockend ist, nach einer klaren Bewertung der beiden ‚Menschentypen' zu suchen, scheitert dies an Anders' ambivalenter Darstellung[21]: Zwar heißt es an einer Stelle, der historische Mensch sei für die Philosophische Anthropologie „ebenso ‚relevant'" (PF: 54) wie der Nihilist, andernorts jedoch wird der Nihilist als „philosophisch weit bedeutsamer" (PF: 42) ausgezeichnet, weil er als „Ver-

---

21 Werner Reimann, der die Texte aus den *Recherches Philosophiques* ins Deutsche rückübersetzte, sieht den Nihilisten „dominant am Werk" (1990: 70f.). Dass Anders den Konflikt zwischen nihilistischem und historischem Menschen schlicht offen lässt, konstatiert dagegen Lohmann (vgl. 1996: 153f.). Und für Dries ist der nihilistische Mensch gar der „charakterologische Prototyp einer durch und durch auf Konsum und Wettbewerb fixierten Gesellschaft" (2009: 30) und damit ein Menschentypus, dem weder der frühe noch späte Anders mit Sympathie begegnen würde.

körperung der Unbestimmtheit" die „Unbeständigkeit *als solche*" klarer aufzeige, der historische Mensch dagegen von „zweifelhafte[r] Seichtheit" (PF: 43) sei. Trotzdem soll kurz dargestellt werden, wie der historische Mensch auf den Kontingenzschock reagiert.

Nach Anders setzt der historische Menschen der Kontingenz den Lebensstrom entgegen (vgl. PF: 27). Das Leben „im Sinn biographischen Lebens" (PF: 35), als geschichtliches und sich wiederholendes[22], stößt immer wieder auf das Paradox der Freiheit, aber neutralisiert es (vgl. PF: 26f.). Aber „nicht nur das Paradox wird durch das weitergehende Leben geleugnet, sondern das Leben wird seinerseits durch das Paradox geleugnet" (PF: 29). Der Mensch in der Geschichte entwickelt also *„modi vivendi"* (PF: 30) im Umgang mit dem Kontingenzschock. Einer davon ergibt sich aus der Möglichkeit, Identität nachträglich durch Erinnerung herzustellen, denn das „Erinnern schrumpft die Kontingenz" (David 2002: 95). Hieraus entsteht eine Konstanz der Kontingenzerinnerung:

> „Derselbe Mensch, der heute über seine Kontingenz staunt, hat die Möglichkeit, sich daran zu erinnern, gestern aus demselben Grund gestaunt zu haben." (PF: 31)

Zugleich überschreibt die Erinnerung gewissermaßen die Unbestimmtheit des Kontingenten mit Vorstellungen von „Kontingenzerlebnisse[n]", die „bereits mit dem *Ich* verschmolzen" (PF: 33) sind, also ein „Mindestmaß an Identifikation" (PF: 31) ermöglichen. Grammatisch drückt sich das im Reden nicht mehr über *das*, sondern *mein* Leben aus (vgl. PF: 34f.).

Eine weitere Möglichkeit, den Kontingenzschock zu überwinden, erlaubt „die soziale und ökonomische Welt mit ihren Gebräuchen und Gesetzen" (PF: 39) und den Rollen, die sie den Menschen vorschreibt (vgl. PF: 40f.). Die Errichtung einer künstlichen Welt hatte Anders ja schon als spezifisch menschliche Reaktion auf die Unbestimmtheit erkannt (WM: 16, s.o., S. 27). Sofern die historischen Bedingungen der sozialen Wirklichkeit stabile gesellschaftliche Zustände hervorbringen, *„übernimmt die Welt selbst die Identifikation* des Ich, bevor Selbstidentifi-

---

[22] Dass Anders hier gerade in der Wiederholung ein Zeichen des Geschichtlichen erkennt, verwundert, wird doch in der Moderne die Annahme einer stetig ablaufenden Weltzeit einem zyklischen Verständnis der *„ewigen Wiederkunft"* (Anders 1982b: 101), wie er es selbst später an Nietzsche und dessen positiver Aufnahme durch Heidegger kritisiert, vorgezogen .

kation nötig ist" (PF: 39). Dies glückt aber nur „solange die Umwelt relativ identisch und identifizierbar bleibt" (PF: 40) - also nicht in Zeiten gesellschaftlichen Wandels, „im Krisenstaat, wo nichts mehr klar ist" (PF: 47)[23]. Weil letztlich auch für den historischen Menschen die Identifizierung zu scheitern droht, resümiert Anders, dass beide Typen in ihren Reaktionen auf den Kontingenzschock „nicht mehr so weit von einander entfernt [sind, M.M.], wie es vorher schien" (PF: 42); beide befinden sich in einer „identischen Lage: der Fremdheit im Verhältnis zur Welt" (PF: 42).

2.2.10 Philosophische Anthropologie als Methode in den Aufsätzen aus *Recherches Philosophiques*

Damit geht Anders über zu einem abschließenden Abschnitt *Zum Problem der Philosophischen Anthropologie*, der erst für die Veröffentlichung in *Recherches Philosophiques* ausgearbeitet wurde. Hier formuliert er eine explizite Kritik des anthropologischen Denkansatzes, die in der polemischen Forderung gipfelt, die Philosophische Anthropologie habe „sich selbst ein Ende zu setzen" (PF: 46). Doch schon vor diesem endgültigen Urteil finden sich Elemente einer immanenten Kritik in einem *Exkurs über die Allgemeingültigkeit von Aussagen zur Philosophischen Anthropologie.*

Dort gesteht Anders zu, dass seine Beschreibungen des Kontingenzschocks möglicherweise (nur) Ausnahmesituationen betreffen (s.o., S. 29), dass es sich um philosophische Übertreibungen[24] handele (vgl. PF: 10). Er legt großen Wert darauf, dass die Seltenheit einer Situation nichts gegen ihre Philosophiewürdigkeit aussage und wendet sich gegen die „fatale[...] Identifizierung des Allgemeinen mit dem Wesentlichen" (PF: 11). Die Begründung für dieses Misstrauen gegen „Generalität" (PF: 52) erläutert er anhand einer weiteren Gegenüberstellung von

23 Man könnte hinter der Thematisierung gesellschaftlicher Stabilität bzw. Instabilität einen Verweis auf die wirtschaftliche und politische Krisenhaftigkeit zu Beginn des 20. Jahrhunderts vermuten, die für die Entstehung der Philosophischen Anthropologie bedeutend ist (vgl. Hartung 2003: 13). Da sich dieser Abschnitt jedoch erst in der *Pathologie de la liberté* findet und weder im ersten Aufsatz noch im Vortragstext eine inhaltliche Entsprechung hat, reflektieren Anders' Überlegungen hier offenbar auf die Situation im nationalsozialistischen Deutschland und seine dadurch erzwungene Flucht.

24 Die Methode der philosophischen Übertreibung wird Anders auch später anwenden und verteidigen (vgl. AM I: 15ff., 235ff.; Anders 1965: 141f.).

Mensch und Tier: anders als das Tier verwirklicht sich der Mensch nicht „gemäß einer einzigen Form" (PF: 53). Für ihn haben aufgrund der Unbestimmtheit und Freiheit Individualität und Pluralität eine besondere Bedeutung.

> „Der Mensch ist in einem ganz anderen Sinn pluralisch ‚Menschen' als das Tier ‚Tiere'. Im letzteren Fall bedeutet Plural gerade die Generalität des Speziellen, im ersteren die Gesamtheit der zahlreichen Spezifikationen des Generellen."[25] (PF: 53)

Und bezogen auf den Definitionsanspruch einer Lehre ‚vom Menschen' heißt es:

> „Es ist die Tatsache der Variation, nicht die Konstante in der Variation, die in der Philosophischen Anthropologie das spezifisch Menschliche definiert." (PF: 53)

Die Theorie hat sich also ihrem Objekt anzuschmiegen: da es die Unbestimmtheit ist, die den Menschen ausmacht, reicht auch seine theoretische Bestimmbarkeit nur bis zur „spezifischen Unbestimmtheit" (PF: 54).

Diese Gedanken finden sich auch schon im Vortrag über die *Weltfremdheit* von 1929 (vgl. WM: 38f.). Die Reflexionen zur Methode der Philosophischen Anthropologie am Ende der *Pathologie de la liberté* stammen dagegen aus der Zeit der Überarbeitung des Vortrages. Sie tragen daher unzweifelhaft Zeichen der politischen Vorgänge der dreißiger Jahre und der biographischen Situation von Günther Anders.

Dort stellt er den zuvor behandelten Reaktionsweisen auf den Kontingenzschock durch den Nihilisten bzw. den geschichtlichen Menschen eine dritte zur Seite (vgl. Lohmann 1996: 154f.; David 2002: 95f.): es ist der willentlich handelnde Mensch, der mit seiner Tat, Aufgabe, Konstanz und Bestimmung die Kontingenz *praktisch* überwindet (vgl. PF: 44f.). Dieser „Rekurs auf die Tat" (PF: 45) führt jedoch die Philosophische Anthropologie an die „Grenze ihrer Legitimität" (PF: 45). Weil

---

25 Den nahe liegenden Schluss, aus diesem Grund auf den Singular *der Mensch*, auf die Rede von der Bestimmung *des Menschen* zu verzichten, zieht Anders hier noch nicht - später wird er dies mit großer Vehemenz einfordern (vgl. Anders 1969: 212; 1982b: 130).

die Tat „*kein Sein*" ist, sondern z.B. mit Hegel „als Entwicklung und als Werden" bestimmt werden kann, ist mit ihr keine Antwort auf die Frage „'Was und wer ist er [der Mensch, M.M.] eigentlich?'" (PF: 45) möglich. Aus diesem Grund kommt Anders zur Schlussfolgerung, dass sich die Philosophische Anthropologie „angesichts der menschlichen Tat als ein produktives Missverständnis zu betrachten und sich selbst ein Ende zu setzen" (PF: 46) habe. Dabei ist es vor allem die Konzentration auf eine *theoretische* Bestimmung des Menschen, die hier kritisiert wird und Anders lobt den historischen Materialismus, der Kants „Verwandlung der theoretischen Vernunft in praktische Vernunft" (PF: 46) aktualisiert habe. Mittels der praktischen Vernunft sei es *der Mensch selbst*, der sich „faktisch unaufhörlich selbst definiert" (PF: 47) und dieses Potential sei theoretisch uneinholbar.

Die Frage nach der „'eigentlichen' Definition"[26] (PF: 47) hat die Tendenz, den Menschen *fest*zustellen, also etwas über ihn zu konstatieren, ihn aber zugleich zu fixieren. Sie tauche vor allem in „reaktionären Verhältnissen" (PF: 47) auf. Damit ist natürlich auf die politische Situation im nationalsozialistischen Deutschland verwiesen, die offensichtlich eine erneute Reflexion auf Sinn und Unsinn eines anthropologischen Programms angestoßen hat. Anders musste schließlich am eigenen Leib spüren, dass die Frage „'was ist eigentlich ein Deutscher?'" (PF: 47) nicht nur ein theoretisches Interesse ausdrückte, sondern über die theoretische *Fest*stellung zur praktischen Ab- und Ausgrenzung führte. Im Exil in Frankreich wird ihm also das anthropologische Fragen selbst fraglich. Angesichts des praktischen Umgangs mit dem (als abweichend definierten) Menschen und der ‚Lehre vom Menschen' „im Unsicherheitsstaat, im Krisenstaat" (PF: 47) stellt die Philosophische Anthropologie für Anders eine „verdorbene Form" (PF: 48) dar, „und während sie den Menschen lehrt, seiner ‚Eigentlichkeit' hinterherzulaufen, überlässt sie ihn denen, die daran interessiert sind, ihn gleichzuschalten, und bringt ihn um seine Freiheit"[27] (PF: 48). Wurde die Freiheit zunächst als die ‚pathologische' Folge der Weltfremdheit betrach-

---

26 Ohne einen näheren Verweis heißt es hier: „Es gibt nichts Suspekteres als diese Eigentlichkeit." (PF: 47) Sicherlich ist damit - auch wenn er sich explizit von der Philosophischen Anthropologie abgrenzte (s.u., Abs. 2.3.7) - (u.a.) Heidegger gemeint.

27 Dieser Einwand ist aber keineswegs nur historisch gültig. Auch heute muss dieser partikularistische Einwand (vgl. Thies 2004: 22ff.) ernst genommen werden, der da lautet: „Ein spezifischer Menschentypus werde nicht nur übergeneralisiert, sondern sogar allen zur Orientierung empfohlen, zur Leitlinie erklärt. Letztlich werde das Besondere und Einzelne ignoriert, ausgeschlossen oder unterdrückt." (ebd.: 23)

tet, gilt es angesichts der praktischen Verhältnisse jetzt, sie gegen die anthropologische Theorie zu verteidigen.

2.3. Schriften aus dem Nachlass und kleinere Texte

Der folgende Abschnitt soll dazu dienen, die Ergebnisse der Überlegungen in den veröffentlichten Aufsätzen mit dem Material zu vergleichen, dass Anders' Denkweg von der Phänomenologie zur Philosophischen Anthropologie zeigt. Dabei gehe ich auf die größeren Arbeiten, die sich explizit dem Thema der philosophischen Anthropologie widmen, in chronologischer Reihenfolge ein. Anders' Verweise in kleineren und thematisch anders gelagerten Texten zeige ich in einem zusätzlichen Abschnitt auf. Zugleich sollen die expliziten und verborgenen Anschlüsse an die zeitgenössische Diskussion um die Philosophische Anthropologie dargestellt werden. Dazu wird vor allem auf die Überlegungen von Max Scheler, bei dem Anders ja zeitweilig Assistent war (s.o., S. 20), Helmuth Plessner und Arnold Gehlen[28] zurückgegriffen. Außerdem wird in einem Exkurs auf Anders' Auseinandersetzung mit Martin Heidegger eingegangen.

2.3.1 Materiales Apriori und der sogenannte Instinkt. Ein Beitrag zur Theorie des Wissens (1927)

In dieser Arbeit aus dem Jahr 1927 unternimmt Anders eine „phänomenologische Analyse" (MA: 5) des Instinkts *beim Menschen*, mit der er den Instinkt als spezifische Wissensform (vgl. MA: 4) herausstellen will. Methodisch bleibt er hier also seinem Lehrer Husserl verhaftet, auch wenn er dessen Phänomenologie in verschiedener Hinsicht kritisiert. Inhaltlich knüpft er an die Untersuchungen Schelers zu den Wissensformen des Menschen an - in jene Zeit fällt ja seine Assistententätigkeit bei Scheler, allerdings finden sich keine direkten Verweise. Die

---

28 Zwar legt Gehlen sein anthropologisches Hauptwerk *Der Mensch. Seine Natur und seine Stellung in der Welt* erst 1940 vor (das NSDAP-Mitglied Gehlen ist zu dieser Zeit Professor in Wien, Anders im Exil in New York), trotzdem werde ich ihn als einen der drei Hauptvertreter des Denkansatzes einbeziehen. Zudem finden sich deutliche Parallelen zu bestimmten Andersschen Überlegungen und Anders äußert sich in einer späten Veröffentlichung explizit zu Gehlen (s.u., Fn. 37).

Anthropologie wird hier nur implizit thematisiert, auch wenn sich diverse Vorgriffe auf die späteren Thesen zur Frage des Menschen finden. Der titelgebende Begriff des Manuskriptes - *Materiales Apriori* - erfährt jedoch in den späten Aufsätzen eine deutliche Akzentverschiebung.

Der Instinkt wird als eine Form des sozialen Wissens und zugleich als eine Form des sozialen Seins begriffen:

> „Unter dem Gesichtspunkt einer ‚Ontologie der Erkenntnis' ist der Instinkt, gerade *da* er *direkt* das Seiende weiss, selbst Gegenbeweis gegen das völlige ‚Für-Sich-Sein' dieses Seienden." (MA[29]: 17)

Als Beispiel für instinktives Wissen führt Anders das Saugen eines Kindes an der Mutterbrust an. Auch dass Wissen um das je andere biologische Geschlecht erfülle diese Definition (vgl. MA: 1, 3, 13, 22). Entscheidend ist dabei, dass die Existenz der Mutterbrust für das Kind und des je anderen Geschlechts füreinander *„erfahrungsunbedürftig bereits garantiert"* (MA: 3) sind. Diesen Umstand bezeichnet Anders in Anlehnung an Scheler als *Materiales Apriori,* wenn er auch deutlich macht, dass es gerade nicht um eine nur dem phänomenologischen Blick zugängliche Dimension geht[30] (vgl. MA: 1). Dass er auf die benannten leiblichen Phänomene zurückgreift, ist Konsequenz einer Kritik der Konzentration der Husserlschen Phänomenologie auf den optischen Sinn; der phänomenologische Erfahrungsbegriff sei „fast ausschliesslich ad imaginem der optischen Erfahrung geschaffen" (MA: 1)[31].

---

29 Im Typoskript durch Unterstreichung hervorgehobene Wörter werden von mir kursiv gesetzt.

30 Scheler hatte in seinem Formalismus-Buch versucht, durch phänomenologische Wesensschau a priori „material ethische Intuitionen" aufzufinden und diese als *Materiale Apriori* bezeichnet (vgl. Scheler 1954: 68f.).

31 Schon in der Rezension *Über Gegenstandstypen* (vgl. Anders 1926: 364) und später in *Über das Haben* (vgl. ÜH: 49, 90, 126) weist Anders darauf hin, dass das Sehen bei Husserl als „Modell der Erkenntnis überhaupt" (ÜH: 90) fungiert. Er plädiert unter Verweis auf Plessners *Einheit der Sinne* dafür, das ‚da-Sein' der Welt auch unter dem Gesichtspunkt der anderen Sinne zu erforschen (vgl. Anders 1926: 364). Plessner hatte dort eine einheitliche „Theorie der Sinnesmodalitäten" versucht, die deren unterschiedliche „Qualitäten in ihrer Mannigfaltigkeit" (Plessner 1980: 31ff.) aufnimmt. Auch der 1927 entstandene Text *Phänomenologie des Zuhörens* (vgl. Anders 1927) zeigt eine Nähe zu Plessners *Einheit der Sinne* (vgl. Fischer 2008: 98); zu weiteren Berührungspunkten der Musikphilosophien von Anders und Plessner vgl. Ellensohn 2008: 76, 169.

Der Vergleich des Menschen mit dem Tier spielt schon in *Materiales Apriori* eine zentrale Rolle. Zwar weist Anders auch hier darauf hin, dass der Mensch „nicht so sehr Erfahrung hat als (im Gegensatz zum Tier oder Kind) auf die nachträgliche Beziehung zu seiner gegenständlichen Welt, d.h. auf Erfahrung angewiesen ist" (MA: 2f.). Das ist der später zentrale Gedanke der Aposteriorität des Menschen (s.o., Abs. 2.2.1). Hier spielt er nur am Rande eine Rolle, will Anders doch gerade den Mensch und Tier gemeinsamen Mechanismus des Instinkts untersuchen. Daher führt er den Aspekt an, dass im Instinkt (*auch* beim Menschen) Intention und Erfüllung zusammen fallen, also eine Kongruenz besteht, während er später deutlich darauf hinweist, dass dem Menschen diese Kongruenz gerade verwehrt ist (vgl. WM: 4f., s.o., S. 24). Gegen andere Ansätze der Instinktforschung wendet Anders ein, dass deren Benennung bestimmter Verhaltensweisen oder Organismusfunktionen als Instinkte sehr willkürlich und unsystematisch sei; er verwirft die Idee der Identifizierung einzelner Instinkte und behauptet dagegen die Anpassung des instinktiv gesteuerten menschlichen Verhaltens als Ganzem (vgl. MA: 23f.). Hier geht er offensichtlich noch von einer dem Tier durchaus ähnlichen Einbettung des Menschen in biologische, also natürliche, Lebensvollzüge aus - den Begriff der *Weltfremdheit* als spezifische Stellung des Menschen in der Welt hat Anders hier noch nicht entwickelt. Obwohl abschließende Bemerkungen zur Erfahrung als „Bestimmung des Menschen" (MA: 25), der Verweis auf „seine grundsätzliche Freiheit" (MA: 25) zum Verzichtenkönnen und das Leben auf den Tod hin, während das Tier diesen nicht erfährt, sondern von ihm „getroffen wird" (MA: 25) deutlich machen, dass die Differenz Mensch-Tier schon hier die leitende Untersuchungsfolie ist und bleiben wird.

In der *Weltfremdheit des Menschen* greift Anders zwar auf die beiden Beispiele für *materiale Apriori* beim Menschen - das instinktive Wissen der Mutterbrust und des biologischen Geschlechts - zurück, aber nur, um einzuräumen, dass dem Tier im Unterschied zum Menschen „[s]eine **ganze** Welt[32]" (WM: 2) in dieser Art (also instinktiv) vorgegeben ist. Und im weiteren Verlauf legt er großen Wert darauf, dass für den Menschen das „apriorische Material [...] gerade nicht seine eigentliche *Welt*" (WM: 3) ausmacht[33]. Während das *materiale Apriori* also in dem frühen Manuskript als ein Gemeinsames von Tier und Mensch untersucht wird, liegt der Schwerpunkt in der ausgearbeiteten Anthro-

32 Hervorhebung von mir.

33 Dabei argumentiert Anders nicht vollkommen konsistent, wenn er später anführt, der Mensch sei gänzlich „[u]nausgestattet mit apriorischem Material" (WM: 7) bzw. ihm sei „keine material-apriorische Welt vorgegeben" (WM: 20).

pologie auf der Differenz zwischen dem Mensch als weltfremdem Wesen und dem Tier als Wesen, dem eine bestimmte Welt a priori vorgegeben ist.

2.3.2 Notizen zu Philosophie des Menschen (1927)

Im Gegensatz zum Typoskript *Materiales Apriori* enthalten die in einer Mappe gesammelten handschriftlichen Notizen aus demselben Jahr viele der anthropologischen Themen und Begriffe, die Anders dann etwa drei Jahre später in seinem Vortrag über die *Weltfremdheit* präsentiert. So werden die Erfahrungsbedürftigkeit und Freiheit des Menschen behandelt und die mangelnde Welteinbettung wird erstmals in den Begriff der Weltfremdheit gefasst (vgl. NPM: 4, 6, 25). Ausgangspunkt ist mehrfach der Tier-Mensch-Vergleich, der Kontingenzschock als Reaktion des Menschen auf die unsichere Stellung in der Welt wird thematisiert und es finden sich erste Reflexionen zur Methode einer philosophischen Anthropologie. Was gänzlich fehlt sind die später ausgearbeiteten ‚Antworten' des Nihilisten bzw. historischen Menschen auf die Weltfremdheit. Doch lässt sich das ursprüngliche Arrangement der Überlegungen nicht mehr vollständig rekonstruieren. Die meisten der Blätter enthalten Überschriften, die Blätter 4 bis 6 sind mit den römischen Ziffern I bis III markiert, aber insgesamt lässt sich eine Chronologie nicht erkennen.

Auch wenn der Charakter der *Notizen* eher aphoristisch ist bzw. den Anschein von zusammengetragenen Überlegungen hat, findet sich doch gleich zu Beginn eine klare Aufgabenbestimmung der *Philosophie des Menschen*. „Die Position des Menschen" (NPM: 1) ist nach Anders ihr Thema; diese besteht in seiner „Doppelweltlichkeit" (NPM: 1), so dass der Mensch nirgends ganz bei sich zu Hause ist; zugleich ist diese Bestimmung „Interpretationsbasis der Selbstinterpretation des Menschen" (NPM: 1) - und es lässt sich ergänzen, dass Anders dies gewiss sowohl auf seine eigenen Überlegungen, als auch auf das Nachdenken des Menschen über sich selbst bezieht. Damit ist klargestellt, dass „der Mensch nicht nur, wie anderes Seiendes, einfach ist, sondern nach sich selbst fragt und sich selbst deutet, daß der Anthropos einen Anthropologen einschließt" (Landmann 1976: 10).

Anders stellt in den *Notizen* deutlich heraus, dass die Philosophie des Menschen sich das Tier als Vergleichsfolie vornimmt und ihre Erkenntnisse „im Unterschied zum Tier" (NPM: 11) entwickelt[34]. Aus diesem Vergleich wird der zentrale Gedanke der Weltfremdheit gewonnen - die „Abwesenheit von der Welt" (NPM: 4) ergibt sich aus der Tatsache, dass der Mensch sich diese nachträglich durch Erfahrung aneignen muss (vgl. NPM: 4), weil eben nicht wie beim Tier eine „grundsätzliche *Balance*" (NPM: 8) vorliegt, statt dessen eine „mangelhafte Welteinbettung" (NPM: 15). Die Erfahrungsnotwendigkeit wird schon hier als eine Ursache der negativen Freiheit - die Einbettung in die Welt erweist sich nicht mehr als Hindernis (vgl. NPM: 14) - angeführt, aber auch des „positive[n] Karakter [sic!] des Menschen" (NPM: 13). Es ergibt sich so die „*Entdeckungsmöglichkeit* von Welt" (NPM: 13), die es dem Menschen erlaubt, der „insuffiziente[n] Welt [...] eine andere zu überbauen" (NPM: 20) und Sitte und Moral als menschliche Objektivationen (Dilthey) hervorzubringen - wenngleich der Kompensationscharakter der Moral betont wird (vgl. NPM: 20; vgl. auch PM: 10). Auch in der *Pathologie der Freiheit* weist er darauf hin, dass die Welt dem Menschen nicht vorgeschrieben ist, er je historisch verschiedene zweite Welten als Überbau herstellt (vgl. PF: 1). Dieselbe Konsequenz ergibt sich aus Plessners Begriff der exzentrischen Positionalität, denn durch sie „ist das menschliche Lebewesen erstens nicht im Gleichgewicht, nicht festgestellt, also muss es sich ‚künstlich' durch Kultur und Gesellschaft feststellen; alle Objektivationen des Menschen fungieren insofern als ‚Ergänzung' des Lebenskreises" (Fischer 2008: 79). Die verstreuten Andersschen Anmerkungen zu den Topoi Erfahrung, Weltfremdheit und Freiheit sind am dichtesten in folgender Formulierung gefasst:

> „Erkenntnis ist die nachträgliche Aufnahme von Weltbeziehung, zu der sich das mangelhaft welteingebettete Wesen Mensch versteht; das aposteriori ist Konsequenz der vorgängigen Freiheit des Menschen (von der Welt)." (NPM: 14)

Wenn Anders die Position des Menschen in seinen Notizen in Abgrenzung zum Tier als *mangel*haft welteingebettet bezeichnet (vgl. NPM: 14, 15, 18, 19, 24), so nimmt er implizit einen alten anthropologischen Gedanken wieder auf. Schon im Mythos in Platons *Protagoras* (vgl. Platon 1977: 320c-322d) wird der Mensch bei der Bestückung mit nützlichen Qualitäten unterversorgt und daher von Prometheus nach-

---

[34] Die Gegenüberstellung Mensch - Tier wird wiederholt explizit gemacht (vgl. NPM: 3, 6, 17, 19, 20).

träglich mit Technik und Feuer ausgestattet[35]. In der Neuzeit untersucht unter anderem Herder die Mängel des Menschen anhand der „allgemeinen tierischen Ökonomie" (Herder 1985: 716) und kommt zum Ergebnis, dass der Mensch „wenig oder nichts durch völligen Instinkt, als das Tier tut" (ebd.: 715). Während dem Tier also bestimmte Triebe angeboren und unmittelbar natürlich sind, besteht der Charakter des Menschen zunächst in „Lücken und Mängeln"(ebd.), er ist ausgestattet mit einer „zerstreuten, geschwächten Sinnlichkeit, mit [...] unbestimmten, schlafenden Fähigkeiten, mit [...] geteilten und ermatteten Trieben" (ebd.). Was den Menschen dagegen auszeichnet, sind nach Herder (erworbene) Sprache (vgl. ebd.: 716), Vernunft und Besonnenheit (vgl. ebd.: 718). Auch wenn Anders Herder nicht erwähnt, knüpft er doch der Sache nach an diesen an, indem er den Begriff des Mangels zur Bestimmung des Menschen verwendet - dies bleibt bis zum Aufsatz über die *Weltfremdheit* so (s.o., S. 25; vgl. WM: 2, 4, 36, 54). Dagegen findet sich in den *Notizen* nicht, wie im Manuskript *Materiales Apriori*, die Vorstellung, dass die Instinktgebundenheit von Mensch und Tier als beiden gemeinsame Eigenschaft untersucht werden kann (s.o., S. 38).

Arnold Gehlen bringt in seiner philosophischen Anthropologie, erstmals veröffentlicht 1940, die Untersuchung der Stellung des Menschen in der Welt auf den Begriff der Instinktreduktion (vgl. Gehlen 2004a: 26) und bestimmt daher ebenfalls den Menschen als Mängelwesen (vgl. ebd.: 20, 33, 37). Er geht dabei explizit auf Herders Schrift über den Ursprung der Sprache zurück und behauptet, die Anthropologie habe „seit Herder keinen Schritt vorwärts getan" (ebd.: 84), allerdings könne sie jetzt mit den „Mitteln moderner Wissenschaft" (ebd.) vollendet werden[36]. Programmatisch beschreibt Gehlen die Situation des Menschen wie folgt:

---

35 „Da steht es, das Mängelwesen Mensch, von Natur unausgestattet, ‚nackt, unbeschuht und unbewaffnet' - ein Muster aller Anthropologie, die die Sonderstellung und Kulturentwicklung des Menschen als Folge eines Betriebsunfalls der Genesis begreift." (Peters 1999: 46)

36 Während Herder nur vordergründig eine naturalistische Theorie vorschlägt, tatsächlich jedoch innerhalb eines „teleologischen Rahmen" (Hartung 2003: 168) verbleibt und auf eine „Vorstellung höherer Zweckmäßigkeit abzielt" (ebd.: 174) - wofür Kant ihn heftig kritisiert und seine Bestimmung des Menschen als Mängelwesen ablehnt (vgl. ebd.: 171ff.), lässt Gehlen jegliche Metaphysik und Teleologie hinter sich und macht den Menschen „zum zentralen Forschungsgegenstand der empirischen Wissenschaften und der empirischen Philosophie" (ebd.: 176; vgl. Gehlen 2004a: 10f.).

„'Der Mensch' lebt nicht in einem Verhältnis organischer oder instinktiver Einpassung in irgendwelche bestimmte, angebbare Außenbedingungen, sondern seine Konstitution erzwingt, leistet aber auch eine intelligente, planende Tätigkeit, die ihm gestattet, aus *sehr beliebigen* Konstellationen von Naturumständen durch *Veränderung* derselben sich Technik und Mittel seiner Existenz zurechtzumachen." (ebd.: 80)

All diese Charakterisierungen finden sich auch in Anders' Anthropologie: die mangelnde Welteinbettung (vgl. WM: 1; NPM: 14), das kompensatorische Tätigsein des Menschen und die so mögliche Überwindung der Kontingenz (vgl. PF: 44) und das „Herstellen, Verwahren, Verwalten der [dem Menschen, M.M.] gebührenden Welt" (WM: 17; vgl. NPM: 18, 20). Wenn Gehlen Naturwissenschaft, Technik und Industrie als die Superstruktur der Gesellschaft bezeichnet (vgl. 1986: 152), ist dies eine Ausformulierung dessen, was Anders als den Überbau bezeichnet, um den der Mensch die vorfindliche Welt erweitert (vgl. NPM: 20; PF: 2; vgl. Dries 2009: 104)[37].

Neben dem zentralen Topos der mangelnden Welteinbettung finden sich in den *Notizen* noch weitere Überlegungen erstmals, die Anders fortan beibehält bzw. weiter ausarbeitet. Unmittelbar aus der Weltfremdheit ergibt sich das spezifische „Negations- und Abwesenheitsverständnis"[38] (NPM: 4) des Menschen, das in der *Weltfremdheit* ausführlicher und in direkter Gegenüberstellung mit dem Tier erläutert

---

37 Bedenkt man neben diesen inhaltlichen Parallelen die gegensätzlichen Lebensgeschichten - während der Jude Günther Anders 1933 nach Paris fliehen muss, tritt Arnold Gehlen in die NSDAP ein und übernimmt noch im gleichen Jahr seinen ersten Lehrstuhl (vgl. Thies 2007: 13) - verwundert es nicht, dass Anders diesem später sehr reserviert gegenübertritt: „Wie groß war meine Überraschung, als ich zwanzig Jahre nach der philosophischen Fixierung dieser ‚negativen Anthropologie', nach meiner Rückkehr aus dem Exil 1950, erfuhr, daß ein gewisser Arnold Gehlen durch die Erfindung dieses [...] Begriffes der ‚Unfestgelegtheit' berühmt geworden sei, also lange Jahre nachdem ich diese in einem 1929 gehaltenen [...] Vortrage zur Diskussion gestellt hatte" (Anders 1984a: XV; vgl. Lohmann 1996: 142). Auch, dass Anders in einem Interview erklärt, das Vorwort der *Antiquiertheit des Menschen* sei „gegen Gehlen geschrieben" (GA: 46) worden, wird so verständlich.

38 Am Ende der *Notizen* wird es unter dem Begriff Absenzverständnis wieder aufgenommen und anhand der „anthropologischen Möglichkeit des Abschiednehmens" (NPM: 25) näher beleuchtet.

wird[39] (vgl. WM: 19f.). Ein weiterer Aspekt der Weltfremdheit ist die Tatsache, dass dem Menschen ob der kontingenten Welt sein Ursprung nicht verfügbar ist (vgl. NPM: 12, 20); zugleich wird schon hier auf das Problem der schwierigen und schambesetzten Selbstidentifikation verwiesen (vgl. NPM: 21), das in der *Pathologie der Freiheit* genauer ausgearbeitet wird und schließlich in der Antiquiertheit des Menschen in anderem Kontext aktualisiert wird (s.o., Einleitung). Ebenso werden (Welt-)Kontingenz und Kontingenzschock, denen der Mensch ausgesetzt ist, mehrfach angesprochen (vgl. NPM: 5, 10, 17). Sie äußern sich u.a. im θαυμάζειν (vgl. NPM: 5), das schon Platon und Aristoteles als Beginn der Philosophie ansetzen[40]. Die Trennung vom apriorischen Material der Welt bürgt weiter für die „Grundmöglichkeit der Abstraktion" (NPM: 19). Hierunter versteht Anders, dass der Mensch im Gegensatz zum Tier „gewisse Züge" (NPM: 19) eines Gegenstandes abtrennen kann - „erst für ihn gibt es *Eigenschaften*" (NPM: 19). Diese Fähigkeit des Logos ist dem Menschen vorbehalten. Später arbeitet er diese These u.a. in den Überlegungen zum Futur II als Akt der Selbstabstraktion weiter aus (s.o., S. 30).

Da also eine Reihe der Argumente schon hier versammelt ist, die Anders später in seine veröffentlichte *negative Anthropologie*[41] übernimmt, verwundert es nicht, dass auch erste Reflexionen zur philosophischen Anthropologie selbst angestellt werden. Über jeglichen Versuch einer festen Definition (des Menschen) äußert sich Anders skeptisch; fraglich ist, ob „endgültige Befestigung und Eindeutigkeit" erreichbar sind oder Reste von „Unbestimmtheit und Uneindeutigkeit" (NPM: 7) verbleiben. Angewendet ergibt sich daraus die „Unbestimmtheit von Treffbarem" (NPM: 18) für den Menschen, der sich seine Welt immer aposteriorisch mittels Erfahrung erschließen muss und nicht wie das Tier instinktiv in diese eingebunden ist. Diese Unbestimmtheit überträgt sich dann auf die Bestimmung des Menschen selbst. Des Weiteren wendet Anders schon hier ein, dass es nicht automatisch die *differentia specifica* sein muss, die ein bestimmtes Seiendes wesentlich *auszeichnet* (vgl. NPM: 23). In der *Weltfremdheit* wird dieser Gedanke in der paradoxen Form fortgeführt, dass die *differentia specifica* des Menschen gerade seine Unfestgelegtheit ist und so eine feste Bestimmung gerade nicht mittels dieser geleistet werden kann (vgl. WM: 56).

---

39 Auch Plessner weist darauf hin, dass dem Tier „der Sinn für's Negative" (1975: 270) fehlt.

40 Vgl. Platon 1977: 155d; Aristoteles 1995: 982b.

41 So die spätere Selbstbezeichnung (vgl. Anders 1984a: XV).

Schließlich soll noch auf Folgendes hingewiesen werden: Ohne dass ein Anschluss an einen vorhergehenden Gedanken ersichtlich wäre heißt es in einer der Notizen: „Diese *Weltoffenheit* des Menschen ist allerdings nur ein Titel seines prinzipiell ambivalenten Standes: ist doch der Mensch - im Unterschied zum Tier - das grundsätzlich *vereinsamte*, monadische Wesen, das seiner Welt so wenig verbunden ist, dass es sie auch nicht *wissensmäßig* als apriorisches Material unterhält." (NPM: 11) Anders behält den Begriff der Weltoffenheit in zwei späteren Manuskripten bei (vgl. PSW: 11; SE: 9, 56, 63)[42] und er findet sich auch in der zweiten Mappe zur *Philosophie des Menschen* (vgl. PM: 11). Eine zentrale Rolle spielt er in Schelers „Entwurf zu einem systematischen Gesamtkonzept philosophischer Anthropologie" (Hartung 2003: 108) *Die Stellung des Menschen im Kosmos*[43]. Er fragt dort nach der Sonderstellung des Menschen und untersucht als Stufen des Seins zunächst das Anorganische und nachfolgend im Organischen bzw. Lebendigen die Organisationsformen Pflanze und Tier (vgl. Scheler 1976a: 13ff.). Der Mensch kann jedoch *nicht* als bloß graduell vom Tier verschieden bestimmt werden - es liegt ein *„Wesensunterschied"* (ebd.: 31) vor, der sich in seiner *„existentielle[n] Entbundenheit vom Organischen"* (ebd.: 32) zeigt:

> „Ein ‚geistiges' Wesen [der Mensch, M.M.] ist also nicht mehr trieb- und umweltgebunden, sondern ‚umweltfrei' und, wie wir es nennen wollen, *‚weltoffen'*..." (ebd.)

Der Geist als Zentralbegriff Schelers steht für das „Prinzip einer rein sachlich orientieren triebfreien Wesenserkenntnis" (Schulz 1972: 458).

---

42 Wobei sich in *Situation und Erkenntnis* aus dem Jahr 1929 das komplette Zitat aus den *Notizen* übernommen findet (vgl. SE: 56).

43 Der Text geht auf einen Vortrag zurück, den Scheler im April 1927 hielt (vgl. Fischer 2008: 61f.). Er wurde anschließend im achten Band der Zeitschrift *Der Leuchter* veröffentlicht und erst nach Schelers Tod 1928 separat publiziert (vgl. Scheler 1976a: 9; Frings 1976: 343f.). Es war nicht zu ermitteln, wann Anders *Die Stellung des Menschen im Kosmos* rezipiert hat oder ob er gar den Vortrag Schelers hörte. Zumindest in *Situation und Erkenntnis* (1929) wird in einer Fußnote auf Schelers Buch verwiesen (vgl. SE: 42). Möglich wäre auch, dass Anders den Begriff von Heidegger übernimmt, für den sich in *Sein und Zeit* (1927) die „Weltoffenheit des Daseins" aus der Gestimmtheit, mit der es dem „umweltlich Zuhandene[n]" begegnet (1967: 137), ergibt. Allerdings grenzte sich Heidegger schon in *Sein und Zeit* von der philosophischen Anthropologie scharf ab (ebd.: 45ff.).

Daraus ergeben sich für Scheler u.a. zwei Konsequenzen für eine Philosophie des Menschen, die auch Anders mehrfach thematisiert. Ob seiner Weltoffenheit ist der Mensch „aus der Natur herausgestellt" (Hartung 2003: 110) und wird sich deshalb dem „Zufalle seiner Stellung" (Scheler 1976a: 38) im Universum bewusst oder - wie es später heißt - er entdeckt die Weltkontingenz (vgl. ebd.: 69). Der Kontingenzschock als Reaktion des Menschen auf die Weltfremdheit wird von Anders in den *Notizen* erstmalig erwähnt und als wesentliches Moment beibehalten (s.o., Abs. 2.2.6). Und so wie für Anders den Menschen gerade seine Unfestgelegtheit ausmacht (vgl. WM: 16, 54), findet sich auch in der *Stellung des Menschen* die „radikale Einsicht in die Undefinierbarkeit menschlichen Seins" (Hartung 2003: 111). Ein weiterer Anschluss an Schelers Überlegungen scheint sich aus dem Verweis auf das Negationsverständnis des Menschen zu ergeben (vgl. NPM: 4), das Anders später anhand des „Faktum[s] des Lügenkönnens" (WM: 22) näher untersucht. Wieder geschieht diese Charakterisierung in Abgrenzung zum Tier und in ähnlicher Weise formuliert es Scheler:

> „Mit dem Tier verglichen, das immer ‚Ja' zum Wirklichen sagt - auch da noch, wo es verabscheut und flieht -, ist *der Mensch der ‚Neinssagenkönner'*[44], der *‚Asket des Lebens'*, der ewige Protestant gegen alle Wirklichkeit." (1976: 44)

Es wird daher deutlich, wie eng die philosophisch-anthropologischen Überlegungen von Günther Anders an die Forschungen von Max Scheler anschließen, die dieser kurz vor seinem Tod betrieb. Allerdings taucht Schelers zentraler Begriff der Weltoffenheit in den veröffentlichten Aufsätzen von Anders nicht mehr auf, wohl aber der Verweis auf *Die Stellung des Menschen im Kosmos* (vgl. WM: 18).

2.3.2 Die Positionen Schlafen - Wachen relativierender Exkurs (1928)

Im Gegensatz zu den Notizen, die lediglich Entwürfe zu einer umfassenden *Philosophie des Menschen* darstellen, und den veröffentlichten Aufsätzen, findet sich mit *Die Positionen Schlafen - Wachen relativierender Exkurs* (1928) ein Manuskript im Nachlass von Günther Anders, das

44 Diesen Aspekt hat jüngst Ernst Tugendhat in seiner sprachphilosophischen Aktualisierung der Anthropologie wieder betont (2007: 42f.).

eher den Charakter einer Detailstudie hat, wie sie etwa Helmuth Plessner über das Lächeln oder Lachen und Weinen unternommen hat (vgl. Plessner 1982a, 1982c). Dabei ist das Ziel der Untersuchung eine „Relativierung der bisherigen Positionsbestimmungen des Menschen" (PSW: 4) ausgehend von der simplen Feststellung, dass der Mensch zwei Leben führt - ein waches und ein schlafendes[45] (vgl. PSW: 1). Seit dem 19. Jahrhundert war der Schlaf als Thema aus der Philosophie weitgehend verschwunden und wurde in den Bereichen Physiologie und Psychologie erforscht. Im Altertum und in der Patristik dagegen war er zur Diskussion darüber, was die Seele sei, wiederholt herangezogen worden (vgl. Homann 1992: 1297f.)[46].

Anders nutzt für seine Analyse das Vokabular, dass er in den *Notizen über die Philosophie des Menschen* erarbeitet hatte: das Faktum der mangelnden Welteinbettung, die Weltoffenheit und Weltfremdheit des Menschen, sein Angewiesensein auf Erfahrung und den methodischen Mensch-Tier-Vergleich. Er fragt, ob dem „Schlafenden eine ganz andere Weltbezogenheit zukomme [...] als dem Wachen" (PSW: 3). Tatsächlich gilt für das Wachen, dass ihm die Position der Weltoffenheit entspricht, während der schlafende Mensch sich in einer Position der Weltlosigkeit[47] befindet (vgl. PSW: 1). Diesen zwei verschiedenen Positionen in der Welt kommen entsprechend auch verschiedene „Einbettungsgrade" (PSW: 6) zu. Es ergibt sich die weitergehende Frage, ob dem schlafenden Menschen „eine Möglichkeit des Weniger-spezifisch-Mensch-Seins" (PSW: 3) entspreche und Anders verweist auf Kafkas[48] *Verwandlung*. Dort entpuppt sich der Schlaf des Gregor Samsa als Position des Unmenschlichwerdens (vgl. PSW: 3). Obwohl also „alle Bestimmungen des schlafenden Menschen die übliche anthropologische Charakteristik Lügen strafen" (PSW: 5) - der Schlummernde erinnert tatsächlich nur wenig an ein *animal rationale* oder gar einen *homo faber*, gilt Anders der Schlaf nicht als pathologisch (vgl. PSW: 5). Insofern verweigert sich

---

45 Der Mensch nehme daher eine „Doppelposition" (PSW: 1) ein.

46 Dagegen ist der Traum - der auch in Anders' Text eine Rolle spielt - auch heute ein viel diskutiertes Problem der Philosophie (insbesondere der philosophy of mind). Vgl. jüngst Gehring 2008 oder Türcke 2008.

47 Mit Heidegger ließe sich damit sagen, der schlafende Mensch nehme die gleiche Position zur Welt ein wie ein Stein, denn dieser „ist *weltlos*" (1983: 263). Hierzu mehr im Exkurs zu Heidegger (s.u., Abs. 2.3.7).

48 Anders beschäftigte sich eingehend mit Kafka und veröffentlichte 1951 noch vor dessen breiter Rezeption *Kafka - Pro und Contra. Die Prozessunterlagen*. Der Text geht auf einen schon 1934 gehaltenen Vortrag zurück (vgl. Anders 1984a: 46).

Anders auch, das scheinbar nicht Normale oder nur Randständige aus der Bestimmung des Menschen auszuschließen:

> „Gibt es Aussergewöhnliches und Unregelmässiges beim Menschen, so ist dieses Unregelmässige, jedenfalls die Möglichkeit von Unregelmässigkeit und Positionswechsel überhaupt, von vornherein dem Begriff des Menschen zuzurechnen." (PSW: 5)

Das ist insofern bemerkenswert, als der Philosophischen Anthropologie von verschiedener Seite genau dies zum Vorwurf gemacht wurde: mit der Suche nach einem fragwürdigen ‚Wesen des Menschen' die empirischen Unterschiede zwischen den wirklichen Menschen zu missachten (vgl. Thies 2004: 22ff.) und letztlich ein Denken der Ausgrenzung zu forcieren. Aus der Perspektive Kritischer Theorie wendet Max Horkheimer ein, die Philosophische Anthropologie hege eine „allzu harmonistische Betrachtungsweise", wenn sie eine „einheitliche menschliche Verfassung" behaupte und ergebe sich so der „Tradition als unbedingter Autorität, neue absolute Prinzipien aufzustellen" (1988: 249, 252).

Indem der Schlafende als „der Welt eingepasst" (PSW: 11) aufgefasst wird, schärft Anders seinen Blick noch einmal für die Bestimmung der Position des wachen Menschen in der Welt[49]. Dabei greift er wieder auf den schon bekannten Zusammenhang von Weltfremdheit und aposteriorischem Zugang zur Welt qua Erfahrung zurück. Auf diese Weise muss der je Erwachende den Schock der Grenzsituation des Aufwachens überwinden (vgl. PSW: 8f.). Denn der Schlaf ist ein Ausklinken aus Geschichtlichkeit und Sozialität (vgl. PSW: 8), das Aufwachen ein Transzendieren des Unhistorischseins ins Historischsein (vgl. PSW: 13). An dieser Stelle taucht in der Beschreibung der Reaktion des (wachen) Menschen auf Kontingenzschock und Weltfremdheit mittels Erfahrung und Veränderung der ihn umgebenden Welt erstmals der Gedanke an Zeit und Geschichte auf. Im späteren Vortrag über die *Weltfremdheit* wird er dann zur Antwort des historischen Menschen ausgearbeitet (s.o., Abs. 2.2.8). Hier heißt es:

[49] Weil Anders für das Tier ohnehin von einer stärkeren Einbettung in die Umwelt eingeht, schließt er, dass der „Schlaf des Menschen [...] im Sein des Menschen ein [sic!] grundsätzlich andere Rolle als der des Tieres im tierischen Leben" (PSW: 14) spielt.

> „Durch sein Tun, Herstellen und Verwalten zieht er [der wache Mensch, M.M.] sein Dasein in die Länge, durch Verwahren des grundsätzlich Vergänglichen (dessen Vergänglichkeit er aufhält und relativ paralysiert) macht er seine Welt bleibend, damit sich selbst ausdrücklich zeitlich." (PSW: 11)

Indem er auch den Traum in seine Überlegungen einbezieht, macht Anders noch einmal die besondere Position des Menschen im Gegensatz zum Tier deutlich. War der Mensch „gerade (im Unterschied zum material-apriorischen Wesen) durch grundsätzliches nachträgliches d.h. aposteriorisches Materialtreffen charakterisiert worden" (PSW: 17), so gilt dies gerade auch im Traum, wo er eine empirisch gesättigte (Traum-)Welt erfindet. Anders dagegen das Tier, denn „sein ‚Traum' vermag ebenso wenig wie seine Wahrnehmung sein materiales Apriori zu übersteigen" (PSW: 18). Die Offenheit der menschlichen Existenz zeigt sich des Weiteren in der „Identifizierung mit seiner eigenen Historie" (PSW: 19) - der aufwachende Mensch weiß, dass er derselbe ist wie vor Schlaf und Traum. Mögen beide - Schlaf und Traum - auch ungeschichtlich sein (vgl. PSW: 20), „so heisst Wachsein Historischsein" (PSW: 19) und der Mensch erfährt sich - anders als das Tier - als jemand, der „eine bestimmte konstituierende Geschichte" (PSW: 20) hat.

Anders hat also in diesem Manuskript seine zuvor zusammengetragenen Versatzstücke einer Philosophie des Menschen auf ein konkretes Phänomen angewendet, dabei aber zugleich um die Gedanken zur Geschichtlichkeit erweitert.

2.3.4 Über das Haben (1928)

1928 erschien die einzige selbständige Buchveröffentlichung von Günther Anders vor seiner erzwungenen Emigration im Verlag Friedrich Cohen, in welchem auch Heidegger veröffentlichte. Der Band enthält neben einer überarbeiteten Fassung seiner Dissertation von 1924[50] sechs weitere Essays, die zwischen 1926 und 1928 entstanden sind. Der titelgebende Aufsatz *Über das Haben* wurde 1926 geschrieben (vgl. ÜdH: 100), *Protention und Potentialität* noch vor der Veröffentlichung von *Sein und Zeit*, also 1926/27 (vgl. ÜdH: 107). Die restlichen Essays entstanden

---

50 Der ursprüngliche Titel lautete *Die Rolle der Situationskategorie bei den ‚Logischen Sätzen'*.

im Anschluss[51] - also während Anders 1927/28 an den Notizen und Manuskripten zur philosophischen Anthropologie arbeitete. Es wundert daher nicht, wenn sich hier „latent eine Hinwendung zu anthropologischen Fragestellungen" (Lohmann 1996: 140) findet. Die versammelten Arbeiten sind im weitesten Sinne phänomenologische Untersuchungen; explizit weist Anders in *Satz und Situation* (1924) hierauf hin, wo es heißt, in „Absicht und Methodik" (ÜdH: 168) wisse er sich mit der Phänomenologie im Einklang, wenn auch die eigenen Resultate abweichende seien (vgl. ebd.). In den zeitlich später entstandenen Teilen finden sich vermehrt Abgrenzungen von der Phänomenologie (vgl. ÜdH: 23, 74, 108; vgl. Hildebrandt 1992a: 61), wenn deren Ergebnisse auch immer wieder als unhintergehbare Ausgangspunkte vorausgesetzt werden (vgl. ÜdH: 107). Als weitere Einflüsse verweist Anders in der Vorbemerkung auf Martin Heidegger und Nicolai Hartmann, zugleich macht er deutlich, dass der eigentliche Ursprung der meisten Teile die Musikphilosophie ist[52]. Gemäß der hier gewählten Themenstellung soll nur auf einige für die spätere Beschäftigung mit der Philosophischen Anthropologie relevante Punkte eingegangen werden.

Im Text *Über das Haben* (vgl. ÜdH: 71ff.) von 1926 bemüht sich Anders darum, das ‚Haben' als eine eigenständige Seinsart in die Ontologie einzuführen, indem er es vom Existieren (worauf Heidegger sein Hauptaugenmerk legt) und Bewusst-Haben (den zentralen Gegenstand der Husserlschen Phänomenologie) abgrenzt. Dies illustriert er vorzugsweise am Phänomen des Leib-Habens (vgl. Hildebrandt 1992a: 61). In Heideggers *Sein und Zeit* wird der Leib als Thema der Fundamentalontologie explizit außen vor gelassen (vgl. 1967: 108; vgl. Bernet 2009: 46). Husserl untersucht den Leib zunächst als „*Mittel aller Wahrnehmungen*"[53] (1952: 56), aber auch den in der Wahrnehmung präsenten Doppelaspekt von Empfinden und Empfundenem[54] (vgl. Zahavi 2009: 107f.). Diese „phänomenologische[...] Aufweisung des leiblichen Bewußtseins" steht „in ihrer philosophischen Relevanz einer ‚Entdeckung'

---

51 So Anders in der unpaginierten Vorbemerkung.

52 Und er erwähnt eine künftige musikontologische Arbeit, mit der wohl sein gescheitertes Habilitationsprojekt *Philosophische Untersuchungen über musikalische Situationen* gemeint ist (vgl. Liessmann 2002: 20; Dries 2009: 12; Ellensohn 2008: 23f.).

53 Im Original gesperrt gesetzt.

54 Wenn ich mit meiner Hand einen Tisch berühre, so kann ich meine Wahrnehmung sowohl auf den Tisch als Objekt, als auch auf meine Hand als Teil meines wahrnehmenden Leibes richten; Husserl unterscheidet daher auf der Objektseite Empfindung und auf der Subjektseite Empfindnis (vgl. Zahavi 2009: 106f.).

der [...] Intentionalität" (Bernet 2009: 70) in nichts nach. Als „Umschlagpunkt zwischen kausalem und intentionalem Geschehen, gleichsam zwischen Natur und Sinn" bleibt Husserl der Leib aber letztlich „rätselhaft", auch wenn er „entscheidende Problemstellungen entfaltet, die in seiner Nachfolge aufgegriffen werden" (Meyer-Drawe 2004: 332). Anders spricht in Abgrenzung zur Phänomenologie dem Leib eine eigene Evidenz als *„dauernd präsentierbares Feld möglicher Data"* (ÜdH: 73) zu, die von der Weise des Gegebenseins „fortfingierbare[r] intentionale[r] Objekte" (ÜdH: 73) klar zu unterscheiden sei. Daraus ergeben sich zwei weitere Bestimmungen: Der Leib muss als ein Apriori aufgefasst werden, als eine materiale Vorgegebenheit (vgl. ÜdH: 87; vgl. auch ÜH: 228). Zwar wendet Anders hier noch gegen die eigenen Überlegungen ein, den Titel *a priori* vermeiden zu wollen, da dieser üblicherweise die Vorstellung der Formalität evoziere, aber spätestens im oben besprochenen Text über den Instinkt überwindet er diese Vorsicht (s.o., Abs. 2.3.1). Wenn der Leib jedoch ein - wie es später heißt - *materiales Apriori* ist, dann gilt zweitens, dass er dem Menschen als Gehabtes schicksalhaft vorgegeben ist; seine Zustände können wechseln, er selbst ist eine *conditio sine qua non* (vgl. ÜdH: 88). Ähnlich formuliert dies schon Scheler in seinem *Formalismus*-Buch von 1916. Dort unterscheidet er zwischen Leibkörper, der dem äußeren Bewusstsein und Leibseele, die dem inneren Bewusstsein gegeben ist (vgl. Scheler 1954: 410). Der Leib selbst jedoch „fundiert, oder seine unmittelbare Totalwahrnehmung *fundiert* sowohl die Gegebenheit Leibseele wie die Gegebenheit Leibkörper" (ebd.) und dabei gilt, dass wir „durchaus nicht erst durch ‚Erfahrung' [...] ‚lernen' [...], daß wir *keine Engel* sind, sondern einen Leib besitzen" (ebd.: 413). An der Husserlschen Phänomenologie wird daher kritisiert, dass sie als Ausgangspunkt intentionale Akte der Erlebnisse von Personen annimmt (vgl. Thomä 2007: 39f.). Wenn aber der Leib als Apriori dem phänomenologischen Akt zuvorkommt, bedeutet dies, „dass die Intentionalität selbst einer natürlichen Vorgabe folge, nämlich dem ‚Nötighaben', dem ‚Bedürfnis'" (ebd.: 40).

Anders nimmt seine Überlegungen zum Leib-Haben in dem nach 1927 entstandenen Kapitel *Über die Raum-Indices* noch einmal auf. Er erneuert zunächst die Abgrenzung von der Phänomenologie, um deren Desinteresse am Thema Leiblichkeit zu entgehen (vgl. ÜdH: 132f.). Kritisiert wird vor allem die Konzentration auf Untersuchungen zur Zeitkonstitution und die Skepsis gegen alle „physiologischen Methoden" (ÜdH: 132). Die Raumindices (oben, unten, rechts, links usw.) werden dann, ähnlich wie der Leib, als *gehabt* dargestellt - aus der Leiblichkeit selbst als „unabschließbare[r] *Vorauslage*" (ÜdH: 134) ergibt sich so ihre schon immer bestehende Verstehbarkeit, auch wenn sie (zunächst) nicht definierbar sind (vgl. ÜdH: 136).

In den Aufsätzen in den *Recherches* findet demgegenüber eine Bedeutungsverschiebung statt, denn dort wird nicht mehr der Leib, sondern die *Welt* als *con-ditio*, als Mitgift des material-apriorischen Wesens Tier, vorgestellt (vgl. WM: 3, s.o., S. 24; vgl. auch schon NPM: 25). Der menschliche *Leib* findet keine Erwähnung mehr. Allerdings nimmt Anders den Gedanken an den Leib als schicksalhafter Mitgift in der *Antiquiertheit des Menschen* wieder auf, wenn er die prometheische Scham und das Verhältnis des sich Schämenden zum eigenen Leib untersucht (s.o., Einleitung).

Auch in Helmuth Plessners Anthropologie spielt der Leib eine zentrale Rolle - als Element des radikalen Doppelaspektes, wonach der Mensch unter einer mathematisch-physikalischen Auffassung (als Körper) und einer organologischen Weltanschauung (als Leib habend) betrachtet werden kann (vgl. 1975: 294f.). Dabei legt er, wie auch Scheler[55], großen Wert darauf, den „Träger des Leibes" (ebd.: 27) als psychophysisch indifferent anzunehmen. Ein Beispiel, wie der Mensch „sein Verhältnis zum eigenen Leib [...] gegenständlich" (Plessner 1982d: 452) machen kann, ist dabei laut Plessner das alltägliche oder professionelle Spielen von Rollen und das entsprechende Ausdrucksverhalten.

Für den Schauspieler zentral ist der Rückhalt der Rolle, „in der seine Individualität sich entfaltet und zugleich verschwindet" (Plessner 1982c: 405). Denn er bringt mit seinem Leib zwar Natürlichkeit zum Ausdruck, aber diese ist eben nur gespielt - der ganze Leib wird zur Maske[56] (vgl. ebd.: 408). So zeigt sich der Mensch in der Rolle „auf eine zugleich unmittelbare und vermittelte, natürliche und künstliche Weise" (ebd.: 409). Was also im Ausfüllen der Rolle erkennbar wird, ist nichts weniger als die exzentrische Positionalität des Menschen, die Plessner im letzten Kapitel seines Hauptwerkes *Die Stufen des Organischen und der Mensch* erörtert und in die drei anthropologischen Grund-

---

55 In der *Stellung des Menschen im Kosmos* wird die anti-dualistische Stoßrichtung der Anthropologie in der Rede von der *„Einheit des Lebens"* deutlich: *„Der physiologische und der psychische Lebensprozess sind ontologisch streng identisch"* und nur „zwei Seiten der Betrachtung *eines und desselben Lebensvorganges"* (Scheler 1976: 58).

56 Historisch grenzt Plessner daher die moderne Schauspielerei in Film und Theater von der antiken Tragödie ab, in der die Schauspieler noch mit echten Masken als Spielende gekennzeichnet wurden und daher nicht zwangsläufig der ganze Leib in den Darstellungsprozess eingebunden war (vgl. Plessner 1982c: 405).

gesetze der natürlichen Künstlichkeit, der vermittelten Unmittelbarkeit und des utopischen Standortes fasst (vgl. Plessner 1975: 288ff.; vgl. Fischer 2000). Für das einzelne Individuum in Gesellschaft hatte Plessner schon 1924 in den *Grenzen der Gemeinschaft* die Wichtigkeit des Rollenspiels betont. Dort war der Doppelaspekt des Menschen als Drang nach Offenbarung im öffentlichen Raum einerseits und Bedürfnis nach Verhaltung und Rückzug andererseits untersucht worden (vgl. Plessner 1981: 63; vgl. auch 1975: 344)[57]. Und schon dort bot die Rolle einen Umgang mit dieser Ambivalenz. Der Leib als „Ausdruck von Seele" prägt „das Unsichtbare in Gesicht, Haltung, Figur und Gesten plastisch aus" (ebd.: 74). Da der Mensch jedoch nicht einfach offen das sein kann, was er ist, bietet ihm die Rolle einen Ausweg:

> „Der Mensch verallgemeinert und objektiviert sich durch eine Maske, hinter der er bis zu einem gewissen Grade unsichtbar wird, ohne doch völlig als Person zu verschwinden." (ebd.: 82)

Die (gesellschaftlichen) Rollenvorgaben schaffen eine irreale Geltungssphäre, in denen die Individuen ihren Drang nach Abstand und Nähe gewissermaßen austarieren können[58] (vgl. ebd.: 83).

Anders führt im Aufsatz *Über Echtheit* den Schauspieler in ähnlicher Weise ein, auch wenn der Bezug zur Anthropologie nur ein vermittelter ist[59]. Der Schauspieler versucht zwar über gegebene Ausdrucksqualitäten die Echtheit seiner Darstellung zu fingieren, so dass aus Sicht des Zuschauers Geäußertes und Gemeintes sich decken, tatsächlich bleibt jedoch die Trennung von Individuum und Rolle bestehen: das Spiel stellt keine Wahrheit dar, es *wirkt* lediglich echt (vgl. ÜdH: 6). Der Vermittlungsversuch des eine Rolle gebenden Schauspielers verdeckt also die Unmittelbarkeit des *echten* Ich. Und Anders weiß ebenso wie Plessner, dass der Rollenaspekt nicht nur den professionellen Darstellern vorbehalten ist: „Ein und dieselbe Person wird echt ein-

---

57 Anders fasst diesen doppelten Drang ganz ähnlich in seiner Analyse der Scham: der Mensch ist als Subjekt der Welt preisgegeben, versucht aber in der Scham sich auf sich selbst zurückzuziehen, versucht sich zu verbergen (vgl. PF: 13f.).

58 Eine ähnliche Funktion hat in Gehlens Anthropologie der Institutionsbegriff (vgl. Fohler 2003: 60).

59 Er unterscheidet später Materialechtheit, ästhetische und moralische Echtheit, wobei er den letzten Begriff als *„spezifisch anthropologischen"* (ÜdH: 14) ausweist, so wie er andernorts die Moral als dem Menschen eigentümlich behandeln wird (vgl. NPM: 20, s.o., S. 40).

mal für ‚Gatte', das andere Mal für ‚Vater' genommen" (ÜdH: 5), so dass eine substantielle „'Person-an-sich'" (ÜdH: 5) nicht aufgefunden werden kann. Und während Plessner die „ontische Zweideutigkeit des Psychischen" (1981: 92) im Individuum u.a. durch die Möglichkeit des Rollenverhaltens geschützt sieht, befindet Anders, „es gehört zum ontologischen Bestand der Person selbst, daß sie (in den verschiedensten Bezügen) als etwas verschiedenes fungiert" (ÜdH: 5)[60].

Ein letzter Punkt sei angesprochen: in dem am spätesten entstandenen Text *Über das Naturhaben* wird noch einmal deutlich, dass Anders zur selben Zeit schon an den Manuskripten zur Philosophischen Anthropologie arbeitet. Zwar ist es hier nicht die spezifische Stellung des Menschen zur und in der *Welt*, die ihn beschäftigt, sondern eben das Verhältnis zur *Natur*. Aber auch hier findet sich die Gegenüberstellung von Pflanze, Tier[61] und Mensch (vgl. ÜdH: 57f.); über Abgrenzung lässt sich daher bezogen auf den Menschen Folgendes erschließen:

> „Spezifisch für den Menschen, der deshalb mehr ist als Natur, weil er im Unterschied zu allen Naturwesen Natur hat, ist die Tatsache, daß er sein Milieu verlässt, daß er, obwohl sesshaft, ‚herauskommt'." (ÜdH: 58)

Genau so also, wie der Mensch zwar auch in der Welt *ist*, diese aber in besonderer Weise *hat* und mit ihr umgeht.

Günther Anders hat also in den Beiträgen des Bandes zwar vor allem phänomenologische Untersuchungen auf dem Gebiet der Ästhetik und Musikphilosophie angestrengt, aber die zeitgleiche Beschäftigung mit der Philosophischen Anthropologie ist deutlich erkennbar.

2.3.5 Philosophie des Menschen (1927-1929)

Die Manuskripte der Mappe mit dem von Anders handschriftlich vorangestellten Titel *Philosophie des Menschen 1927-1929* knüpfen an die in Abschnitt 2.3.2 angezeigten Überlegungen an. Die einzelnen Blätter

---

60 Es gibt keinen Hinweis, dass Anders sich in *Über das Haben* auf die Arbeiten Plessners bezieht. Einzig im Aufsatz *Über Sichtbarkeit* verweist er, wie schon in *Über Gegenstandstypen* auf Plessners *Einheit der Sinne* (s.o., Fn. 31).

61 So bleibt der Fisch „in seinem ‚Element', in seinem ‚Milieu'" (ÜdH: 57), *hat* also im Gegensatz zum Menschen *nicht* Natur.

sind nicht zu datieren, doch ihre Entstehung ergibt sich u.a. daraus, dass Anders selbst auf sein 1928 veröffentlichtes Buch *Über das Haben* verweist (vgl. PM: 6). Prinzipiell finden sich hier weitere (teils redundante) Ausführungen zu den Zentralbegriffen der Andersschen negativen Anthropologie. Ausgangspunkt ist wieder der Tier-Mensch-Vergleich (vgl. PM: 3, 7ff.), aus dessen Analyse sich die Befunde der mangelnden Welteinbettung bzw. Weltoffenheit des Menschen (vgl. PM: 3, 7, 8, 11), seines Staunens (vgl. PM: 5f.) über die Konfrontation mit der kontingenten Welt (vgl. PM: 3, 5, 6) und seiner Fähigkeit, als *homo faber* der vorgefunden Welt seine eigene zu überbauen (vgl. PM: 1, 5), ergeben.

Erstmals stellt Anders hier die unterschiedliche Bedeutung von Pluralität und Individualität bei Mensch und Tier heraus (vgl. PF: 53, s.o., S. 34). Kurz und ohne eine weitere Klärung zu geben verweist er auf die „alte Frage des Nominalismus, ob Generelles nur nomen oder ens sei“ (PM: 9). Bezogen auf anthropologisches Wissen folgt aus ihr das Problem, ob induktiv gewonnene Erkenntnisse Wissen über eine „unplurale[...] Allgemeinheit“ (PM: 8) ermöglichen - also Wesensaussagen, die es erlauben, von *dem* Menschen zu sprechen. Angesichts dieser Schwierigkeiten behauptet Anders für den Vergleich von Tier und Mensch:

> „Mensch ist von vornherein Menschen, Tier von vornherein Tiere.“ (PM: 9)

Das Nachdenken über *den* Mensch muss also von vornherein pluralisch erfolgen, also: ein Denken über *die* Menschen sein. Dann folgt aber aus der unterschiedlichen Welteinbettung und den ihr entsprechenden Freiheitsgraden, dass „Einzelheit, Pluralität, Allgemeinheit, Gattung bei Tier und Mensch völlig Verschiedenes“ (PM: 9) bedeuten, dass „Pluralität beim Menschen etwas grundsätzlich anderes [ist, M.M.] als beim Tiere“ (PM: 8).

Das Phänomen der Scham wird ebenso zum ersten Mal ausführlich behandelt. Zwar hatte er es schon in den *Notizen zu Philosophie des Menschen* kurz erwähnt (vgl. NPM: 21), aber erst hier entwickelt er genauere Bestimmungen, die sich dann noch in *Pathologie der Freiheit* finden (vgl. PF: 12ff.). Die Scham ist deshalb eine so fundamentale Emotion, weil sie einen nachträglichen Umgang mit der eigenen - der Weltfremdheit ausgesetzten - Identität ermöglicht, und so das Problem der Selbstkontingenz berührt:

„Nur qua freier kann der Mensch sich treffen, aber nur als Unfreien." (PM: 3)

Die Scham reagiert auf die Freisetzung des Menschen von der Welt im Modus der Selbstreflexion, der nur einem freien Wesen eigen ist. Diesen Doppelaspekt der Freiheit (s.o., Abs. 2.2.4) erläutert Anders unter Rückgriff auf Schellings *Freiheitsschrift* mit dem Begriff der derivierten Absolutheit (vgl. PM: 3, 4). Schelling glaubte, mit dieser Konstruktion die Freiheit des menschlichen Seins retten zu können, auch wenn der Mensch seinem Werden nach (als Geschöpf Gottes) abhängig ist. Als autonomes Wesen ist er selbst eine abgeleitete Göttlichkeit (vgl. Schelling 1990: 290f.). Anders verbleibt natürlich nicht innerhalb Schellings „schöpfungstheologische[r] Anthropologie" (Baumgartner 1995: 49). Als *absolutum* gilt ihm die Natur selbst, von deren kontingentem Walten der Mensch aber, wie in Schellings Denken von Gott, abhängig ist, wie die Rede vom „nicht selbst verantworteten Ursprung" (PM: 4) deutlich machen soll. Trotzdem ist der Mensch, auch wenn qua Leib zugleich Naturwesen, als von der Welt entfremdeter unabhängig bzw. frei und die Scham ein Ausdruck dieser Freiheit.

In der Scham als spezifisch menschlicher Möglichkeit (vgl. PM: 4) wird nun versucht, die fehlende Selbstidentifikation (mit dem der eigenen Macht entzogenen Ursprung) zu überdecken. Dieser Versuch bestätigt laut Anders die „Tatsache ‚abhängig dem Wesen, aber keineswegs dem Sein nach' zu sein" (PM: 4)[62]. Da Scham „eminent Scham vor dem Gesehenwerden" und Sichtbarkeit „eo ipso kommunikativ" ist (PM: 4), verweist sie erneut auf den in *Über das Haben* angesprochenen Doppelaspekt der Person, die sich im Rollenspiel zugleich anonymisieren und präsentieren will und so der Sichtbarkeit zugleich entflieht und sie (geschützt durch eine Maske) sucht (s.o., S. 51f.).

Zwar finden sich keine Verweise im Text, aber in Anders' Scham-Analyse tauchen die einleitend angesprochenen Gedanken Schelers (s.o., S. 13) insofern auf, als die Scham des je individuellen Menschen hier auf seinen Ursprung aus dem Allgemeinen, der Welt, reagiert. Denn die Abkunft des Menschen von der Natur verlangt nach Reflexion über den eigenen Leib als „apriorisches Material, als conditum, als unfreie Mitgift" (PM: 12). Wie wichtig dieser Aspekt der (Reaktion auf die) Weltfremdheit ist, zeigt sich noch daran, dass Anders das Konzept (mo-

62 Anders gibt Schelling wieder, bei dem es heißt: „Jedes organische Individuum ist als ein Gewordenes nur durch ein anderes, und insofern abhängig dem Werden, aber keineswegs dem Seyn nach." (1990: 290)

difiziert) aus der philosophischen Anthropologie in die Technikphilosophie übernimmt (vgl. AM I: 21ff., s.u., S. 129).

2.3.6 Situation und Erkenntnis (1929)

Das Typoskript mit dem Titel *Situation und Erkenntnis* ist der letzte von Anders zur Philosophischen Anthropologie verfasste Text vor Niederschrift des Vortrags über die *Weltfremdheit* und dessen Überarbeitung für die *Recherches Philosophiques*. Mit 69 Seiten ist es umfangreicher als das Vortragsmanuskript selbst. Auffällig ist, dass weit häufiger als in den anderen Typoskripten (vgl. MA, PSW) auf Referenzautoren verwiesen wird - in den Notizen (vgl. NPM, PM) verzichtete Anders darauf fast gänzlich. Erwähnung finden neben Husserl, Heidegger, Scheler und Plessner auch Ernst Cassirer, Karl Löwith, Karl Mannheim und Nicolai Hartmann, aber auch der Psychologe Wolfgang Köhler[63]. *Situation und Erkenntnis* baut auf dem in Abschnitt 2.3.1 behandelten Text *Materiales Apriori* auf: es wurden Teile übernommen, einige Passagen wurden um neue oder aus den Notizen (vgl. NPM, PM) entnommene Gedanken ergänzt, z.B. diejenigen zum zentralen Thema: den erkenntnistheoretischen Konsequenzen der Anthropologie. Auch finden sich längere Ausführungen zur historischen Relativierung anthropologischer Aussagen. Vor allem die nun schon bekannten Hauptbegriffe Erfahrung - Erkenntnis, Apriorität - Aposteriorität, Weltfremdheit - Freiheit oder Welteinbettung werden teils redundant und mit leichten Perspektivverschiebungen immer wieder neu umkreist (insofern lässt sich im Vortragsmanuskript eine Straffung der Argumentation erkennen).

In mehreren Anläufen versucht Anders seine Überlegungen zu Erkenntnistheorie und Anthropologie darzulegen[64]. In der *Methodischen Vorbemerkung* nutzt er die Kontrastierung von Positionscharakter und Erkenntnischarakter, um zu verdeutlichen, dass Kants transzendentale

63 Auf den Begründer der Gestaltpsychologie nahmen auch andere Autoren der Philosophischen Anthropologie Bezug (vgl. Fischer 2008: 50). Scheler zitiert ihn in der *Stellung des Menschen* (vgl. 1976: 28f.), Plessner vor allem im Kapitel über das Tier in den *Stufen* (vgl. 1975: 237ff.), Gehlen u.a. wenn er die „Leistungsgrenzen der Tiere" (2004: 149f.) untersucht. Anders bezieht sich hier auf die von Köhler in *Intelligenzprüfungen an Anthropoiden* (1917) beschriebenen Versuche mit Menschenaffen.

64 Der Eindruck der Redundanz verstärkt sich dadurch, dass dem Text eine *Methodische Vorbemerkung* vorangestellt ist (vgl. SE: 1-14), die möglicherweise nachträglich hinzugefügt wurde.

Frage nach der Bedingung der Möglichkeit von Erkenntnis (als aposteriorische Erfahrung) nicht ohne eine Untersuchung der Stellung des Menschen in der Welt auskommt. Der Positionscharakter zeigt die Stellung des Menschen an, synonym gebraucht Anders den titelgebenden Begriff der *Situation*. Mit diesem hatte er in der Dissertation versucht zu zeigen, dass der Anspruch der Husserlschen Phänomenologie, jeden subjektiven Ausdruck in einen objektiven zu transformieren fehl gehen muss, denn beispielsweise gehe bei der Übertragung eines Ich-Satzes in einen Er-Satz die *personale Situation* verloren (vgl. Wittulski 1992a: 20). Hier verwendet er selbst einen objektiven Situationsbegriff, denn es soll gezeigt werden, dass „die spezielle Situation des Menschen, dessen Lage in der Welt, dessen Intimität in und mit der Welt etc. eine grundsätzlich andere ist, als diejenige des Tieres" (SE: 6f.). Unter Verweis auf seine spezifische Situation des In-der-Welt-Seins werden wesentliche Aussagen über *den* Menschen möglich.

Die nähere Erläuterung des Positionscharakters erfolgt dann mittels der bekannten Konzepte: der Mensch ist weltfremd, das heißt mangelnd eingebettet und er ist frei. Aus dieser Positionsbestimmung ergibt sich die „Erfahrungsbedürftigkeit" (SE: 1) und mit ihr die notwendige Wirkung auf den Erkenntnischarakter des Menschen. So wird Welt zwar „rein formal vorgewusst, dagegen erst nachträglich (aposteriori) in [ihrer, M.M.] Materialität vorgefunden" (SE: 2). Für das Tier, dass auch in *Situation und Erkenntnis* ständig als „Folie" (SE: 41) der Untersuchung herangezogen wird, gilt dagegen, dass es nur das „aposteriori [wahrnimmt, M.M.], was seine Antezipation ihm apriori vorausgab" (SE: 41):

> *„Die tierische Erfahrung also liefert (im Gegensatz zur menschlichen) weder Neuerwerbungen noch nur eine Kopie der antezipierten Welt, sondern die jeweiligen Anwesenheitslisten des antezipierten Bestandes."*[65] (SE: 45)

Aus der mangelnden Einbettung, der daraus folgenden Weltfremdheit ergibt sich für den Menschen die Freiheit, Neues in der Welt mittels Erfahrung zu erschließen, eine Möglichkeit, die dem Tier in seiner fest umrissenen Umwelt verwehrt ist (vgl. WM: 4). Bezogen auf das Kantische Projekt einer Kritik der reinen Vernunft sieht Anders seinen Beitrag daher als nötige Fundierung der Erkenntnistheorie (vgl. Dries 2009:

---

[65] In *Situation und Erkenntnis* nutzt Anders als Hervorhebung meist die einfache Unterstreichung. Wenn nicht anders vermerkt sind alle Kursivsetzungen in Zitaten aus diesem Text also im Original einfach unterstrichen.

24f.). Den Zusammenhang von Positions- und Erkenntnischarakter will Anders allerdings nicht als Ableitungsverhältnis verstanden wissen, darauf weist er mehrfach hin[66] (vgl. SE: 9f., 63), einzig eine „gegenseitige Erhellung" (SE: 63) sei möglich. Dieser hermeneutische Zugriff erlaube es aber, eine Antwort auf „die *anthropologische* Frage nach der Möglichkeit der transzendentalen Frage nach der Möglichkeit der Erfahrung" (SE: 2) zu geben.

In *Situation und Erkenntnis* setzt sich Anders ausführlich mit der Wissenssoziologie von Karl Mannheim auseinander. Sowohl für Anders, als auch seine damalige Ehefrau Hannah Arendt war Mannheims *Ideologie und Utopie* eine „der stärksten geistigen Anregungen der Frankfurter Zeit" (Young-Bruehl 1986: 136). Wiewohl Anders in drei, gleich näher auszuführenden Punkten, an Mannheim anzuknüpfen vermag, grenzt er sich grundsätzlich von dem historistischen Ansatz ab. Mannheim versucht, „das Denken in dem konkreten Zusammenhang einer historisch-gesellschaftlichen Situation zu verstehen, aus der ein individuell-differenziertes Denken nur sehr allmählich herauszuheben ist" (1985: 4). Der Mannheimsche *„Relationismus"* (ebd.: 71) begreift sich als „bestimmter historischer Typus der Erkenntnistheorie" (ebd.: 72). Alle Erkenntnisse tragen danach den Stempel der historisch kontingenten Lebenswelten der Subjekte und die „'Tatsachen' konstituieren sich [...] jeweils in einem Denk- und Lebenszusammenhang"[67] (ebd.: 89). Gegen die philosophische Erkenntnistheorie, die am Individuum ansetzt, stellt Mannheim die Konzentration auf eine „historische Gemeinschaft" (ebd.: 90). So kommt er zur These von der „Seinsgebundenheit des Denkens" (ebd.: 73).

Anders fühlt sich nun angehalten, seinen anthropologischen Ansatz gegen den Vorwurf der „Flucht vor dem in Soziologie, Psychoanalyse und im ganzen sog. ‚Historismus' treibenden Motiv der Geltungsrelativierung und -destruktion" (SE: 5) zu verteidigen. Er tut dies, indem er eine Ebenenunterscheidung vornimmt und den nur scheinbar

---

66 Wohl um zu vermeiden, einem pragmatischen Kurzschluss zu erliegen oder, wie es an anderer Stelle heißt, das Bewusstsein als bloßen „Lückenbüsser" (MA: 4) des Instinktes anzunehmen.

67 Für „die jeweils historisch gegebene Totalität des Ineinandergreifens von sozialen Erlebniserfahrungen aufgrund materieller Existenzbedingungen und der reflexiven Verarbeitung von Erlebniserfahrungen im Medium gemeinschaftlichen Denkens und Wissens" (Jung 2007: 130) benutzt Mannheim übrigens den Begriff der (sozialen) *Situation* (vgl. Mannheim 1985: 20). Im Gegensatz dazu kann man den Situationsbegriff von Anders als *ontologischen* kennzeichnen, da er die Stellung *jedes* Menschen in der Welt meint.

konkurrierenden Theorien unterschiedliche Erkenntnisgegenstände zuweist. Während die Wissenssoziologie eine konkrete Welterfahrung erhellt, untersucht die Anthropologie das ‚Erfahren-können-überhaupt‘ (vgl. SE: 7), daher gilt:

> „Unser anthropologischer bzw. kosmologischer Ansatz steht somit zum theoriedestruierenden Historismus nicht nur nicht im Gegensatz, er fundamentiert diesen umgekehrt sogar." (SE: 7)

Wenn Mannheim versucht, „die theoretisch-ideologischen Überbauten auf ihren praktischen Unterbau zurückzuführen" (Lohmann 1996: 146), so sieht Anders die Aufgabe seines Ansatzes darin, „zu klären, warum sich der sogenannte Unterbau überhaupt einen Überbau schafft" (ebd.). Hier kommt das Modell der Weltfremdheit und Erfahrungsbedürftigkeit zum Einsatz.

Aus dem methodischen Bezug auf das Historische ergeben sich aber auch zwei wichtige Anregungen. In *Situation und Erkenntnis* zeigt sich dies einerseits, wenn Anders bei seiner Gegenüberstellung von Mensch und Tier zu dem Schluss kommt:

> „Die material-apriorischen Wesen [Tiere, M.M.] sind notwendig unhistorisch." (SE: 46)

Später fließen diese Überlegungen aber auch in das *Bild des historischen Menschen* (PF: 26ff., s.o., Abs. 2.2.9) ein. Zweitens regt der Historismus eine methodische Reflexion anthropologischer Aussagen an. Denn in Frage steht, „ob überhaupt eine allgemeine Anthropologie und nicht nur eine Interpretation und *ideologische Erklärung bestimmter Epochen* und Menschenbegriffe erlaubt bzw. sinnvoll sei"[68] (SE: 5). Daraus ergibt sich eine gegen Absolutheitsansprüche gerichtete Skepsis, die Anders sowohl in den veröffentlichten Aufsätzen zur Anthropologie als auch in späteren Schriften beibehalten wird. Hier bemerkt er, dass „wenn eine Konstante des Menschen (und damit die Möglichkeit einer generellen Anthropologie) zugestanden wird, [...] damit noch nichts über ihr philosophisches Gewicht ausgemacht" ist, „da ja die eventuelle Konstante des Menschen durchaus nicht mit seinem problematischen Wesenskern

---

[68] Nach der Systematisierung von Thies kann man diese (Selbst)Kritik als partikularistischen Einwand bzw. Normativismus-Vorwurf fassen (vgl. 2004: 22ff.).

zu kongruieren braucht" (SE: 5f.). Dieser Gedanke tauchte schon in den *Notizen* auf (vgl. NPM: 23), wird dann in der *Pathologie der Freiheit* dahingehend modifiziert, dass Anders davor warnt, nur das Allgemeine als Wesentliches zu identifizieren und der Seltenheit jeden philosophischen Wert abzusprechen (PF: 11, s.o., S. 33). Trotzdem wird der Anspruch auf allgemeingültige Aussagen aufrechterhalten, wobei auch hier eine Ebenentrennung vorgenommen wird. Dem Historismus wird danach die Reflexion auf bestimmte Logos- und Erfahrungsformen zugestanden, während es dem eigenen Ansatz darum geht *„die generelle Tatsache, dass es überhaupt so etwas wie λόγος oder Erfahrung für den Menschen gibt, aus der bestimmten Lage des Menschen in der Welt aus[zu]legen. Nur aus dieser Ueberschärfung der Destruktionsabsicht [des Historismus, M.M.] resultiert in unserem Falle die Generalität"* (SE: 6).

Für das Tier war festgestellt worden, dass es nichts Neues entdecken kann in der Welt (vgl. SE: 45). Daher liegt bei ihm das vor, was Anders später Bedürfniskongruenz (vgl. WM: 3, 7) nennen wird. Der Mensch dagegen ist als weltfremdes Wesen zugleich mit der Insuffizienz seiner Welt konfrontiert: bei ihm unterscheiden sich Wahrnehmung und Vorstellung. Es liegt eine Diskrepanz von Angebot und Nachfrage vor und er stellt daher an die Welt „'unmögliche Ansprüche'" (SE: 60f.). Die Reaktion darauf ist die praktische Veränderung der „Welt durch sein ‚Ansprechen der Welt - *als*'" (SE: 61); das ist der Grund für „das durch alle Anthropologie durchherrschende Kriterium des Menschen als *λόγον* εχόν" (SE: 61). Weil er die „ihm gebührende Welt *nicht* vorfindet", muss er sie einerseits „erst erarbeiten" (SE: 60) und außerdem „dauernd selbst *halten* und *verwalten*"[69] (SE: 2f.). Hier ergibt sich der dritte Anschluss an Karl Mannheim, denn diesen Drang nach ständiger Transzendierung des gegebenen Seins weist den Menschen als „wahrhaft utopisches Wesen" (SE: 61) aus. Mannheim hatte das utopische Bewusstsein programmatisch als dasjenige bestimmt, „das sich mit dem es umgebenden ‚Sein' *nicht* in Deckung befindet" (1985: 169; vgl. 1986). Zwar sind auch hier wieder die unterschiedlichen Ebenen zu beachten, auf denen Mannheim und Anders argumentieren: Während Mannheim die Seinstranszendenz darin erkennt, dass „die bestehende historische Seins*wirklichkeit* durch Gegen*wirkung* in der Rich-

69 Die Insuffizienz stellt dem Menschen die Aufgabe, „dass *Welt überhaupt adäquat gemacht werden muss*" (SE: 63f.). Und auch aus diesem Argument zieht Anders die Konsequenz, dass vor der erkenntnistheoretischen Frage, wie Adäquation (also Wahrheit) möglich ist, die anthropologische Frage nach der Möglichkeit von Inadäquation (also Insuffizienz qua Weltfremdheit) stehen muss (vgl. SE: 64).

tung der eigenen Vorstellung" (ebd.: 172) transformiert wird - und diese natürlich selbst sozial bzw. politisch (also partikularistisch) geprägt ist, geht es Anders um die „Grundstellung des Menschen in der Welt" (SE: 61). Insofern befindet er sich auf einer Argumentationsstufe mit Helmuth Plessner (vgl. Lohmann 1996: 147), der in den *Stufen*[70] im Rahmen des *Gesetzes des utopischen Standorts* die Welt als einen „Horizont von Möglichkeiten des auch anders sein Könnens" (Plessner 1975: 343) beschreibt. Die „konstitutive Wurzellosigkeit" (ebd.: 341) treibt den Menschen notwendig in die Utopie[71].

2.3.7 Exkurs: Anders und Heidegger

In *Situation und Erkenntnis* greift Günther Anders auf Heideggers Interpretation der *Kritik der reinen Vernunft* zurück, um seinen eigenen Ansatz von dem der Transzendentalphilosophie abzugrenzen bzw. als den Kantischen fundierend auszuweisen (vgl. SE: 41a). Dagegen hätte Heidegger in jedem Fall Einspruch erhoben, nicht nur, weil er selbst eine *fundamental*ontologische Grundlegung der Kantischen Grundlegung der Philosophie anstrebte, sondern auch, weil er, sowohl in *Kant und das Problem der Metaphysik* als auch in *Sein und Zeit*, viel Energie darauf verwendete, die Existentialanalytik von der Anthropologie abzugrenzen und der letzteren jedweden Status als Grundlagenphilosophie absprach. Ich werde daher nachfolgend auf Heideggers Auseinandersetzung mit der Anthropologie und Anders' Auseinandersetzung mit Heidegger eingehen.

Das Lehrer-Schüler-Verhältnis zwischen Heidegger und Anders war kein harmonisches und dies lag nicht nur daran, dass Hannah Arendt nach ihrer Liebesbeziehung zu Heidegger Günther Anders, den sie 1925 in Heideggers Seminar kennen gelernt hatte, heiratete. Anders hat anekdotisch in einigen Interviews über sein Verhältnis zu Heidegger Auskunft gegeben (vgl. GA: 22ff.; ÜH: 11). Heidegger hat sich nie öffentlich über Anders geäußert (vgl. van Dijk 2000: 97), es gibt nur ei-

---

70 An anderer Stelle nimmt Anders auf Plessners Hauptwerk direkten Bezug (vgl. SE: 45). Damit kann die von Lohmann (vgl. 1996: 142) vertretene These, dass Anders' Anthropologie in Unkenntnis der *Stufen* entstand, als widerlegt gelten.

71 Wenn hier die Verwendung des Begriffs der Utopie eng an die Rezeption Karl Mannheims geknüpft wird, ist allerdings hinzuzufügen, dass Anders schon in *Die Positionen Schlafen - Wachen* den Menschen als „grundsätzlich utopisches Wesen" (PSW: 10) bezeichnet, also noch vor der Veröffentlichung von *Ideologie und Utopie*, aber im Publikationsjahr von Plessners *Stufen*.

nige briefliche Bemerkungen: so schreibt er 1925 an Hannah Arendt, dass er eine Zuschrift von Anders erhielt, da dieser „eine Arbeit verfasst (über Umwelt - Zustand - Widerstand)[72]" habe, bei deren Ausarbeitung er nicht mehr unterscheiden konnte „was *meine* ‚Gedanken' seien und was seine eigenen" (Arendt/Heidegger 1999: 51). Anders hatte seinen Lehrer gebeten, die Arbeit zu lesen, um sicher zu gehen „daß er mich nicht falsch interpretiere" (ebd.). Sichtlich aufgebracht fährt Heidegger fort:

> „Ich habe ihm kurz geantwortet, ‚in einem Fall wo ich nicht entscheiden kann, was meine eigenen Gedanken sind und was die eines anderen, da denke ich nicht an eine Publikation. Mit freundlichem Gruß.'" (ebd.)

Von solch quasi-plagiatorischer Nähe sollte sich Günther Anders in den kommenden Jahren jedoch emanzipieren. Allerdings geschah dies später, als Anders' Biograph Bahr dies behauptet, denn in der Zeit in Marburg (1925-1928) entwickelte Anders sein Denken noch nicht „vor allem in Abgrenzung zu Martin Heidegger" (2010: 120).

Davon zeugen seine Texte zur philosophischen Anthropologie, in denen sich Kritik und positiver Bezug die Waage halten. Das ist insofern erstaunlich, als Anders um die Frontstellung Heideggers gegen den konkurrierenden Denkansatz der Philosophischen Anthropologie wissen musste. Dessen „fast durchgängige Distanzierung von der philosophischen Anthropologie"[73] (Großheim 2003: 333) kann in zwei Phasen unterteilt werden (vor und nach Heideggers ‚Kehre'). Großheim, der diese These vertritt, weist zwar auf ein „anthropologische[s] Zwischenspiel" (ebd.) hin, das beide Phasen unterbrochen habe, ohne dies jedoch näher auszuführen. Möglicherweise spielt er auf Heideggers Vorlesung von 1929/30 über *Die Grundbegriffe der Metaphysik* an: dort unternimmt Heidegger zwar eine „*vergleichende[...] Betrachtung*" (1983: 263) von

---

72 Eine entsprechende Arbeit ist in Anders' Nachlass meines Wissens nicht vorhanden.

73 In einem Satz zusammengefasst lautet Heideggers Kritik: „*Ursprünglicher als der Mensch ist die Endlichkeit des Daseins in ihm.*" (Heidegger 1991: 229; vgl. 1967: 330, 386) Mithin erscheint die existenzialontologische Auslegung des Daseins als dringlichere Aufgabe als die Beantwortung der Frage ‚Was ist der Mensch?'.

Pflanze, Tier und Mensch - ähnlich wie Scheler und Plessner[74] - aber *keineswegs* in anthropologischer Absicht, sondern als Teil der Untersuchung der Frage *„Was ist Welt?"* (ebd.: 261) - die nur in sehr vermittelter Art und Weise als Grundfrage der Anthropologie gelten kann (vgl. Wunsch 2010: 546). Die Anthropologie kritisiert er dagegen - auch wenn er sich zur Verdeutlichung der Abgrenzung des Menschen vom Tier des Schelerschen Begriffs der Weltoffenheit bedient (vgl. Heidegger 1983: 498) - als verworren und vielgestaltig (vgl. ebd.: 406), sie gelange ebenso wie die Kulturphilosophie nur zu einer *„Dar-stellung"*[75] des Menschen, nicht aber zum Dasein[76] (vgl. ebd.: 113). Weil „alles Fragen des Menschen nach dem Menschen zuerst und zuletzt eine Sache der *jeweiligen Existenz* des Menschen ist" und die Anthropologie *nicht* nach der Existenz frage, könne er „auf die Diskussion der Anthropologie verzichten"[77] (ebd.: 407, 408). Die zweite Phase der Ablehnung der Anthropologie - sie fällt mit Heideggers Wende vom Dasein zum Sein zusammen - „hat eher kulturkritischen Charakter" und drückt sich in der Rede vom Anthropologismus und Anthropomorphismus aus (vgl. Großheim 2003: 335). Sie nimmt ihren Ausgang in der Kritik, Descartes

---

74 „Heidegger unternimmt einen eigenen naturphilosophischen Versuch [...] offensichtlich unter dem Eindruck von Schelers und Plessners Konzeptionen der Philosophischen Anthropologie..." (Fischer 2000: 275).

75 Zu Heideggers Kritik an den ‚stellenden Vermögen' s.u., S. 76.

76 Aus dem Streitgespräch mit Ernst Cassirer über die unterschiedlichen Interpretationen Kants aus dem Jahre 1929 ist nichtsdestotrotz diese Einlassung überliefert, in der Heidegger zwar davor warnt die Frage nach dem Menschen anthropozentrisch zu stellen, dann aber fortfährt: „Dadurch, daß der Mensch das Wesen ist, das transzendent, d.h. offen ist zum Seienden im Ganzen und zu sich selbst, daß der Mensch durch diesen exzentrischen Charakter zugleich auch hineingestellt wird in das Ganze des Seienden überhaupt - und daß nur so die Frage und die Idee einer philosophischen Anthropologie Sinn hat." (Heidegger 1991: 291)

77 Jüngst hat Matthias Wunsch die angesprochene Vorlesung einer gründlichen Interpretation unterzogen und dabei denselben methodischen Zugang wie vorliegende Arbeit gewählt: einen Vergleich der Positionen Heideggers mit dem von Joachim Fischer freigelegten Identitätskern der Philosophischen Anthropologie (s.u., Abs. 3.3). Zwar beantwortet er die Frage, ob Heidegger in dieser Vorlesung als „Vertreter der Philosophischen Anthropologie" (2010: 543) verstanden werden muss salomonisch - eine positive Antwort könne nach Prüfung genausowenig gegeben werden, wie eine negative, da zwar bestimmte Positionen Heideggers dem Identitätskern entsprechen, andere der Zuordnung jedoch klar entgegenstehen (vgl. ebd.: 559). Die von mir angeführten Passagen, in denen sich Heidegger auch in der Vorlesung zu den *Grundbegriffen* deutlich von der Herangehensweise der Philosophischen Anthropologie distanziert, lässt Wunsch jedoch unerwähnt.

habe „mit der Auslegung des Menschen als Subjectum die metaphysische Voraussetzung für die künftige Anthropologie in jeder Art und Richtung" (Heidegger 1977: 99) geschaffen.

> „Die Welt ist zum verfügbaren Objekt distanziert von einer um den Menschen kreisenden Weltbetrachtung namens ‚Anthropologie'." (Großheim 2003: 335)

Ähnlich wie in der Vorlesung über die *Grundbegriffe der Metaphysik* hatte sich Heidegger schon in *Sein und Zeit* (1927) scharf von der philosophischen Anthropologie abgegrenzt[78] - dort vor allem gegen den Grundlegungsanspruch, wie er z.B. von Scheler vertreten wird, wenn er die Philosophische Anthropologie als „Grundwissenschaft" und „letztes Fundament philosophischer Natur" aller Wissenschaften, „die mit dem Gegenstand ‚Mensch' zu tun haben" (Scheler 1976b: 120), empfiehlt. Heidegger wirft hier der Anthropologie vor „in ihren entscheidenden ontologischen Fundamenten unbestimmt" (Heidegger 1967: 49) zu sein, so dass der Versuch, sie als Leitwissenschaft zu etablieren, scheitern muss. Wenn sie das menschliche Sein als *Gegenstand* untersucht, fasst sie dieses „im Sinne des Vorhandenseins" (ebd.: 48). Damit weicht sie aber der Frage nach dem *spezifischen Sein* des Menschen aus. Dieser ist nicht „als Fall und Exempel einer Gattung von Seiendem als Vorhandenem" (ebd.: 42) zu fassen - als Dasein drückt er „nicht sein Was aus, wie Tisch, Haus, Baum" (ebd.). Somit sei die Frage ‚*Was* ist der Mensch?' falsch gestellt und jede anthropologische Antwort ungenügend. Heidegger setzt dem die daseinsanalytische Frage ‚*Wer* ist der Mensch?'[79] entgegen und konzentriert sich auf die Untersuchung

[78] Trotzdem wurde *Sein und Zeit* verschiedentlich als Beitrag zur Anthropologie rezipiert (vgl. Luckner 1995: 97) oder „für eine philosophische Anthropologie in Anspruch genommen" (Haucke 1998: 321). Selbst Fischer, der die Philosophische Anthropologie als Denkrichtung streng von der Existenzphilosophie abgrenzt (vgl. 2008: 584ff.) und auf Heideggers Anthropologiekritik verweist (vgl. ebd.: 96), spricht dessen ungeachtet (wohl in einem allgemeinen Sinne des Begriffs) von der „existenzphilosophische[n] Anthropologie" (ebd.: 120). Wunsch hat in seiner Untersuchung der Vorlesung über die *Grundbegriffe* nicht zu Unrecht darauf hingewiesen, dass in der bisherigen Forschung zum Verhältnis Heideggers zur Anthropologie mit einem „unterbestimmten Anthropologiebegriff" (2010: 548) gearbeitet und nicht klar genug zwischen der *Disziplin* der philosophischen Anthropologie und der *Denkrichtung* Philosophische Anthropologie unterschieden wurde (vgl. ebd.).

[79] Zwar nutzt er Heidegger in der *Grundbegriffe*-Vorlesung selbst die Frage ‚Was ist der Mensch?' (vgl. 1983: 6; vgl. auch Wunsch 2010: 546), doch scheint sie hier

der Existenzialien ausgehend von der Jemeinigkeit der Existenz (vgl. ebd. 42f., 45, 113f.; vgl. Thies 2004: 29ff.).

1929 setzt sich Heidegger in seiner Interpretation der *Kritik der reinen Vernunft* noch einmal mit der Philosophischen Anthropologie auseinander - zu diesem Zeitpunkt waren sowohl Schelers *Stellung des Menschen im Kosmos*, als auch Plessners *Stufen des Organischen* schon veröffentlicht. Anders muss das Kant-Buch unmittelbar nach Erscheinen gelesen haben, denn in *Situation und Erkenntnis* bezieht er sich mehrfach darauf (vgl. SE: 41a, 43a) - möglicherweise hat er sogar die ihm zu Grunde liegende Vorlesung im Wintersemester 1927/28 in Marburg gehört. Heidegger wendet sich ausgehend von Kants drei philosophischen Fragen, die alle in die Frage ‚Was ist der Mensch?', also in die Anthropologie, münden (vgl. Kant 1923: 25), der *Idee einer philosophischen Anthropologie* zu (vgl. Heidegger 1991: 208ff.). Weil aber die durchaus verschiedenen (und aus unterschiedlichen Fachinteressen angestrengten) anthropologischen Betrachtungen „nach Art der Fragestellung, nach Anspruch der Begründung, nach Absicht der Darstellung und Form der Mitteilung und schließlich nach den leitenden Voraussetzungen grundverschieden" (ebd.: 209) sind, ergeben sich zwei wesentliche Probleme: fraglich scheint Heidegger einerseits, ob überhaupt eine „systematische Einheit der Wesensbestimmungen über dieses vielfältige[80] Wesen" (ebd.: 210) Mensch gegeben werden kann. Andererseits sei die Idee der philosophischen Anthropologie überhaupt völlig unbestimmt (vgl. ebd.). Nachdem er der Frage nachgegangen ist, was das Philosophische der Anthropologie ausmacht, kommt er zum selben Schluss wie in *Sein und Zeit*: als bloß regionale Ontologie kann sie ihren Anspruch, eine Grundlegung der Philosophie oder Metaphysik zu geben, nicht begründen (vgl. ebd.: 211ff.). Schließlich hat die Anthropologie das Objekt ihres Fragens schon als gegeben hingenommen:

> „Alle Anthropologie, auch die philosophische, hat den Menschen schon als Menschen gesetzt."[81] (ebd.: 230).

---

v.a. die Funktion zu haben, über die Frage ‚Was ist Philosophie?' auf das Thema der Vorlesung ‚Was ist Metaphysik?' hinzuleiten.

80 Vergleiche zu diesem Punkt auch den Titel des Buches von Hans Lenk *Das flexible Vielfachwesen* und darin die imposante Aufstellung der Versuche, den Menschen auf den prädikativen Begriff zu bringen (vgl. 2010: 87ff.).

81 Auch bei Anders heißt es in einem Manuskript zu Heidegger aus dem Jahr 1936, die Frage ‚Was ist der Mensch?' sei unverständlich, da sie die Antwort ‚der Mensch' schon enthalte (vgl. ÜH: 33). Gegen das Argument, die Anthropologie setze den Menschen ja stets schon voraus, daher könne ihre Frage nach

Daher führt die „Fraglichkeit des Fragens nach dem Menschen" (ebd.: 215) weg von der Anthropologie und hin zur Daseinsanalytik:

> „Nicht die Antwort gilt es zu suchen auf die Frage, was der Mensch sei, sondern es gilt, allererst zu fragen, wie denn in einer Grundlegung der Metaphysik überhaupt nach dem Menschen allein *gefragt* werden kann und muß." (ebd.: 215)

Zwar ist das anthropologische Fragen „erst zu begründen in einer die Bedingung der Möglichkeit jedweder Ontologie untersuchenden Fundamentalontologie" (Luckner 2008: 62; vgl. ebenso Hartung 2008: 48); bei aller Kritik heißt es aber, wie schon in *Sein und Zeit*, wo Heidegger eine thematische existenziale Anthropologie einfordert (vgl. 1967: 301), auch hier wieder, dass die Anthropologie „außerhalb des Problems einer Grundlegung der Metaphysik - eine Aufgabe eigener Art darstellt"[82] (Heidegger 1991: 218). Seine Ablehnung ist also, wie schon erwähnt, vor allem auf den Grundlegungsanspruch einer Philosophischen Anthropologie gerichtet[83].

---

ihm nicht grundlegend sein, ließe sich einwenden, dass Heidegger in ähnlicher Weise nach dem Sinn von Sein fragt, dabei aber ein immer schon gegebenes „ursprüngliches, unhintergehbares, vor-bewusstes Seinsverständnis" (Hartung 2008: 48) annimmt (Für diesen Hinweis danke ich Hendrikje Schauer).

82 Die Daseinsanalytik „setzte sich doch auch die Aufgabe, sich als Entwurf einer existenzialen Anthropologie zu bewähren und in dieser Anthropologie die wahre Grundlegung der Philosophischen Anthropologie zu geben" (Pöggeler 1999: 175; vgl. Thies 2004: 30). Böhme hebt hervor, dass Heidegger eine der wenigen „tierfreie[n] Anthropologien" (1985: 238) formuliert habe. Noch weiter geht Haucke (vgl. 1998: 321ff.). Er versucht nachzuweisen, dass Heidegger den Anspruch, mit der gegen die neuzeitliche Tradition der Philosophie gerichteten Frage nach dem Sein, eine unhintergehbare Grundlegung der Metaphysik zu formulieren, nicht einlösen kann. Daher hat „die ihr zugemutete Schlagkraft gegen eine philosophische Anthropologie" (ebd.: 338) keine Basis - Heideggers Philosophie sei gegen sein eigenes Selbstverständnis doch „nur eine versteckte Anthropologie" (ebd.: 325).

83 Diese teilweise Anerkennung anthropologischen Fragens mag der Grund dafür sein, dass Hartung Heidegger, Scheler und Plessner näher beisammen sieht, als eben dargestellt. Für alle drei gelte: „Der Mensch ist das Sonderwesen, dessen Sonderstellung sich mit den Kategorien der empirisch-naturwissenschaftlichen Anthropologie entweder unzureichend oder gar nicht erfassen lässt." (2008b: 55) Einigkeit herrsche also über die Unzulänglichkeit eines *rein* naturwissenschaftlichen Fragens nach dem Menschen.

Ich hatte schon darauf hingewiesen, dass Günther Anders auf die fundamentale Kritik, die sein Lehrer Heidegger an der Philosophischen Anthropologie formuliert hat, nicht explizit eingeht[84]. In den Texten in *Recherches Philosophiques* halten sich Kritik und Zitat die Waage. In *Situation und Erkenntnis* bezieht sich Anders auf *Kant und das Problem der Metaphysik*, wenn er ausführt, dass der eigene anthropologische Ansatz als Grundlegung des Kantischen verstanden werden kann. Implizit weist er so die Kritik Heideggers an der Philosophischen Anthropologie zurück. Bei Heidegger heißt es über Kants Philosophie:

> „Transzendentale Erkenntnis untersucht also nicht das Seiende selbst, sondern die Möglichkeit des vorgängigen Seinsverständnisses, d.h. zugleich: die Seinsverfassung des Seienden." (Heidegger 1991: 16; vgl. SE: 41a)

In formaler Hinsicht sieht sich Heidegger dabei in der Tradition Kants, wenn er die „transzendentale[...] Struktur" (1991: 236) des Daseins untersucht (vgl. ebenso 1967: 38, 199). Kants Grundlegung der Metaphysik als Transzendentalphilosophie wird so in der Fundamentalontologie weitergeführt - allerdings überwindet Heidegger den Rahmen der Subjektphilosophie. Bei Anders - der diesen Passus zitiert - heißt es weiter:

> „U.E. muss dieses ‚zugleich' selbst noch einmal interpretiert werden. Die Grundformen [der Erkenntnis, M.M.] sind weder einfach ‚subjektiv', noch einfach ‚ontologisch', sondern *Indices* für das spezifisch *ontische* Verhältnis von Mensch und Welt, für die spezifische Einbettung des Menschen in Welt." (SE: 41a)

Die Behauptung geht also dahin, dass die „spezifische[...] Lage des Menschen in der Welt" (WM: 2) - seine mangelnde Einbettung, seine Weltfremdheit und das daraus sich ergebende Angewiesensein auf nachträgliche Erfahrung - selbst noch einmal Bedingungen der Mög-

84 Erst in einer zunächst 1948 auf Englisch erschienenen Heidegger-Kritik findet sich ein Hinweis auf Heideggers Abgrenzung von der Philosophischen Anthropologie: „Wenn Heidegger nichtsdestoweniger betont, daß seine ‚Hermeneutik des Daseins' nicht einfach auf eine neue ‚Philosophische Anthropologie' hinauslaufe, dann will er damit sagen, daß während der Anthropologe sich naiv mit dem ‚Menschen' als einer ‚ontischen' Spezies unter anderen beschäftige, ohne auch nur die Diskussion des ‚Seins' aufzunehmen, er selbst ihn ‚ontologisch' erforsche." (ÜH: 444f.; vgl. auch AM II: 129)

lichkeit der Untersuchung (der Bedingungen der Möglichkeit) des menschlichen Erkenntnisvermögens sind. Zugleich wird - da Anders ja in seinem Zugriff Theorie und Praxis integriert, also Erfahrung von Welt *und* ihre tätige Veränderung - der Kantische Ansatz implizit für eine fehlende Gesamtperspektive auf den Menschen kritisiert, denn Kants Kritiken (und damit sein Bild des Menschen) stehen ob des aufrechterhaltenen Dualismus letztlich unverbunden nebeneinander.

Mit der Favorisierung des anthropologischen Ansatzes einher geht die Kritik an Heideggers Präsupposition des In-der-Welt-Seins des Daseins - die Anders auch nach der Verabschiedung von der Philosophischen Anthropologie beibehalten wird (vgl. 1982b: 158, 345; ÜH: 164f., 235[85]) - und der Vernachlässigung der Leiblichkeit und Bedürftigkeit des Lebewesens Mensch, also der Tatsache, dass wir selbst immer schon ‚ein Stück Welt' sind[86].

> „Was In-der-Welt-Sein bedeutet erfährt der Mensch erst im nachhinein; aber erst damit erfährt er auch, was Mensch-Sein bedeutet." (Liessmann 2002: 32)

Anders machte schon in *Über das Haben*, gegen Heideggers These, dass das In-der-Welt-Sein die *„wesenhafte Verfassung"* (Heidegger 1967: 54) des Daseins sei, auf die Apriorität des Leibes und damit des (auch) *Welt-Seins* des Menschen aufmerksam (s.o., S. 49f.). Anthropologisch führt er diese Kritik im Aufsatz über die *Weltfremdheit* aus: so, wie einerseits die neuzeitliche Trennung von Subjekt und Objekt - die Anders in der „Frage nach der Realität der Außenwelt" (WM: 8) thematisiert - zurückgewiesen werden muss[87], geht andererseits Heideggers Ansatz des „'Je-schon-darinnen-sein'" (WM: 8) als spezifische Eigenschaft des Daseins in der Welt fehl:

---

85 Im Vorwort zu *Mensch und Welt* bezeichnet er das In-der-Welt-Sein sogar als *„anthropologisch* = allgemeingültig gemeinte Behauptung" (1984: XII, Hervorhebung M.M.).

86 Diese Kritik an Heidegger teilen mit unterschiedlicher Akzentuierung auch Plessner, Merleau-Ponty und Levinas (vgl. Thomä 2007: 42f.). Wunsch weist jedoch darauf hin, dass Heidegger gerade in der Vorlesung zu den Grundbegriffen, die ihn der anthropologischen Fragestellung am nächsten stehend zeigt, den Status des Menschen als Naturwesen betont (vgl. 2010: 557).

87 In der Zurückweisung des Subjekt-Objekt-Dualismus wusste Anders sich mit Heidegger einig, wenn dieser z.B. betont, dass sich Dasein und Welt nicht mit Subjekt und Objekt decken (1967: 60).

> „Auch das Tier lebt ‚je schon in einer Welt'. Und zwar mehr ‚in' als der Mensch."[88] (WM: 8)

Die Stellung des Menschen muss dagegen als *„Abstand des Menschen von der Welt in der Welt"* bzw. als *„Insein als Insein in Distanz"* (WM: 8f.) verstanden werden[89]. Aus der mangelnden Welteinbettung folgen weitere Bestimmungen des Menschen: er ist zwar in der Welt (1), ist aber zugleich selbst Welt (2), muss sie sich erfahrend aneignen (3) und sie im Logos ansprechen (4), erfährt sie als kontingent (5) und ist zugleich frei (6), sie im Erfinden zu übertreffen (7). Für all dies ist aber „die Bestimmung des ‚Je-schon-darinnen-seins'" (WM: 9) nicht mehr zureichend. Während Anders hier das In-der-Welt-Sein noch nicht als Heideggers *„endgültige These"* (WM: 7) akzeptieren will (und die Kritik daher moderat ausfällt), gibt er diese Zurückhaltung später auf. In Manuskripten, die seine Auseinandersetzung mit Heideggers *Sein und Zeit* zwischen 1936 und 1950 dokumentieren, lehnt er das In-der-Welt-Sein als Existenzial einerseits ab, weil es die Bedürftigkeit des Menschen, die nur aus einer konstitutiven Trennung von der Welt verständlich sei, unterschlägt (vgl. ÜH: 164f.), aber auch, weil es (im Zusammenhang mit Heideggers Weigerung, das Dasein auch als Vorhandensein zu verstehen) die „Fortdiskutierung des *menschlichen Leibes*" (ÜH: 235) bedeutet.

Abgesehen von dieser anthropologischen Kritik des In-der-Welt-Seins finden sich in den Aufsätzen in *Recherches Philosophiques* nur positive oder neutrale Verweise auf den einstigen Lehrer (vgl. WM: 15, 28, 35, 47, 51, 59, 67f.; PF: 16). Im Typoskript *Materiales Apriori* (vgl. MA: 25) bezieht Anders sich zustimmend auf die Diagnose (Kierkegaards und) Heideggers, dass der Mensch auf den Tod hinlebt (vgl. Heidegger 1967: 235ff.) und auch in *Über das Haben* wird Heidegger durchweg zustimmend zitiert (vgl. besonders ÜH: 22).

Helmut Hildebrandt hat an verschiedener Stelle vertreten, dass Heideggers Daseinsanalytik letztlich Anthropologie sei und dass Anders genau dies - Anthropologie zu betreiben - an Heidegger kritisiert

---

88 Dabei hätte Anders Heideggers These aus den *Grundbegriffen der Metaphysik*, die besagte, das Tier sei weltarm (Heidegger 1983: 273ff.), sicher nicht widersprochen - ihm geht es hier um die Frage der *Einbettung* in die und nachträgliche Aneignung der Welt: hier unterscheiden sich Mensch und Tier fundamental.

89 Ähnlich ist bei Scheler der Mensch „bestimmt durch ein der Natur entgegengesetztes Prinzip, das ihn von seiner Natur absetzt, das ihn aber nur kraft dieser Natur aus ihr heraushebt, weil die Kraft, die Entgegen-Setzung zu setzen, nur durch Anverwandlung der Kraft der Natur geleistet werden kann" (Fischer 2008: 66).

(vgl. Hildebrandt 1990: 11, 33f.; 1992b: 35, 37, 41f.). In der ersten Behauptung folgt er der Missinterpretation eines Teils der Heideggerrezeption (s.o., Fn. 78). Für die zweite These legt Hildebrandt seinen Fokus auf Anders' Verzicht, eine „Definition des Wesens des Menschen" (Hildebrandt 1992b: 35) zu liefern. Dass er den Anspruch der frühen Texte von Anders, Philosophie *als* Anthropologie zu betreiben, marginalisiert, mag damit zusammenhängen, dass er aus dessen Frühphase lediglich den Aufsatz über die *Pathologie der Freiheit* in seine Untersuchungen einbezieht. Die Behauptung, Anders sei in seiner Spätphilosophie konsequenter Kritiker jeder Anthropologie, kann Hildebrandt wiederum nur aufstellen, wenn Anders' ambivalenter Bezug auf die eigene Philosophische Anthropologie nicht angemessen beachtet wird (s.u., Kap. 4). Als Beispiel sollen vorerst zwei Aussagen genügen: Im ersten Band der *Antiquiertheit des Menschen* verabschiedet sich Anders apodiktisch vom anthropologischen Ansatz mit der Forderung, „statt der Folie ‚Tierwelt' diejenige, die effektiv Hintergrund des menschlichen Daseins ist: also die vom Menschen gemachte Welt der Produkte" (AM I: 327) dem Denken zu unterlegen. Dieser Absage ungeachtet bezeichnet er gleich zu Beginn des zweiten Bandes sein Unternehmen als *„philosophische Anthropologie im Zeitalter der Technokratie"* (AM II: 9). Da ob dieses widersprüchlichen Bezugs auf die ‚Verwendung' der Anthropologie als Methode ein Urteil schwierig erscheint, soll im vierten Kapitel genauer untersucht werden, ob und, wenn ja, wie sich *inhaltliche Thesen* aus der Zeit der Entstehung der Aufsätze zur Anthropologie auch noch in der späteren Technikphilosophie wieder finden.

Anders' Abwendung von Heidegger hatte meines Erachtens andere Gründe und ihren Ursprung nur marginal in der Kritik an dessen Anthropologie[90]. Nach Dieter Thomä liegt die „Eigenart von Günther Anders [...] darin, daß er die Naturhaftigkeit des Menschen wesentlich stärker betont als die meisten anderen Philosophen, sich dadurch aber nicht gezwungen sieht, den Freiheitsanspruch des menschlichen Handelns zurückzunehmen" (Thomä 2001: 414f.). Auch wenn Heideggers Philosophie als Phänomenologie der Freiheit gelesen werden kann (vgl. Figal 1988), war für Anders vor allem dessen „Sündenfall" (GA: 25) – also das Engagement für den Nationalsozialismus[91] – ein Grund der

[90] Hildebrandt muss allerdings zugestanden werden, dass sich entsprechende Formulierungen bei Anders finden, so, wenn er Heidegger vorwirft, die eigentlich ‚antiquierte' Frage nach dem Wesen des Menschen gestellt zu haben – dabei sei es unerheblich, ob das Interrogativpronomen *was* oder *wer* verwendet werde (vgl. AM II: 128f.; vgl. auch van Dijk 2000: 101f.).

[91] Dazu jüngst und umfassend Zaborowski (vgl. 2010).

Kritik. Der „Begriff der Freiheit" werde, wie es in der Rektoratsrede von 1933 heißt, zu seiner Wahrheit gebracht, die „Bindung und Dienst" (Heidegger 2000a: 113) bedeute. Und weiter:

> „Die erste Bindung ist die in die Volksgemeinschaft." (ebd.)

Die Fundamentalontologie und auch Heidegger selbst - darauf verweist Günther Anders wiederholt - erwiesen sich also als „gleichschaltbar" (ÜH: 28; vgl. ebd.: 70, 96, 100, 208, 461). Dies ist der wohl wichtigste Aspekt der Distanzierung vom früheren Lehrer. Sie kommt auch darin zum Ausdruck, dass Anders in seiner *„negative[n] Utopie* des totalitären Staates" (Liessmann 2002: 168), der *Molussischen Katakombe*, Heidegger in Form der Figur des Philosophen Regedie (ein unvollständiges Anagramm) auftreten lässt. Dort wird ein aus Molussien, dem Andersschen Phantasieland, Vertriebener gebeten, „in das vielstöckige Lehrgebäude des Molussischen Philosophen Regedie" (Anders 1992: 220) einzuführen. Der Befragte lehnt dies strikt ab. Zum einen weigert er sich als Vertriebener *„Herold seiner Feinde"* (ebd.: 221) zu sein bzw. als Ausgeschlossener dessen *„Propagator"* (ebd.). Neben diesen ‚persönlichen' Gründen, führt er aber auch objektive an:

> „'Sein Lehrgebäude hat Hintertüren' [...], ‚die ich früher nicht gesehen hatte. Und die es ihm erlaubten, sehr direkt hinzugelangen zu Burru [dem Diktator Molussiens, M.M.]. und andere hinzuführen.'" (ebd.)

Wiederholt wird hier also der Vorwurf der Gleichschaltbarkeit, gekoppelt jedoch mit der Kritik, dies *selbst* nicht früh genug erkannt zu haben. Auch das Ansinnen der Fragenden, die Hintertüren der Philosophie Regedies einfach auszulassen, lehnt der Befragte ab:

> „'Wenn ich ihnen das ganze Lehrgebäude übergäbe, nur nicht die Hintertüren - die Hintertüren wüchsen von selber. Sie entstehen aus der besonderen Anlage des ganzen Gebäudes.' [...] ‚Und für die Geistigen ist sogar das ganze Gebäude zu einer einzigen großen Hintertür geworden, durch die sie zu Burru gelangen, ohne ihre Bildung aufzugeben.'" (ebd.)

Die unverschlüsselte Kritik an Heideggers *„Freiheitsphilosophie ohne Freiheit"* (ÜH: 110) findet sich verstreut in Notizen, die Anders seit 1936 anlegte und die 2001 im Band *Über Heidegger* erstmals veröffentlicht wurden (vgl. ÜH: 126, 154, 186, 199, 223f., 226, 237, 248, 255, 374, 460), aber auch konzentriert im 1948 gedruckten Aufsatz *On the Pseudo-Concreteness of Heideggers' Philosophy*. Anders bemängelt vor allem, dass mit Heideggers Überwindung der idealistischen Philosophie auch deren Anspruch auf Autonomie und die „Idee einer effektiven Befreiung der Menschen" (ÜH: 89) aufgegeben wird. Wenn Heidegger von den Möglichkeiten des Daseins spricht, bleibe dies einerseits vage, zugleich erweisen diese sich bei genauerer Betrachtung - Anders' benennt den Topos des Seins zum Tode (vgl. ÜH: 104) - als purer Eskapismus (vgl. ÜH: 94). Im Denken der Möglichkeiten bleiben zudem die offensichtlichen Hindernisse, die dem Menschen als Welt und Gesellschaft gegenüberstehen, unerwähnt (vgl. ÜH: 126). Letztlich vertrete Heidegger daher einen solipsistischen Freiheitsbegriff (vgl. ÜH: 255), denn „Staat, Wirtschaft, Sklaverei, Recht - nichts davon wird auch nur erwähnt in Heideggers Philosophie der Geschichte" (ÜH: 101).

Hier liegt auch der Ursprung des Vorwurfs der Pseudo- oder Schein-Konkretheit: zwar untersucht die Fundamentalontologie die Existenzialien des Daseins, vermittelt also den Anschein, bei der konkreten Existenz anzusetzen. Es erweist sich aber, dass der konkrete Mensch, den Heidegger in den Blick nimmt, nicht der des 20. Jahrhunderts ist[92].

> „Der Bereich von Heideggers Konkretheit beginnt hinter dem Hunger und hört vor der Wirtschaft und der Maschine auf: in der Mitte sitzt das ‚Dasein' herum, hämmert sein ‚Zeug' und beweist dadurch ‚Sorge' und den Neubeginn der Ontologie." (ÜH: 83; vgl. ebd.: 80, 212, 287)

Und in einem Interview heißt es:

> „Seine ‚Zeugwelt' ist eine des dörflichen Handwerkers, eine Werkstattwelt. Fabriken gibt es in *Sein und Zeit* noch nicht, die Analysen sind nicht nur un- oder anti-, sondern vormarxistisch, nein, sogar vorkapitalistisch." (GA: 22f.)

---

92 Diese Kritik nimmt Adorno in der *Negativen Dialektik* auf (vgl. 1973: 82f.).

Die Betonung der Unmittelbarkeit des bäuerlichen Seins ist aber auch politisch fatal: sie sieht den Menschen als eingewurzelt in die unmittelbare Umgebung; Anders kritisiert daher, dass Heidegger zwar die Zeitlichkeit, nicht aber den Raum als Existenzial anerkenne (vgl. GA: 23) und somit dem Menschen Mobilität und Beweglichkeit abspreche, „diese jedenfalls nicht als Existenzial behandle, nein, daß er“ den Menschen „eigentlich als ein Wurzelwesen, also als eine Pflanze betrachte, und daß eine solche Wurzel-Anthropologie die ominösesten politischen Folgen nach sich“ (ebd.: 24) zieht.

Wenn Anders davon spricht, dass Heideggers Konkretheit *hinter* dem Hunger beginnt, richtet sich dies gegen dessen Ignoranz gegenüber der ursprünglichen Unfreiheit des Menschen als Naturwesen, die theoretisch nur durch ihre konsequente Anerkennung bewältigt werden kann, praktisch indem sich das Naturwesen Mensch mit seiner Welt auseinandersetzt. Die Vernachlässigung von Leiblichkeit und Bedürftigkeit übernimmt Heidegger von Husserl (vgl. ÜH: 74ff.) und sie markiert ein weiteres Mal die Schein-Konkretheit seiner Philosophie. Zwar wisse Heidegger um die praktische Abhängigkeit des Daseins von Welt und Zeug, statt sie aber „im Ablauf des hungergetriebenen Prozesses von Jagd, Erbeutung und Konsumption“ (ÜH: 83) zu untersuchen, versteht Heidegger (wie Husserl) Intentionalität immer nur als *theoretischen* Zugriff auf die Welt. Aber es ist eben nicht Sorge als „*logos*-orientierte Wahrnehmung“ (ÜH: 83), die die Bedürftigkeit des Menschen stillt, sondern das „Verfolgen des Beutestücks“ (ÜH: 82). Anders betont also den intentionalen *Akt* gegenüber dem intentionalen *Gehalt* - die praktische Dimension des Lebens gegenüber der ontologischen Verfassung (vgl. Thomä 2001: 411).

Publiziert wird die Heidegger-Kritik erstmals 1948, aber sie stützt sich auf die Vorarbeiten, die Anders seit 1936 anfertigte, also genau zu jener Zeit, in der auch die Anthropologie für die Veröffentlichung in den *Recherches Philosophiques* überarbeitet wurde. Und für den letzten Abschnitt des Aufsatzes über die *Pathologie der Freiheit* (s.o., S. 35) kann man mit den besprochenen Einschränkungen der Einschätzung Hildebrandts (s.o., S. 70) folgen: Anders verknüpft hier eine Kritik der Anthropologie und ihrer Frage nach *dem* Menschen mit der Kritik an Heideggers Begriff der Eigentlichkeit. Da es die Tat ist, „durch die sich der Mensch faktisch unaufhörlich selbst definiert“ (PF: 47), dieses ununterbrochene Selbstdefinieren aber jeder Fest-Stellung dessen, was der Mensch *eigentlich* sei, zuwiderläuft, „erscheint die Philosophische Anthropologie, die im ersten Teil [d.i.: *Die Weltfremdheit des Menschen*, M.M.] die pathologischen Besonderheiten der menschlichen Freiheit erforschte

[...] als eine verdorbene Form" (PF: 48). Wie die schein-konkrete Daseinsanalyse Heideggers lehrt sie den Menschen, „seiner ‚Eigentlichkeit' hinterherzulaufen" (PF: 48). Und weil sich aus der Analyse der Heideggerschen Texte ergab, dass dieser eine Philosophie der Unfreiheit vorlegt, die zudem praktisch im Sinne des Nationalsozialismus interpretierbar war, gilt Anders' Kritik ihm ebenso wie einer *positiven* Anthropologie, denn „während sie den Menschen lehrt, seiner ‚Eigentlichkeit' hinterherzulaufen, überläßt sie ihn denen, die daran interessiert sind, ihn gleichzuschalten, und bringt ihn um seine Freiheit" (PF: 48).

In ungefähr einem Drittel der Manuskripte zu Heidegger befasst sich Anders mit dessen Spätphilosophie nach der ‚Kehre' (vgl. ÜH: 278ff.). Allerdings findet dort kaum eine Auseinandersetzung mit Heideggers Philosophie der Technik statt[93]. Trotzdem stehen nach Hildebrandt beider Technikphilosophien in einem Verhältnis von „Konvergenz und Ergänzung" (Hildebrandt 1990: 191): während Heidegger in einer Makroperspektive die Technik aus der Geschichte der abendländischen Metaphysik beschreibe, untersuche Anders in einer Mikrologie der Technik konkrete Phänomene und ihre Auswirkungen auf die Menschenwelt (vgl. ebd.: 192). Angesichts der spärlichen Bezüge und der nicht abbrechenden Kritik an Heidegger ist allerdings mit Lohmann (vgl. 1996: 291f.) vor einer zu starken Parallelisierung[94] zu warnen. Dies sei an zwei Punkten verdeutlicht.

Auch wenn Heidegger - ähnlich wie Anders - bestimmte Ausformungen der modernen Technik kritisiert hat (vgl. van Reijen 2008: 97f.), so vertritt er doch die These, dass „das Wesen der Technik das Wachstum des Rettenden in sich" (Heidegger 2000b: 30) berge. Damit macht er sich eine Ansicht zu Eigen, die er angesichts seiner Kritik an einem nur instrumentalen Verständnis von Technik (vgl. ebd.: 8; vgl. auch Wolf 2005: 242) ablehnen müsste. Denn sie steht mit der These im Einklang, dass Technik ein *neutrales* Instrument sei, das einzig durch den spezifischen Gebrauch risikoreich - bei entsprechender Verwendung aber eben auch rettend - sei. Die Vorstellung einer solchen Neutralität technischer Vorgänge oder Produkte wies Günther Anders stets

---

93 Eine der wenigen Ausnahmen ist der Hinweis auf Heideggers „Wortreihe ‚Vorstell, Herstell, Gestell' [...], die zwar auf die Erscheinungen der modernen Welt des Industrialismus, des Kapitals, Marktwirtschaft, der Planwirtschaft usw. irgendwie zutreffen, aber sie nicht genau und treffend begründen" (ÜH: 364).

94 Wie sie sich z.B. auch in Rudolf Burgers These, dass die „Anders'sche Apokalyptik [...] die auf das Gattungssubjekt übertragene Heideggersche Thanatologie" (1990: 18) sei, findet.

zurück (vgl. AM I: 292; AM II: 216f.; vgl. Lohmann 1996: 198; Liessmann 2002: 95).

Ein zweiter Punkt betrifft das Verhältnis zur Praxis. Zwar ist das Bild, das beide Autoren vom industriellen Zeitalter entwerfen, ähnlich düster. Für Heidegger ist Technik die Art und Weise, wie mittels der seinsvergessenen „vollendeten Metaphysik" (Heidegger 2000c: 78) Natur, Kultur, Politik und Ideale zugerüstet und vergegenständlicht werden.

> „Der Mensch kann dieses Geschick seines neuzeitlichen Wesens nicht von sich aus verlassen oder durch einen Machtspruch abbrechen." (Heidegger 1977: 111)

Auch wenn Heidegger mit Geschick nicht Schicksal meint (vgl. 2000b: 26), gilt doch:

> „Keine bloße Aktion wird den Weltzustand ändern." (Heidegger 2000c: 97)

Veränderung scheint daher unmöglich - Heidegger empfiehlt vordenkendes Bedenken (vgl. 1977: 111) und Gelassenheit (vgl. 2000d: 527ff.; vgl. Lohmann 1996: 184), diese jedoch nicht als *Handlung*, sondern als *Haltung* verstanden (vgl. Heidegger 2000d: 527; Wolf 2005: 262). Eine „Haltung des gleichzeitigen Ja und Nein zur technischen Welt" (Heidegger 2000d: 527). Auch für Anders sind *theoretisch* „Unterwerfung und Anpassung" die „einzig möglichen Effekte" (Fohler 2003: 172) der modernen Technik auf die Menschen. *Praktisch* ignorierte Anders allerdings die pessimistischen Ergebnisse seiner Analysen, denn das Ziel der *„Verhinderung* der drohenden Katastrophe" (Jungk 1992: 292) erlaubte ihm weder Verharren beim Denken, noch Gelassenheit oder gar ein Hoffen auf die Rettung *durch* Technik. Getreu dem Motto „'Wenn ich verzweifelt bin, was geht's mich an?'" (GA: 53) blieb er sein Leben lang in engem Kontakt zu sozialen Bewegungen, um das beunruhigende Schicksal einer „Welt ohne Mensch" (Liessmann 2002: 193) abzuwenden. Die Praxisabstinenz Heideggers ist ihm daher Grund scharfer Kritik. Mit Bezug auf Heideggers Vortrag über die *Gelassenheit* nimmt er den Vorwurf der Schein-Konkretheit wieder auf: die Flucht vor der konkreten Drohung der Technik ziehe dann die Flucht vor der Praxis nach sich (vgl. Anders 1982b: 260; 1989a: 28; vgl. Lohmann 1996: 285ff.).

Wenn Anders die konkrete Forderung formuliert, die Menschen sollten ihre Phantasie und ihr Vorstellungsvermögen erweitern, um die Diskrepanz, dass wir zwar die Atombombe herstellen, uns ihre mörderischen Konsequenzen jedoch nicht vorstellen können, zu überwinden (vgl. AM I: 271), ruft dies allerdings Heideggers Widerspruch hervor. Denn im Begriff des Gestells verwirft Heidegger alle „stellenden Vermögen" (Kramer 1998: 231) als Formen des Wesens der modernen Technik (vgl. Heidegger 2000b: 21).

> „Das Vorstellungsvermögen, auf dessen Restituierung Anders all seine Hoffnungen setzt, die dem Menschen entschwundene technokratische Welt wieder einzuholen, ist also für Heidegger selbst schon Ausdruck einer technischen Wirklichkeitserschließung und einer reduzierten Seinserfahrung, denn in der Selbstauffassung als vorstellendem Subjekt installiert sich der Mensch wissens- und erkenntnismäßig als herrschende Bezugsmitte allen Wirklichseins." (Kramer 1998: 231)

Das Dilemma der technischen Zivilisation für Anders ist, dass *„die Subjekte von Freiheit und Unfreiheit* [...] *ausgetauscht* [sind, M.M.]. *Frei sind die Dinge: unfrei ist der Mensch"*[95] (AM I: 33, s.u., S. 119f.). Hiergegen richtete sich Anders' Philosophie - von Heideggers Denken versprach er sich für eine Lösung dieses Problems nichts[96]. Zwar attestierte auch Heidegger der Gegenwart, *Endzeit* zu sein, allerdings ohne die realgeschichtliche Entwicklung der Technik (und insbesondere der Atombombe) zu untersuchen und ohne diese Endzeit als eine Epochenwandel zu begreifen - er erkannte in der drohenden Selbstvernichtung der Menschheit nur die Vollendung der abendländischen Metaphysik (vgl. Lohmann 1996: 206f.). Angesichts des sich „in Auschwitz und Hiroshima vollziehenden Bruchs geschichtlicher Kontinuität" (ebd.: 209) findet sich bei Heidegger nur einmal mehr die Verklärung des Todes und der Sterblichkeit (vgl. ebd.: 209f.).

---

95 Dass die Technik das neue Subjekt der Geschichte ist, formulierte schon 1946 der zum Umfeld der Konservativen Revolution gehörende Friedrich Georg Jünger (vgl. Bollenbeck 2007: 245). Zur Kritik dieser These s.u., Fn. 187.

96 Auch wenn sich mitunter in den späten Texten noch Worte der Hochachtung für den alten Lehrer finden. So sei dieser als Philosoph „zweifellos einer der größten nach Nietzsche, ein genialer sogar, dessen Denkkraft und Kenntnis der europäischen Philosophie diejenige Nietzsches um ein Vielfaches übersteigt" (Anders 1982b: 100).

2.3.8 Philosophische Anthropologie in kleineren Texten

Wie sehr Anders in den 1920er und 1930er Jahren das Thema *Philosophische Anthropologie* beschäftigte und wie es deshalb auch in die Textproduktion einfloss, die ihm nicht unmittelbar gewidmet war, soll durch einige Hinweise in diesem Abschnitt verdeutlicht werden. Dabei ist zu unterscheiden zwischen literarischen Texten bzw. Interpretationen literarischer Texte und kleineren philosophischen Schriften.

Günther Anders war - teils aus bewusster Entscheidung, teils den historischen Umständen geschuldet - nie akademischer Philosoph und gerade für die Zeit vor seiner erzwungenen Emigration gilt, dass sein Schaffen „eine gelungene Synthese aus künstlerischer und intellektueller Tätigkeit" (Bahr 2010: 22) darstellt, nachdem er sowohl familiär, als auch universitär zum Philosophen *und* Schriftsteller (vgl. ebd.: 104f.) ‚ausgebildet' worden war. Zu Anders' journalistischem und schriftstellerischem Repertoire gehörten neben Rezensionen und Veranstaltungs- bzw. Kongressberichten auch Gedichte, Kurzgeschichten, Fabeln und ein Roman.

> „Mehr als die Hälfte dessen, was ich geschrieben habe, ist ‚Belletristik', freilich eben politische und philosophische Belletristik." (GA: 30)

Am deutlichsten tritt dem Leser in der gemeinsam mit Hannah Arendt verfassten Rilke-Interpretation aus dem Jahr 1930 die anthropologische Problematik entgegen. Das gerade die *Duineser Elegien*, die „Summe der Rilkeschen Lyrik" (Stephens 2004: 365), einer anthropologischen Interpretation unterzogen werden, verwundert nicht, weil in ihnen Rilke selbst „die condition humaine in ihren wesentlichen Aspekten zu evozieren beansprucht" (ebd.: 366). Zentral werden jene Stellen gedeutet, in denen klar wird, „in welchem Maße das menschliche Dasein hier der Welt entfremdet ist" (Arendt/Stern 1982: 49)[97]. Wenn es bei Rilke heißt, „daß wir nicht sehr verlässlich zu Haus sind/ in der gedeuteten Welt" (Rilke 1975: 685), so ist dies für Anders ein klarer Hinweis auf die „Weltfremdheit" (Arendt/Stern 1982: 50) bzw. - wie es hier in eher an Marx erinnernder Terminologie heißt - „Weltentfrem-

[97] Thomä interpretiert abweichend, dass Weltfremdheit in diesem Text v.a. das „Herausfallen aus der Alltäglichkeit, wie es von Heidegger in ‚Sein und Zeit' beschrieben worden ist" (2007: 50) bedeutet.

dung"[98] (ebd.: 55). Wenn diese Weltentfremdung als „in der Liebe ausdrücklich gemacht" (ebd.: 60) beschrieben wird, so scheint dies jedoch eher dem Denken Arendts zu entstammen, die zum Liebesbegriff bei Augustinus promoviert hatte (vgl. Arendt 1929). Aber die nicht nur in diesem Zusammenhang betonte Abgrenzung des Menschen vom Tier – mit Bezug auf Rilkes *Achte Elegie* (vgl. 1975: 714ff.) – für welches nicht das Teilhaben an der Welt, sondern gerade *Teilsein* charakteristisch sei (Arendt/Stern 1982: 60; vgl. ebd.: 62), verweist auf Anders' anthropologische Schriften (s.o., Abs. 2.2.2). Und so wird die „Indifferenz der Welt an uns" (Arendts/Stern 1982: 61), unsere Rhythmusunsicherheit und Unverbundenheit mit der Welt als „Index für [...] das relative Nicht-in-der-Welt-sein des Menschen"[99] (ebd.) verstanden.

Wenn am Ende festgestellt wird, der Mensch lebe sein Leben „nicht mehr in der Nichtigkeit, sondern in der Sinnlosigkeit seines Seins, lebt im Nihilismus" (ebd.: 64), so mag dies ein Grund sein, warum sich Anders in der Annotation des Wiederabdrucks der Rilkeinterpretation 1982 scharf von „Geist, Ziel und Vokabular" (ebd.: 45) des Textes distanziert. Er wird nach 1945 dem Vorwurf des Nihilismus immer wieder mit dem Hinweis begegnen, dass dieser einen praktischen Moralismus nicht ausschließt[100] (vgl. z.B. 1982b: 197, s.u., S. 136). Dass die Abwehr der Identifikation mit diesem frühen Text trotz ihrer Vehemenz *cum grano salis* zu nehmen ist, zeigt Anders' eigener Rückbezug auf die anthropologischen Thesen in seinem Spätwerk, die in Kapitel vier untersucht werden sollen.

Auch in seinen beiden Döblin-Interpretationen, die nach eigenen Angaben eine wichtige Rolle in seiner Entwicklung gespielt haben (vgl. Anders 1984: XXVII), reflektiert er die „zerfallene[n] Weltbeziehung[en]" (ebd.: XVIII) der Romanfiguren unter Bezugnahme auf die anthropologische Begrifflichkeit. Der Held des ‚negativen Erziehungsromans' (vgl. Anders 1984b: 6) *Berlin Alexanderplatz* scheitert an den Anforderungen, die mit der Stellung des Menschen in der Welt einherge-

98 Im Nachwort zur Wiederveröffentlichung der zur gleichen Zeit wie der Rilke-Text entstandenen Kritik an Mannheims *Ideologie und Utopie* erwähnt Anders, dass er durch die Mannheim-Lektüre angeregt wurde, sich mit dessen Quellen, nämlich Hegel und vor allem (dem jungen) Marx auseinanderzusetzen (vgl. Anders 1982a: 512; vgl. GA: 25).

99 Auch hier also die oben näher ausgeführte Kritik an Heideggers In-der-Welt-Sein (s.o., S. 68f.).

100 Rohbeck verkennt diese Selbsteinschätzung, wenn er behauptet: „Aber obwohl er kein Moralist sein will, vertritt er doch keinen moralischen Nihilismus." (1993: 165)

hen: die Weltfremdheit radikalisiert sich dahingehend, dass er auch keiner *sozialen* Welt zugehört (vgl. ebd.: 7). Statt sich die Welt a posteriori theoretisch anzueignen, zeichnet sich der Protagonist Biberkopf durch „Erfahrungslosigkeit“ (ebd.: 5) aus, er ist weder ein tätiges Subjekt (s.o., S. 27), da „er gelebt *wird*“ (ebd.: 7), noch ist er ein dem Kontingenzschock entrinnender historischer Mensch (s.o., Abs. 2.2.9), da er als Ausgestoßener aus der Gesellschaft keine „geschichtliche Deckung“ (ebd.: 5; vgl. ebd.: 13) bekommt. Und wenn Anders mit Blick auf Biberkopfs Existenz behauptet, dass „das Verlaufen und das Geradetreffen des Nichtgesuchten [...] Charakter des Lebens“ (ebd.: 24) sei, dann spricht er das Fehlen jedes *élan vital*, den Bergson[101] als „ein Schöpfungsprinzip und eine einheitliche Geschichte des Lebens, unter Einbeziehung ihrer organischen und geistigen Formen, entwirft“ (Hartung 2008a: 57), an. Die Themen Weltfremdheit (bzw. Weltlosigkeit) und Kontingenz bilden auch in Anders' zweitem Döblin-Text den Interpretationshintergrund (vgl. Anders 1984c: 34, 37).

In *Der verwüstete Mensch* wird aber auch die Wendung der Überlegungen zur Philosophischen Anthropologie ins Politische, wie sie oben anhand des Aufsatzes über die *Pathologie der Freiheit* nachgezeichnet wurde (s.o., Abs. 2.2.10), deutlich. Denn die Geschichte von Franz Biberkopf lässt sich lediglich unter Auslassungen als *nur existenzielle* lesen. Sie handelt von einer *gesellschaftlichen* Situation, die die Individuen in die Weltlosigkeit *entlässt*[102]. Wie an anderer Stelle auch (s.o., S. 43) kritisiert Anders die klassische Identifizierung von *differentia specifica* und Wesen - hier mit dem Verweis auf die Gegenbewegung der Romantik, die „das Anderssein jedes Menschen“ (1984a: 7) als Individualität verklärte. Das Scheitern Biberkopfs in der Moderne vor Augen heißt es dann jedoch, dass „das Verschiedensein der Menschen widersinnigerweise gerade als ein Produkt der Massenherstellung, jener unnatürlichen Massenherstellung, zu der die Technik die Natur zwang“ (ebd.: 8), wird. Die „Verschiedenheiten erscheinen als Nachlässigkeiten, Webefehler am einzelnen Exemplar, Folgen der Unfestgelegtheit, Vagheit

---

101 Auch wenn Christophe David die große Nähe zu Bergson bezüglich der Theorie des Instinkts und der Theorie der freien Handlung (s.o., S. 34) betont (vgl. 2002: 91, 96, 109).

102 Entsprechend führt Anders im Vorwort seiner *Schriften zur Kunst und Literatur*, die auch die Döblin-Aufsätze enthalten und den vielsagenden Namen *Mensch ohne Welt* tragen, neben der anthropologischen Bedeutung (vgl. Anders 1984a: XIVf.) der Weltlosigkeit auch die ökonomische an: Weltlosigkeit meine, dass das Proletariat nicht nur keine Produktionsmittel, sondern eben auch keine Welt besitze (vgl. ebd.: XII) und am handfestesten zeige sich dies in der Arbeitslosigkeit (vgl. ebd.: XIIIf.).

oder Abgenutztheit des Fabriktypus Mensch" (ebd.). Die Unfestgelegtheit des Menschen ist hier also die Ursache dafür, dass gesellschaftliche Mechanismen umso leichter die Kontrolle über ihn erlangen und der Einzelne wird - und das zeigt Döblins Prosa - zum unbestimmten Artikel (vgl. ebd.: 9) und verlorenen Exemplar (vgl. ebd.: 19).

In einem anderen Text-Genre findet sich der Verweis auf die sich aus der Weltfremdheit ergebende Kontingenz des Menschen (s.o., Abs. 2.2.6), die Anders vor allem in der Scham-Analyse ausbuchstabierte: der Mensch erfährt sich „als irgendeinen, als ‚gerade ich' (den man ja nicht frei gewählt hat)" (WM: 26). Dass sich der Mensch gegen diesen Kontingenzschock wehrt, thematisiert Anders unter anderem in der Fabel *Of all people*, die 1931 entstand. Hier ist es ein Mantelkäufer, der darauf besteht, einen *ganz bestimmten* Mantel zu bekommen, also ein *ganz bestimmtes* Ich zu sein. Weil aber der Kontingenzschock, als der spezifischen Stellung des Menschen zur Welt zugehörig, nicht gänzlich überwunden werden kann, muss der Mantelkäufer sich letztlich damit begnügen *überhaupt zu sein*, das sei immer noch besser, als *überhaupt nicht zu sein* (vgl. Anders 1984e: 25f.).

Im Unterschied zu vielen Intellektuellen beschäftigte sich Günther Anders früh mit der Ideologie des Nationalsozialismus. Er las mit einigen - viele ließen sich nicht hierzu bewegen - Bekannten Hitlers *Mein Kampf* und war so über die Entwicklungen in den dreißiger Jahren wenig überrascht (vgl. GA: 32). Für diese Zeit sagt Anders über sich selbst:

> „Ich wurde also ‚Moralphilosoph'." (GA: 28)

Ergebnis der Auseinandersetzung mit dem nationalsozialistischen Gedankengut ist das „antifaschistische Buch" (GA: 30) *Die Molussische Katakombe*, ein - im Manuskript - 600-seitiger Roman, der jedoch erst 1992 veröffentlicht wurde. Wie schon gezeigt, formuliert Anders in der *Pathologie der Freiheit*, also 1936/37 eine deutliche Kritik der Philosophischen Anthropologie (s.o., Abs. 2.2.10) und diese ergibt sich nicht zuletzt aus den politischen Konsequenzen der Frage nach dem Menschen. Und wie Anders dort die Pluralität als wesentlich für das Sein des Menschen verteidigt und so in gewisser Weise die Frage nach dem Wesen *des* Menschen ad absurdum führt, lässt er einen der Protagonisten seines Romans sagen:

„*'Nimm Dich in acht'*, warnte ihn Olo, *,vor dem Singular der Philosophen. Er vertuscht.'*" (Anders 1992: 223)

Zum Abschluss sei auf einige philosophische Arbeiten hingewiesen, in denen Anders beiläufig die Philosophische Anthropologie thematisiert. 1929/30 verfasst er, nach Erscheinen von *Ideologie und Utopie* und dem Besuch eines Mannheim-Seminares in Frankfurt am Main (s.o., S. 20), eine Rezension unter dem Titel *Über die sogenannte ,Seinsverbundenheit' des Bewußtseins.* Im Manuskript *Situation und Erkenntnis* hatte sich Anders mehrfach auf Mannheims Buch bezogen und unter anderem den Begriff des Utopischen als „Grundstellung des Menschen in der Welt" (SE: 61) übernommen. Im Vortrag über die *Weltfremdheit,* dessen Zuhörer unter anderen auch Karl Mannheim war (vgl. Bahr 2010: 124), sind jedoch keine Verweise mehr enthalten, obwohl Anders sich mit der Wissenssoziologie Mannheims befasste.

In der Rezension kritisiert Anders zunächst den Absolutheitsanspruch der Mannheimschen Wissenssoziologie (und des Historismus überhaupt): indem dieser den Begriff der Geschichte zum eigentlichen Seinsprinzip mache, unterschlage er, dass es in verschiedenen Epochen je spezifische Ansichten darüber gegeben habe, was Geschichte sei - nur eine angemessene Interpretation dieser historisch variablen Geschichtsbegriffe gewähre ein konkretes Seinsverständis (vgl. Anders 1982a: 511). Außerdem fordert er ein, dass mythisches Denkens, das sich selbst als ungeschichtlich begreift, klar unterschieden wird von einem Denken, das sich selbst als geschichtliches weiß (vgl. ebd.: 506). Zwar nimmt er den Anspruch Mannheims Ernst, Sein immer als geschichtliches zu erfassen, daher plädiert er auch dafür, „aus der Ebene abstrakter Anthropologie aufzusteigen zu einer positiv geschichtsphilosophischen"[103] (ebd.: 502). Deutlich formuliert er, dass es ihm nicht darum geht, „eine konstante und situationsungebundene Sphäre geltender Wahrheit" (ebd.: 497) gegen den relationistischen Wahrheitsbegriff zu verteidigen. Aber letztlich behauptet Anders, dem Mannheimschen Ansatz mit der Frage nach der Weltposition des Menschen und deren erkenntnistheoretischen Konsequenzen eine notwendige Grundlage geben zu können - ähnlich hatte er in Bezug auf die Heideggersche Daseinsanalyse in *Situation und Erkenntnis* argumentiert (s.o., S. 67). Wenn Mannheim also die „Gebundenheit des Bewußtseins an ein bestimmtes

---

[103] Wobei - die Betonung der Kontingenz des Seins bzw. Daseins in den sonstigen Texten zur Anthropologie bedacht - mit dem Verweis auf Geschichtsphilosophie keinerlei teleologische Ambitionen verbunden sein dürften.

Sein" (Anders 1982a: 502; vgl. Mannheim 1985: 73) prüft, hat dem laut Anders „die grundsätzlichere philosophische Untersuchung voranzugehen, ob nicht die Tatsache des Bewußtseins selbst aus der spezifischen Weltposition des Menschen begreiflich sei" (ebd., s.o., S. 59).

Anders erläutert dazu, ausgehend von der These, dass das Tier fest in seine Welt eingebettet sei, warum der Mensch, dem diese zunächst fremd ist, auf eine bestimmte kategoriale Apparatur angewiesen ist, die es ihm erlaubt, nachträglich Erfahrungen zu machen und so ‚zur Welt' zu kommen (vgl. ebd.: 499)[104]. Erst diese Erfahrungsbedüftigkeit macht die „spezifisch menschliche Historizität" (ebd.: 513) aus. Das Vorliegen der Weltfremdheit zeigt sich zusätzlich darin, dass diese als insuffizient wahrgenommen wird. Die Inkongruenz von Anspruch und erfahrener Wirklichkeit machen das aus, was auch Mannheim als utopisches Wesen des Menschen untersucht (vgl. ebd.: 499f.; vgl. auch Mannheim 1985: 169ff.). In der Praxis bedeutet dies: Veränderung und Verwaltung der zweiten Natur, theoretisch ergibt sich erst aus der Inadäquation „die menschliche Prätention auf Adäquation und Wahrheit" (ebd.: 500). Für Anders ist so der Nachweis erbracht, dass die Transzendierung der vorgefundenen Welt als anthropologisch notwendig zugleich das Überbauen der Welt mit sich bringt und damit ist „dem Bewußtsein der Makel, nur ‚Überbau' zu sein, genommen" (ebd.). Nur das anthropologische Programm also kann die Wissenssoziologie fundieren und eine Antwort auf folgende Fragen liefern:

> „Wie ist die Grundsituation des Menschen, daß er sich einen Überbau überbaut; daß er Wahrheitsanspruch stellt? Wie ist ‚falsches Bewußtsein' wie ist Ideologie überhaupt möglich?" (ebd.: 497)

Nachdem seine Habilitationspläne sich schon vor 1933 zerschlagen hatten, verdiente sich Anders im amerikanischen Exil vor allem mit ‚odd jobs' seinen Lebensunterhalt (vgl. Liessmann 2002: 22). Aber es bestand auch loser Kontakt zum Frankfurter *Institut für Sozialforschung*, das von Max Horkheimer an der Columbia University in New York neu aufgebaut wurde und wie für viele andere emigrierte deutsche Wissenschaftler galt auch für ihn: „es konnte Geld, Veröffentlichungsmöglichkeiten, Empfehlungen, Bestätigungen und anderes mehr vergeben" (Wiggershaus 1986: 296). In den Jahren 1937 bis 1939 schrieb Anders

104 In diesem Zusammenhang findet sich auch hier die implizite Kritik an Heidegger, wenn die Position des Menschen als ‚Nicht-nur-in-dieser-Welt-sein' bezeichnet wird (vgl. Anders 1982a: 499, s.o., S. 68).

insgesamt neun Rezensionen für die *Zeitschrift für Sozialforschung*. Hier entwickelt er seine eigenen Thesen zur Anthropologie nicht mehr weiter, aber beschäftigt sich mehrfach mit Beträgen zur anthropologischen Forschung (vgl. Anders 1937c; 1938b) und analysiert neben anderen Elaboraten des Nationalsozialismus die *Völkisch-politische Anthropologie* des NS-Pädagogen Ernst Krieck (vgl. 1937d). Zweifellos gehört diese Art anthropologischer Fragestellung zu den Zugriffen auf den Menschen, die Anders in der *Pathologie der Freiheit* kritisiert hatte, weil sie „daran interessiert sind, ihn [den Menschen, M.M.] gleichzuschalten" und „um seine Freiheit" (PF: 48) zu bringen. Und vielleicht liegt in dieser Erfahrung auch ein Grund, warum sich Anders später oftmals vehement von seinen frühen Schriften zur Anthropologie abgrenzt (s.u., Kap. 4).

Obwohl in den späteren Schriften der Bezug zur eigenen frühen Philosophischen Anthropologie durchaus ambivalent ist (dies werde ich in Kapitel vier näher zeigen), findet sich aus der Zeit des Kontakts zum Kreis um Horkheimer und Adorno ein Dokument, in dem Anders einen Teil seiner anthropologischen Hauptthesen zur Diskussion stellt und verteidigt. Im März 1942 prägte Anders anlässlich eines Ausstellungsbesuches - so belegen es die in der *Antiquiertheit des Menschen* abgedruckten Tagebuchauszüge - den für seine Technikphilosophie zentralen Begriff der prometheischen Scham (vgl. AM I: 23). Nur fünf Monate später stellte er anlässlich eines Seminars des *Instituts für Sozialforschung*, welches „der Versuch [war, M.M.], zwei eigentlich miteinander verfeindete Kreise doch miteinander in geistige Verbindung zu bringen, nämlich den Kreis um Brecht und die Frankfurter Schule" (Fuld 1992: 122) *Thesen über ‚Bedürfnisse', ‚Kultur', ‚Kulturbedürfnisse', ‚Kulturwerte', ‚Werte'* vor (vgl. Anders 1985a: 579ff.).

Seine acht Thesen eröffnet Anders mit dem zentralen ‚Lehrsatz' seiner negativen Anthropologie, der sich wortgleich im Aufsatz über die *Pathologie der Freiheit* findet:

> „Künstlichkeit ist die Natur des Menschen." (ebd.: 579; vgl. PF: 1)

Ebenso verweist er auf die Tatsache, dass „die Nachfrage des Menschen [...] ab ovo das Angebot der Welt" überschreitet (ebd.)[105]. In der *Welt-*

---

[105] Zugleich thematisiert Anders die moderne Entwicklung, dass die „Wirtschaft, um ihre Bedürfnisse zu stillen, Bedürfnisse im Menschen *produzieren*" muss. Da die wirtschaftliche Entwicklung seit der Industrialisierung ohne technologische Fortschritte nicht zu denken ist, geht der Hinweis Johannes Rohbecks fehl, An-

fremdheit hatte er dieses Argument vorgebracht, um die Welt-Stellung des Menschen im Unterschied zum Tier zu verdeutlichen (vgl. WM: 4). Dass in diesem Zusammenhang das Tier die einzig sinnvolle Folie ist, vor deren Hintergrund über die Künstlichkeit der menschlichen Bedürfnisse zu reden ist, scheint für Anders auch in der Diskussion über seine Thesen klar:

> „Im Unterschied zum Tier, das stets die stereotypen Produkte und den gleichen Stil des Lebens wieder herstellt, stellt der Mensch verschiedene Arten der Welt her, es gibt wenigstens für ihn eine passive Freiheit."[106] (Anders 1985a: 582)

Max Horkheimer hatte 1935 in der *Zeitschrift für Sozialforschung* selbst eine Kritik an der „allzu harmonischen Betrachtungsweise" (Horkheimer 1988: 249) der Anthropologie und der Annahme, es gebe eine „einheitliche menschliche Verfassung" (ebd.) veröffentlicht. Für ihn sind es vor allem die praktischen und politischen Implikationen, die gegen eine anthropologisch fundierte Erforschung des Menschen sprechen. Aus dieser ergebe sich über kurz oder lang „die gegen notwendige historische Veränderungen seit je erhobene Rede, daß die Natur des Menschen dawider sei" (ebd.: 275). Dass die Diskussion über die Anderssschen Thesen überhaupt zustande kam, hängt sicher damit zusammen, dass Horkheimer die „freieren philosophischen Anthropologen" (ebd.: 276f.) - und neben Plessner und Scheler muss man den Günther Anders jener Zeit zu diesen zählen - von seiner Kritik ausnahm[107], intendierte Anders doch eine „kritische Selbstaufklärung der Anthropologie" (Lohmann 1996: 155, s.o., Abs. 2.2.10).

---

ders vernachlässige in seinen Thesen, dass die Bedürfnisentwicklung von „sich erweiternden technischen Möglichkeiten abhängt" (1993: 161).

[106] In diesem kurzen Papier spricht Anders das erste Mal von dem *Gefälle* zwischen den Menschen und ihren Produkten - das zentrale Thema der *Antiquiertheit des Menschen* (vgl. Anders 1985a: 579; vgl. van Dijk 2000: 10)

[107] Adorno wird später die Anthropologiekritik der Kritischen Theorie radikalisieren: „Daß nicht sich sagen läßt, was der Mensch sei, ist keine besonders erhabene Anthropologie, sondern ein Veto gegen jegliche." (Adorno 1973: 130)

2.3.9 Fazit

Nach dieser Rekonstruktion der Schriften zur Philosophischen Anthropologie soll Folgendes festgehalten werden: Günther Anders' Denken nach der Abkehr von der Husserlschen Phänomenologie fügt sich in die schon in den dreißiger Jahren beschriebene „anthropologische Wende in der Philosophie" (vgl. Seifert 1935, zitiert nach Hartung 2003: 16, 144f.). Dabei ist seine Herangehensweise zunächst und vor allem eine erkenntnisontologische (vgl. Dries 2009: 23f.). Es sind also *nicht* vordergründig die verschiedenen Krisenerscheinungen in Philosophie und Gesellschaft zu Beginn des 20. Jahrhunderts - die Krise der traditionellen Selbstinterpretation des Menschen nach dem Zusammenbruch des deutschen Idealismus (vgl. Schnädelbach 1983: 264), die epochale Krise im Zusammenhang des Ersten Weltkriegs (vgl. Hartung 2003: 14), die Fraglichkeit eines eindeutigen Gattungscharakters nach dem ‚Tod Gottes' und einer fehlenden „Verbindlichkeit der Humanität" (Plessner 1983a: 42) - die das anthropologische Denken für Anders attraktiv erscheinen lassen[108]. Ihm geht es zunächst um die Frage der Erfahrung und um den Versuch, das *Ich* der Phänomenologie als Körper und Leib *in* der Welt zu verorten. Aus der Klärung der Position des Menschen in der Welt erhofft sich Anders Aufschluss über die Frage, wie Erfahrung möglich sei (s.o., Abs. 2.2.1).

Die historischen Umstände haben es verhindert, dass es tatsächlich zum Ausarbeiten einer systematischen philosophischen Anthropologie (vgl. GA: 27) kam. Schon die Abfassung der beiden veröffentlichten Aufsätze im Pariser Exil fand unter dem Projekt wenig zuträglichen Bedingungen statt (was sich z.B. daran zeigt, dass für die Übertragung ins Französische mehrere Übersetzer verantwortlich waren). Zugleich betrieb Anders in diesen schon die kritische Delegitimierung des anthropologischen Ansatzes (s.o., Abs. 2.2.10). Vor allem durch den Einbezug der Manuskripte und Vorarbeiten konnte gezeigt werden, dass die Überlegungen in Kenntnis und Auseinandersetzung mit anderen zeitgenössischen Versuchen zur Philosophischen Anthropologie (aber auch mit ständigem Seitenblick auf Heidegger) entstanden. Der zentrale Anderssche Begriff der *Weltfremdheit* soll dieselben Phänomene erfassen wie die Schelers *Weltoffenheit* und Plessners *exzentrische Positionalität.*

2008 hat Joachim Fischer mit seiner Monographie *Philosophische Anthropologie. Eine Denkrichtung des 20. Jahrhunderts* die erste Gesamt-

---

108 Einzig in einem Vortragsmanuskript aus dem Jahr 1933 bezeichnet er die philosophische Anthropologie „als Symptom als Anzeige einer Krise" (ÜH: 13).

darstellung zum Thema vorgelegt. Neben einer Realgeschichte (vgl. 2008: 19ff.) versucht er dort, den Identitätskern der Denkungsart ‚Philosophische Anthropologie' freizulegen (ebd.: 515ff.). Im nachfolgenden Kapitel sollen daher seine Ergebnisse als Werkzeug dienen, um zu prüfen, inwiefern der Günther Anders der zwanziger und dreißiger Jahre als Vertreter jener Denkrichtung gelten kann.

3 Anders als Vertreter der ‚Denkrichtung' *Philosophische Anthropologie*?

Auf den ersten Blick scheint es schwer, das Denken von Günther Anders einer philosophischen Strömung des 20. Jahrhunderts zuzuordnen. Er legte keine Wert auf solche Kategorisierungen (vgl. Lohmann 1996: 140, 329), hat sich auch selbst stets dagegen gewehrt - und das nicht nur, weil er nie in der akademischen Philosophie Fuß fassen konnte. Zudem verhindert sein Werk dies sowohl aus inhaltlichen (wie lassen sich Reflexionen über Liebe und Weltraumfahrt[109] auf einen Nenner bringen?) als auch formalen Gründen (Anders' Gedanken liegen in Essays, Dialogen[110], Glossen und Aphorismen[111], Tagebüchern[112], als politisches Pamphlet[113], aber auch als Gedichte[114] - darunter ein an die Vorsokratiker erinnerndes Lehrgedicht[115], Fabeln[116], Kurzgeschichten[117] und in dem oben angesprochenen Roman vor). Die im vorangegangenen Kapitel dargelegte Rekonstruktion bezieht ihr Recht aus der Aussage Günther Anders', er habe in den späten zwanziger Jahren „eine systematische philosophische Anthropologie" (GA: 27) verfassen wollen.

Fast ebenso schwer scheint es, das philosophische Nachdenken des Menschen über sich selbst bündig auf den Begriff zu bringen. Gilt doch, dass jede Philosophie „menschliche Projektionen und damit eine anthropologische Aussage" (Landmann 1976: 29) enthält. Wenn vorphilosophische Selbstdeutungen des Menschen und religiöse Anthropologien außen vor gelassen werden, beginnt das anthropologische Denken bei den Griechen, die zwar in ihren Mythen den Menschen als von Göttern geschaffen betrachten (hier schließt später die christliche Anthropologie an), aber ihn zugleich „aus seiner Vernunft" (ebd.: 87) zu be-

---

109 Vgl. Anders 1986 und 1984d.

110 Vgl. z.B. AM I: 26ff., aber auch viele Passagen in den *Ketzereien* (vgl. Anders 1982b).

111 Vgl. Anders 1965.

112 Vgl. Anders 1985b.

113 Vgl. Anders 1987a.

114 Vgl. Anders 1985b: 275ff.

115 Vgl. Anders 1994. Über dieses Gedicht heißt es bei Dries, dass es „wenngleich mit Augenzwinkern vorgetragen, doch nichts weniger als Anders' Anthropologie und Kulturphilosophie ‚in a nutshell'" (2009: 89) vorlegt.

116 Vgl. Anders 1984f.

117 Vgl. Anders 1998.

greifen versuchen. Während sich das Mittelalter durch seine „Transzendenzgerichtetheit" (ebd.: 34) - der Mensch als Geschöpf Gottes - auszeichnet, führt die Renaissance zu einer Wiederentdeckung des Menschen und damit zu einem neu erwachenden Interesse an einer Philosophie des Menschen (vgl. ebd.: 34ff.). Der Name *anthropologia* wird erstmals im 15. Jahrhundert „zur Bezeichnung der ‚psychologia' des Menschen im Unterschied zu der des nichtmenschlichen Lebendigen" (Marquard 1973: 125) verwendet. Mit Kant, dessen „im engeren Sinne philosophisches Interesse an der Anthropologie [...] ein ethisches" (Landmann 1976: 36) ist, etabliert sich die Anthropologie jedoch endgültig und im 19. Jahrhundert erscheinen neben naturwissenschaftlichen und physiologischen auch eine Unzahl „philosophisch erheblicher Anthropologien" (Marquard 1973: 130). All diesen Versuchen ist jedoch gemeinsam, dass sie Anthropologie als *philosophische Disziplin* betreiben.

Wenn es nun um den historischen Kontext geht, dem die oben besprochenen Texte von Günther Anders entstammen, handelt es sich *nicht* um die „*Teildisziplin*[118] der deutschen Philosophie, die seit den zwanziger Jahren des letzten Jahrhunderts die Frage nach dem Sinn menschlicher Existenz im Angesicht eines säkularisierten Weltbildes und einer Erfolgsgeschichte der naturalistischen Weltanschauung verhandelt" (Hartung 2003: 32). Zwar kann den inhaltlichen Bestimmungen Hartungs zugestimmt werden; wenn jedoch Max Scheler 1915 programmatisch formuliert: „In einem gewissen Verstande lassen sich alle zentralen Probleme der Philosophie auf die Frage zurückführen, was der Mensch ist." (1955: 173), dann übersteigt nach seiner Auffassung dieses Fragen jeden disziplinären Rahmen und sein Ziel ist, das erkennt auch Hartung an, die „Philosophische Anthropologie als Grundwissenschaft vom Menschen" (2003: 32) zu etablieren. Ich folge daher hier Joachim Fischer sowohl heuristisch als auch typographisch in der Unterscheidung „zwischen der *philosophischen Anthropologie* als einer Disziplin und der *Philosophischen Anthropologie* als einem Denksatz" (2008: 14; vgl. ebd.: 595). Sein Versuch einer real- und philosophiegeschichtlichen Verortung des Denkens von Scheler, Plessner, Gehlen, Rothacker und Portmann versteht sich dabei als Konkretisierung des von Karl-Siegbert Rehberg vorgeschlagenen, jedoch missverständlichen, Begriffs der „'Schule'" bzw. „Denk-,Schule'" (Rehberg 1981: 160, 188; 1993: 756).

Der Schulbegriff erweist sich nämlich als zu stark für die Charakterisierung der Gemeinsamkeiten der genannten Autoren. Unter ihnen entwickelte sich kein konstanter und verbindlicher Diskussionszusam-

---

118 Hervorhebung von mir.

menhang[119]. Es existiert kein zentrales Dokument einer Gruppe von Denkern, ähnlich z.B. der Selbstverständigungsschrift des Wiener Kreises (vgl. Verein Ernst Mach 2006). Ebenso entstand keine eigene Zeitschrift, die einem erkennbaren Programm gefolgt wäre, ähnlich etwa der Frankfurter *Zeitschrift für Sozialforschung* (vgl. Horkheimer 1985). Es wurden keine Lehrstühle eingerichtet, die auch über Einzelpersonen hinaus ein inhaltliches Profil verfolgt hätten, wie dies z.B. für den Neukantianismus gilt (vgl. Köhnke 1986: 302ff.), dessen Marburger und Südwestdeutsche Ausprägungen nicht zuletzt deshalb als ‚Schulen' bezeichnet werden (vgl. Pascher 1997: 7). Schließlich ist in Rechnung zu stellen, dass anfangs die Hauptpersonen eher in Konkurrenz zueinander, denn in Diskussion miteinander agierten - der deutlichste Beweis hierfür sind die Plagiatsvorwürfe Schelers gegen Plessner (vgl. Fischer 2008: 80f.). Fischer bezeichnet die Philosophische Anthropologie daher als heikles Gebilde, was damit zu tun hatte, „dass der Denkansatz sich ideenbiographisch zwischen zu großer Nähe (Parallelentdeckung) und äußerster Distanzierung (Absetzung/Abwertung) der Beteiligten bildete, dass er in die politische Verwerfungslinie 1933 geriet (‚Reich'/Exil), insofern eben wichtige Schriften in der Hochzeit des Nationalsozialismus und zugleich außerhalb entstanden, dass zwei Protagonisten um 1950 gleichzeitig einen Fachwechsel vollzogen (von der Philosophie zur Soziologie), und dass der Ansatz der scharfen Konkurrenz anderer Denkrichtungen ausgesetzt war, die immer wieder bewusst die Diskrepanz zwischen Scheler oder Plessner oder Gehlen betonten und teilweise den Keil zwischen die Autoren trieben" (ebd.: 12).

3.1 Philosophiegeschichte der *Philosophischen Anthropologie*

Fischer beschreibt die Philosophische Anthropologie daher als eine *Denkrichtung* des 20. Jahrhunderts bzw. als einen charakteristischen *Denkansatz*. Dessen Realgeschichte verfolgt er von der Genese (1919-1927) bis zum Rückgang (1969-1975). Für die Frühzeit des Denkansatzes wird gezeigt, auf welche historischen Konstellationen zu Beginn des 20. Jahrhunderts reagiert wurde: auf die Dezentrierung der Vernunft nach dem Ende der Systemphilosophie des deutschen Idealismus, die Erschütterung der christlichen Anthropologie durch die anti-teleologische

119 Daher ist auch der Versuch von Wunsch, Kuhns Paradigmabegriff auf den Denkansatz anzuwenden, nicht überzeugend (vgl. 2010: 559f.).

Ausrichtung der Evolutionstheorie Darwins, den Hinweis Marx', dass der Mensch nur als „Ensemble der gesellschaftlichen Verhältnisse" (Marx 1969: 534; vgl. ebd.: 6) beschreibbar ist, auf den Versuch der Lebensphilosophien verschiedener Provenienz, der „reduzierten Selbstbeschreibung" des Menschen durch die Einzelwissenschaften als „Teil eines allgemeinen Naturgeschehens" (Hartung 2008: 55) etwas entgegenzusetzen und die Hinweise der historischen Geisteswissenschaften, dass sich der Mensch nur in der Geschichte recht verstehe. Die frühen Vertreter (v.a. Scheler und Plessner) verorteten sich also im „Zwiespalt zwischen dem idealistischen Seinsvertrauen der Vernunft, dem Medium der Philosophie, und der sich natural, kulturell, sozial oder geschichtlich aufdrängenden Wirklichkeit" (Fischer 2008: 45). Als „*verarbeitende*[r]" Denkansatz (Schnädelbach 1992: 123) nahm die Philosophische Anthropologie Ergebnisse und Anregungen aus den sich immer stärker ausdifferenzierenden Naturwissenschaften auf und versuchte sie philosophisch zusammenzuführen.

Für Scheler und Plessner zeigt Fischer, „dass sie Höfe von Fachwissenschaftlern um sich aufbauten, die - philosophisch interessiert - ihnen den Kontakt zu den Materialien halten" (2008: 37) und beide sahen es als ihre Hauptaufgabe, „den wesentlichen und prinzipiellen Unterschied des geistigen Bewusstseins des Menschen" zur „evolutionsbiologisch lancierten unheimlichen Nähe der tierischen Intelligenz zu begründen, und zwar so, dass die Begründung mit der empirischen Forschung zusammenstimmte: den Menschen indirekt zu beschreiben, zugleich im Verhältnis und im Gegensatz zum Tier" (ebd.: 50). Nachdem 1927/28, vor allem mit dem Erscheinen der (anthropologischen) Hauptwerke von Scheler und Plessner, der „Durchbruch" (ebd.: 61ff.) des Denkansatzes zu verzeichnen ist, „ergibt sich für die Jahre 1928-1935 ein Interregnum. Die Ursachen liegen in der Überzeugungskraft konkurrierender Denkströmungen und im internen Geschick und Ungeschick der Philosophischen Anthropologie selbst" (ebd.: 126). Die „Neueinsätze" (ebd.: 134ff.), die Fischer auf die Jahre 1934-44 datiert, finden dann unter den Bedingungen des Nationalsozialismus statt. 1933 verliert Plessner die *venia* und lehrt und forscht künftig in den Niederlanden (vgl. ebd.: 182ff.; vgl. Dietze 2006: 99ff.). Damit ist er - wie auch der in der Schweiz tätige Adolf Portmann (vgl. Fischer 2008: 197ff.) - fachlich und ideologisch abgeschieden von denjenigen, die innerhalb des NS-Wissenschaftssystems den Denkansatz fortsetzen, also v.a. Arnold Gehlen und Erich Rothacker (vgl. ebd.: 154ff., 143ff.). Da Anders spätestens nach dem Vortrag bei Vertretern des *Instituts für Sozialforschung* 1942 die Arbeit an der Philosophischen Anthropologie aufgibt, lasse ich die von Fischer unter den Stichworten Turbulenzen, Konsolidierung, Nachfolge und Driften behandelte Geschichte des Denkansatzes nach 1945 außen vor (vgl. ebd.: 208ff.).

3.2 Anders als Anthropologe im ‚Umkreis Heideggers' und als *Philosophischer Anthropologe* der Technokratie

Für das Interregnum der Philosophischen Anthropologie ist nicht unerheblich die Veröffentlichung von Heideggers *Sein und Zeit* 1927 verantwortlich[120]. Und auch wenn das philosophisch interessierte Publikum der späten zwanziger Jahre die Publikationen von „Heidegger und Jaspers als zwei eigenständige Ausarbeitungen einer neuartigen Denkrichtung" (Fischer 2008: 97) wahrnahm, die sich nicht zuletzt gegen die Philosophische Anthropologie richteten (vgl. ebd.: 96), „lässt sich die Bedeutung des Schlereschen und Plessnerschen Anschubs einer ‚philosophischen Anthropologie' selbst im Umkreis Heideggers" (ebd.: 97) erkennen. Als Beleg führt Fischer hier neben Karl Löwith, dem „Lieblingsschüler Heideggers" (ebd.), auch Günther Anders an. Dessen Zugriff auf die beiden konkurrierenden Ansätze bezeichnet er als „Naturalisierung der Existenzphilosophie"[121] (ebd.: 98). Nach einer kurzen Darstellung der Grundthesen des Vortrages über die *Weltfremdheit* kommt er zu folgendem Fazit:

> „Ebenso wie bei Hans Jonas und Hannah Arendt, mit denen G. Stern durch sein Studium bei Heidegger vertraut war, wird bei ihm das Scheler-Plessnersche Projekt der Philosophischen Anthropologie erst viel später wirklich produktiv werden."[122] (ebd.: 99)

In der Behandlung der Zeit der „Nachfolge" (ebd.: 292), als sich einerseits „für die Philosophische Anthropologie die Chance einer institutionellen Kontinuität an der deutschen Universität" (ebd.) ergibt und

---

[120] Plessner schreibt rückblickend, die Zeit zwischen der Erstveröffentlichung der *Stufen* und 1933 stand „soweit überhaupt von einem Interesse an philosophischer Anthropologie die Rede sein konnte, ganz unter dem Eindruck von Heidegger und Jaspers" (1975: VII).

[121] Ähnlich formuliert Thomä Anders' Betonung der Naturhaftigkeit bei gleichzeitiger Verteidigung der Freiheit des Menschen im Vergleich zu Heidegger (vgl. 2001: 414f., s.o., S. 70f.).

[122] Zu Günther Anders und Hans Jonas vgl. Liessmann 2007; Bahr 2010: 144ff.

außerdem Arnold Gehlen mit *Urmensch und Spätkultur* seine „philosophisch-anthropologische Theorie der Institutionen" (ebd.: 292f.) und die breit rezipierten „sozialpsychologischen, technik- und kultursoziologischen Studien" (ebd.: 297) unter dem Titel *Die Seele im technischen Zeitalter*[123] publiziert, kommt Fischer noch einmal auf Günther Anders zurück. Mit Lohmann (vgl. 1996: 140) bezeichnet er dessen Technikphilosophie als „'Philosophische Anthropologie im Zeitalter der Technokratie'"[124] (Fischer 2008: 300). Anders erweitere den „konstitutiven Tier/Mensch-Vergleich", indem er die Produktwelt ins Zentrum seiner Überlegungen rückt, um die „Vergleichsfolie des Mensch/Maschine-Vergleichs" (ebd.: 299), um an den Punkt zu gelangen, da „der Mensch leiblich der Perfektion seiner Produkte nicht mehr gewachsen" (ebd.: 300) ist. Und in den Reflexionen über Weltraumflüge würde aufgezeigt, wie „der schließlich faktische ‚Blick vom Mond'" die „exzentrische Positionalität massenmedial sinnlich - positional - sichtbar" (ebd.: 301) mache. Anders schließe also hier direkt an die zentrale Kategorie des Plessnerschen Denkens an:

> „Die Formel ‚exzentrische Positionalität' wird hier gleichsam eine Umstiegsformel innerhalb der Positionalität, das menschliche Lebewesen selber wird eine extraterrestrische Intelligenz." (ebd.)

Für Fischer sind somit zwei Nachweise erbracht. Zum einen, dass in der späten Technikphilosophie (der Atombombe, des Fernsehens, der Weltraumflüge[125]) tatsächlich die frühen anthropologischen Überlegungen von Günther Anders „wirklich produktiv" (ebd.: 99) werden. Wei-

---

123 Darin findet sich auch der einzige Verweis auf Anders im Werk Arnold Gehlens. Unter den Literaturhinweisen führt er den ersten Band der *Antiquiertheit des Menschen* an (1986: 264).

124 Da es letztlich um die Frage gehen wird, ob Günther Anders' frühes *und* spätes Denken es erlauben, ihn umstandslos als, wenn auch randständigen, Vertreter des *Denkansatzes Philosophische Anthropologie* zu etikettieren (so jedenfalls tut es Joachim Fischer), sei folgende typographische Kritik gestattet: Anders' Selbstbezeichnung im zweiten Band der *Antiquiertheit* lautet *„philosophische Anthropologie im Zeitalter der Technokratie"* (AM II: 9), auch bei Lohmann *im Text* wird die „philosophische Anthropologie" mit kleinem ‚p' geschrieben (vgl. Lohmann 1996: 140). Nicht von ungefähr zitiert Fischer daher die Überschrift, wo das „Philosophische" den Gepflogenheiten der Rechtschreibung folgend *am Satzbeginn* mit großem ‚P' notiert ist (ebd.).

125 Zu einem kritischen Verweis Anders' auf die Exzentrik der Raumfahrt s.u., Fn. 173.

terhin wird somit die „Ideengemeinschaft der Philosophischen Anthropologie“ (ebd.: 11), wie es programmatisch in der Einführung zu seinem Buch heißt, um einen weiteren Autor und seine Beiträge angereichert. An der kompletten Eingemeindung der Andersschen Technikphilosophie in den Denkansatz der Philosophischen Anthropologie werden jedoch im nächsten Kapitel Zweifel anzumelden sein. Zunächst werde ich aber anhand dessen, was Fischer den Identitätskern der Philosophischen Anthropologie nennt, prüfen, wie nahe die anthropologischen Schriften und Manuskripte von Anders aus den 1920er und 1930er Jahren denen der Hauptvertreter des Ansatzes stehen.

3.3 Der Identitätskern der *Philosophischen Anthropologie*

Im zweiten, systematischen, Teil seines Buches geht es Fischer um den Nachweis, „dass sich die ‚philosophische Anthropologie‘ als Disziplin zum Denkansatz ‚Philosophische Anthropologie‘ verhält wie die Sozialphilosophie als Disziplin zum Denkansatz der Kritischen Theorie der Gesellschaft - um eine Analogie zu verwenden“ (ebd.: 488). Verfolgt wird deshalb die Frage:

> „Ist ‚Philosophische Anthropologie‘ als ein solches spezifisches Theorieprogramm, als ein identifizierbarer Denkansatz im Schrifttum mindestens der erwähnten Denker - Scheler, Plessner, Gehlen, Rothacker, Portmann - tatsächlich aufzuweisen?“ (ebd.)

Dass diese Perspektive bisher nicht näher untersucht wurde, habe seine Gründe einerseits darin, dass Unterschiede überbetont wurden, andererseits aber auch in der Sache selbst. So hätten es die Rivalitäten innerhalb der Theoretikergruppe, die Kritik konkurrierender Denkansätze (Existenzialontologie, Kritische Theorie, Dilthey-Schule) und schließlich auch die ausgebliebene philosophische Traditionsbildung verunmöglicht, dass die übergreifenden Gemeinsamkeiten der einzelnen Theorieentwürfe gewürdigt werden konnten (vgl. ebd.: 500f.). Zwar wurde der Herangehensweise Fischers verschiedentlich aus der gegenteiligen Perspektive vorgeworfen, über die Konzentration auf ein übergreifendes Programm schwerwiegende Unterschiede zwischen den Vertretern einzuebnen (vgl. Krüger 2006: 23; Mitscherlich 2008; Schürmann 2009), aber mit Blick auf meine Frage, ob bzw. inwieweit die Versuche Günther Anders’ zur Philosophischen Anthropologie dem Denkansatz originär zuzurechnen sind, gehe ich diesen Einwänden hier nicht weiter nach[126].

Der Einsatz der Philosophischen Anthropologie erfolgte im Zuge einer Kritik der „in der idealistischen Philosophie der Subjektivität ausformulierten Selbstbestimmung und Selbstmächtigkeit des denkenden Ich" (Fischer 2008: 509). Allerdings mündete diese Kritik in eine generelle Vernunftskepsis.

> „Die Destruktion des Idealismus während des 19. Jahrhunderts, dieser fortwährende, teilweise parallel einsetzende, kaskadenartige Abbau der Vernunftphilosophie, die ‚Entlarvung' ihrer Strukturelemente objektiver Erkenntnis, Selbstmächtigkeit, Konstanz, Teilhabe am Logos, wurde für die Philosophie selbst zu einer heiklen Angelegenheit, weil ihr im Abbau der ‚Vernunft' das Medium schwand, in dem sie selbst als Instanz die verschiedenen Größen systemhaft vermittelte." (ebd.: 511f.)

Zwei mögliche Antworten hierauf waren die „erkenntnistheoretische Neubegründung der Philosophie" (Köhnke 1986: 60) durch den Neukantianismus und die „Wende zur Lebensphilosophie" (Fischer 2008: 512). Gerade an die Bestrebungen der Lebensphilosophie knüpfen die frühen Arbeiten der Philosophischen Anthropologie an, erlaubt sie es doch mittels des schillernden Begriffs *Leben* scheinbar, „von der dualistischen Grundoperation des Idealismus (Vernunft/Sinnlichkeit; Vernunft/Gefühl; Vernunft/Triebe; Vernunft/Zeitlichkeit) ausgeschlossene" (ebd.: 515) Phänomengruppen wieder ins Zentrum des philosophischen Denkens zu rücken: „Naturalität, Sensualität, Individualität, Kollektivität, Historizität, Aktivität, Dynamizität, Vitalität" (ebd.). Genauso wie sie anti-cartesianisch bzw. anti-dualistisch ausgerichtet ist, wendet sie sich aber auch gegen die irrationalistische Orientierung an der „Idee expressiver Authentizität" (ebd.: 518) der menschlichen Natur. Den integrativen Zug, den Thies (vgl. 2004: 37) für eine moderne Anthropologie einfordert, wies der Denkansatz der Philosophischen Anthropologie insofern schon auf, dass sowohl unausgeschöpfte „Reflexionsfiguren des deutschen Idealismus (Negation, Indirektheit, Vermitteltheit)" (Fi-

---

126 Eine genauere Prüfung der kritischen Einwände gegen Fischer findet sich bei Matthias Wunsch, der zu dem Ergebnis kommt, „dass die Erfüllung der von Fischer genannten Merkmale einer hinreichenden Bedingung dafür entsprechen, ein bestimmtes Werk zur Philosophischen Anthropologie zu zählen" (2010: 552).

scher 2008: 518) depotenziert aufgegriffen wurden, als auch „noch nicht ausgeschöpfte“ (ebd.) Denkmuster der zeitgenössischen Wissenschaft und Philosophie: die Phänomenologie Husserls, der Erkenntnisrealismus Nicolai Hartmanns, das Modell des Funktionskreises von Jacob von Uexküll, das Prinzip der Körperausschaltung von Paul Alsberg und Befunde der Tierpsychologie und Anthropomorphologie (vgl. ebd.).

Die Vertreter der Philosophischen Anthropologie versuchen, sich ihrem Gegenstand - dem Menschen - nicht über die „Selbstgewissheit des ‚Geistes'“ (ebd.: 519) zu nähern, sondern sie setzen alle „beim Tatbestand des Lebendigen“ (ebd.) an. Charakteristisch ist also der „dem Biologen folgende, kritisch-konstruktive Blick [...] auf den lebendigen Körper inmitten seines Mediums oder seiner Umwelt“ (ebd.: 520). Von hier ausgehend macht Fischer sieben Züge aus, die den Identitätskern der Philosophischen Anthropologie kennzeichnen.

1. Es war schon bemerkt worden, dass die untersuchten Theorien versuchen, den cartesianischen Dualismus zu überwinden; das heißt: Selbstbewusstsein - für Descartes einzig sichere Ausgangserfahrung jedes Philosophierens - wie auch Lebenswelt und kulturelle Vielfalt sind ihren Überlegungen zwar vorausgesetzt, aber nicht der *Ansatzpunkt* ihres Denkens.

> „Innerhalb der Subjekt-Objekt-Relation setzt die Reflexionsbildung nicht beim Subjektpol an, hebt also nicht gleichsam in der Selbstreflexion des Beobachtens und Denkens an, sondern konzentriert sich auf ‚etwas' gegenüber, auf das *Objekt.*“ (ebd.: 520)

2. Weiter folgt die Reflexionsbewegung der Philosophischen Anthropologie dem Objekt *„von unten“*, von „Natur und Naturgeschichte“ (ebd.: 521) her. Dabei wird der Unterscheidung von Ding, Organismus und Person gefolgt. Dies macht eine Entscheidung für die Biologie als „Referenzwissenschaft der Philosophischen Anthropologie“ (ebd.: 521) nötig.

3. Im Rahmen der biologischen Analyse richtet sich die Aufmerksamkeit auf die Funktions- bzw. Lebenskreise der Objekte, gefragt wird bspw. wie genau der lebendige Körper in seine Umwelt gestellt ist, was seine Umweltintentionalität ausmacht (vgl. ebd.: 521f.).

4. Da sich der Ansatz sowohl gegen einen naturalistischen, als auch einen erkenntnistheoretischen Reduktionismus richtet, den Subjekt-Objekt-Dualismus also integrativ auflösen will, bedienen sich die

Denker des flankierenden Blicks eines Dritten - seitlich auf die Subjekt-Objekt-Relation (vgl. ebd.: 522).

> „Das ist entscheidend für das weitere Vorgehen, denn von der Flanke aus betrachtet erscheint die Subjekt-Objekt-Relation *auch* als eine Seinsrelation, die Erkenntnisrelation erscheint *auch* als eine Relation *im* Sein, als eine ins Sein versenkte oder im Sein auftauchende Relation." (ebd.)

5. Um schließlich die Seinsebene des Menschen zu erreichen, werden diverse Korrelationstypen zwischen Organismen und Umwelten untersucht. Eine besondere Rolle kommt dabei jedoch der Beobachtung subhumaner Lebensformen zu: die zentrale Folie der Untersuchung ist die Mensch-Tier-Unterscheidung (vgl. ebd.).

> „Die Art der Kategorienbildung der Philosophischen Anthropologie impliziert also immer die Emergenz (nicht Teleologie) einer gewissen Stufung der Korrelativität zwischen lebendigem Ding und Umwelt, die mindestens die Stufe tierischer Korrelativität von der Stufe menschlicher Korrelativität unterscheidet." (ebd.: 522f.)

Gegen die Opponierung von Materie und Geist wird daher ein Denken in Stufen[127] bzw. Schichten des Lebendigen - anschließend an die Ontologie Nicolai Hartmanns[128] - gesetzt (vgl. ebd.: 523).

6. Bei diesem Vergleich wird von allen Hauptvertretern für den Übergang vom Tier zum Menschen „eine Unterbrochenheit im ‚Lebenskreis' des Lebendigen" (ebd.) diagnostiziert.

> „Alle prägnanten Begriffe der Philosophischen Anthropologie für den Menschen sind *gebrochene und künstlich vermittelte Lebensbegriffe*." (ebd.: 524)

Bei Scheler kommt dem Begriff des Geistes die Funktion zu, „die Not der Unterbrechung des Lebens zu wenden" (ebd.), aber eben ohne die-

---

[127] Auch wenn sich insbesondere Gehlen in seiner Kritik an Scheler scharf gegen das Stufenschema abgrenzt (vgl. 2004: 20ff.).

[128] Vgl. Hartmann 1926.

sen als eine Kategorie *sui generis* aufzufassen (wie im Cartesianismus) – seine Vermittlung mit dem Organischen wird zentral thematisiert. Natur wird also nicht als irrationale Sphäre des Lebendigen verstanden, im Gegenteil: sie konstituiert die „prärationale[n] Bedingungen des Geistes" (ebd.). Wenn der Mensch so als ein immer schon in die Natur gestelltes Kulturwesen verstanden wird, dann werden die klassischen Beiwortbeschreibungen „als ein gleichursprüngliches Geflecht von Monopolen verstanden" (ebd.: 525).

7. Schließlich teilen die Akteure der Philosophischen Anthropologie ein doppeltes Anliegen in Bezug auf das Wissen vom Menschen: sie reflektieren begleitend die Ergebnisse der Einzelwissenschaften, wollen aber zugleich „eine Grundlegung der Kultur- und Naturwissenschaften als Formen der menschlichen Erkenntnis" (ebd.: 526) leisten. Das breit gefächerte Wissen über den Menschen soll also integriert werden unter einem den Menschen übergreifend auszeichnenden Aspekt:

> „Die philosophische Konstruktion in der *Philosophischen* Anthropologie soll zwei Forderungen in der Anschauung genügen, die anderes Wissen nicht leisten kann: *Einheit* und *Freiheit* begreifbar machen." (ebd.: 526)

In einem weiteren Schritt prüft Fischer die Differenzen in den Ansätzen der Hauptvertreter Scheler, Plessner, Rothacker, Gehlen und Portmann (ebd.: 526ff.). Diese zeigen sich in unterschiedlichen Akzentuierungen, die sich wiederum in den zentralen Begriffen spiegeln. Der noch am stärksten metaphysisch orientierte Entwurf Schelers (vgl. ebd.: 68) nutzt als „Schlüsselbegriffe für die ‚Stellung des Menschen im Kosmos' [...] *‚Gegenstand-Sein'*, *‚Weltoffenheit'*, *‚Neinsagenkönner'*" (ebd.: 527). Für Plessner steht die Doppelnatur des Menschen im Zentrum des Interesses, was sich in der Betonung der Kategorien Doppelaspekt, Grenze, Positionalität, zentrische Positionalität und Exzentrizität zeigt (vgl. ebd.: 531). Laut Rothacker ist das „zur Welt geöffnete Lebewesen [...] konstitutionell gezwungen, die Komplexität, Unheimlichkeit, Fremdheit der offenen Welt der anschauungsgebundenen Körperleibperspektive anzunähern, das Abstrakte an das Konkrete anzuknüpfen bzw. umgekehrt die Muster des Konkreten in die offene Welt zu übertragen, um sie sich selektiv zu erschließen" (ebd.: 542). Die empirische Philosophie (vgl. Gehlen 2004b: 5) Gehlens steigert die Entsicherung der exzentrischen Positionalität des Menschen im Begriff des Mängelwesens (vgl. Fischer 2008: 546). Zugleich versucht sie mittels der Verschränkung von Lebensphilosophie und Idealismus im Begriff der Handlung und über die Darstellung der Institutionen als Äquivalent[129] zum tierischen Instinkt kulturelle Sicherheit wiederzugewinnen (vgl. ebd.). Portmann untersucht den Menschen als physiologische Frühgeburt und beschreibt ihn davon ausgehend als „von seiner Natur aus zu einer Entwicklung auf Kommunikation, auf die kulturelle Sozialisation verwiesen" (ebd.: 548). Schließlich knüpfen alle Vertreter - wenn auch die berühmte Frage des Königsbergers: ‚Was ist der Mensch?' keine prominente Rolle für sie spielte[130] (vgl. ebd.: 516) - an Kants Diktum, was Anthropologie sei (vgl. 1968c: 399), an:

> „Die ‚physiologische (oder biologische) Anthropologie' geht [...] darauf, wie die Natur den Menschen so macht, dass er aus sich selber etwas machen muss und kann; die ‚pragmatische' Anthropologie untersucht nun umgekehrt, was er als freihandelndes Wesen aus seiner Natur *in* der Natur macht - als Kultur und Geschichte." (Fischer 2008: 557)

Wenn also die thematischen Schwerpunkte auch signifikant verschieden sind (vgl. ebd.: 572), weil sie einen je verschiedenen *„Aspekt des Lebendigen* [...] im Pflanze/Tier/Mensch-Vergleich betonen" (ebd.) und in unterschiedlichen Indikatoren „des Lebendigen [...] die Gebrochenheit und Überbrückung des Funktionskreises in die Sphäre des Menschen hinein verfolgen" (ebd.: 559), so bleibt der Denkansatz trotz allem stets derselbe.

3.4 Der Identitätskern im Andersschen Denken

Mit einem Blick auf die Ergebnisse der Rekonstruktion der Überlegungen von Günther Anders zur Philosophischen Anthropologie ist nun zu prüfen, ob diese Programmatik sich auch dort findet, mithin ob

---

129 Tatsächlich spricht Gehlen davon, dass die Institutionen den Instinktmangel *kompensieren* (vgl. Marquard 2000: 12; Gehlen 1986: 18).

130 Kants Frage *Was ist der Mensch?* lässt sich - bezogen auf Fischers erkenntnisleitende Unterscheidung (vgl. 2008: 14) - denn auch eher als Ausdruck der *philosophischen Anthropologie als Disziplin* deuten, die sich an der Wende zum 18. Jahrhundert mit Kant „im Zuge einer ‚Wende zur Lebenswelt'" als „'Lebensweltphilosophie'" (Marquard 1973: 127) etabliert.

der Autor zu diesem Zeitpunkt als originärer Vertreter der Denkrichtung gelten kann.

Zunächst ist zu wiederholen, dass Anders in persönlichem Kontakt mit zwei Hauptvertretern des Denkansatzes stand. Bei Scheler arbeitete er zeitweilig als Assistent (s.o., S. 20) und hatte daher die Möglichkeit zum direkten Gedankenaustausch. Plessner lud ihn ein, für den von ihm herausgegebenen *Philosophischen Anzeiger* eine Rezension zu verfassen (vgl. Anders 1926) - ob es darüber hinaus Diskussionen zwischen beiden gab, ist nicht bekannt. Es wurde jedoch schon darauf hingewiesen, dass Anders die Arbeiten Plessners (vgl. Anders 1926: 384; SE: 45) und Schelers (vgl. WM: 18) zur Anthropologie rezipierte.

Auch Günther Anders haben die zuvor unter Abschnitt 3.3 aufgeführten Einsatzpunkte der Philosophischen Anthropologie unleugbar beeinflusst und wie viele andere hat auch er in der „Krisenzeit der zwanziger Jahre" (Hartung 2003: 13) sowohl lebensweltlich, als auch intellektuell „das Bewußtsein einer dramatischen geistesgeschichtlichen Situation" (ebd.) entwickelt. Allerdings finden sich in den Texten zur Anthropologie kaum Hinweise hierauf (also eine Auseinandersetzung mit der Krise des Idealismus bzw. der Vernunftphilosophie, der Ausdifferenzierung des Wissens über den Menschen oder der Wende zur Lebensphilosophie). Seine Überlegungen setzen unmittelbar am Gegenstand (Mensch) an. Plessner z.B. legt in den *Stufen* in einem vorangestellten Kapitel seine Kritik am cartesianischen Dualismus dar (1975: 38ff.) und stellt sich explizit in die Tradition einer lebensphilosophischen Problemlage (ebd.: 14ff.; vgl. Fischer 2008: 74f.). Derartige Klärungsversuche finden sich bei Anders nicht - was sicher auch der Form seiner Texte geschuldet ist, die nicht darauf angelegt waren, zu Monographien anzuwachsen[131]. Wie alle Hauptvertreter nimmt auch Anders das Diktum Nietzsches auf, „dass der Mensch das *noch nicht festgestellte Thier* ist" (Nietzsche 1988: 81). Die „Tatsache seiner Unfestgestelltheit" (Reimann 1992: 59) bzw. Unfestgelegtheit (vgl. WM: 13; PF: 43) wird Anders noch im zweiten Band der *Antiquiertheit* verteidigen, wo er anmerkt, dass er „seit einem halben Jahrhundert *im Menschen* [...] *das nichtfestgelegte, das indefinite Wesen*" gesehen habe, „*das definieren zu wollen paradox wäre*" (AM II: 129; vgl. Reimann 1992: 60). Deutlicher noch als an diesem Punkt zeigen sich aber die Anleihen bei Nietzsches Lebensphilosophie im Begriff des nihilistischen Menschen (s.o., Abs. 2.2.8).

---

131 Eine vergleichsweise deutliche Zurückweisung des dualistischen Programms findet sich lediglich im Eröffnungsaufsatz von *Über das Haben* (vgl. ÜdH: 7f.) und im Typoskript *Materiales Apriori*, wo als Ziel die „Relativierung der Subjekt-Objekt resp. Ich-Aussenwelt-Alternative" (MA: 2) angegeben wird.

Wie verhalten sich nun Anders' Versuche zur Anthropologie zu den sieben Zügen, die Fischer als charakteristisch anführt? Tatsächlich setzt Anders mit seinen Überlegungen am Objekt- und nicht wie Bewusstseinsphilosophie, Idealismus oder Phänomenologie am Subjektpol an. Zwar ist sein Ausgangspunkt der transzendentalen Fragestellung von Kant nachgebildet, statt aber die „Tatsache zu postulieren, dass der Mensch aufgrund seiner spezifischen kognitiven Ausstattung Erfahrungen macht oder hat" (Dries 2009: 24), wird diese „erkenntnistheoretische Prämisse" (ebd.) selbst in Frage gestellt. Anders will im Rückgang auf das spezifische Sein des Menschen in der Welt klären, *warum* der Mensch auf Erfahrung angewiesen ist (s.o., Abs. 2.2.3; vgl. MA: 2f.; PM: 3; PF: 1). Seine Frage könnte daher als die nach der *Bedingung der Nötigkeit* von Erfahrung formuliert werden. Die Antwort darauf kann nur in einer objektiven Verortung des Menschen bzw. seiner Lage in der Welt erfolgen. Denn die Grundformen der Erkenntnis begreift Anders als „Indices für das spezifisch ontische Verhältnis von Mensch und Welt, für die spezifische Einbettung des Menschen in Welt" (SE: 41a). Die Beziehung von Subjekt und Objekt, die sich für den Menschen in aposteriorischer Erfahrung realisiert, wird also anhand ihrer ontologischen bzw. anthropologischen Grundbedingungen erhellt (vgl. Dries 2009: 24). Die zentralen Begriffe der Abgetrenntheit des Menschen von der Welt und der Weltfremdheit ergeben sich aus diesen „hybriden, sozusagen erkenntnisontologischen Überlegungen" (ebd.: 24f.).

Wie gezeigt nutzt Anders in seinen Beiträgen zur Philosophischen Anthropologie ausgiebig den „kontrastive[n] Tier/Mensch-Vergleich" (Fischer 2008: 521, s.o., Abs. 2.2.2) und stützt sich auf biologische Erkenntnisse (vgl. Lohmann 1996: 142). Zwar spielt die Biologie in seinen Entwürfen nicht eine so zentrale Rolle wie bei Plessner (der ja unter anderem Zoologie studiert hatte[132]), Gehlen[133] oder Scheler[134]. Aber auch er rezipierte die wichtigen Ergebnisse der Experimente mit Schimpansen von Wolfgang Köhler (vgl. SE: 55). Während jedoch insbesondere Scheler und Plessner die Konstellation von „Etwas, belebtes Ding, Jemand" (Fischer 2008: 521) in ihren Anthropologien ausbuchstabieren,

---

132 Plessner besuchte unter anderem beim Biologen und Neovitalisten Hans Driesch (vgl. Dietze 2006: 29ff.) Veranstaltungen.

133 Gehlen studiert und promoviert bei Driesch (vgl. Thies 2007: 12) und erfährt wichtige Anregungen durch den Anatom Louis Bock (vgl. ebd.: 38ff.).

134 Scheler studierte zeitweilig beim Naturphilosophen und Popularisierer Darwins Ernst Haeckel (vgl. Henckmann 1998: 17) „und war überaus gut über den Stand der biologischen und physikalischen Forschung informiert" (Sander 2001: 14).

setzt Anders sogleich im Bereich des Organischen an, wobei der pflanzliche Organismus nur kursorisch behandelt wird (vgl. WM: 6; SE: 44f.; ÜdH: 57).

Die Korrelativität von Organismus und Umwelt (vgl. Fischer 2008: 522) untersucht Anders zentral am Problem der Erkenntnis. Ergebnis dieser Erkenntnisontologie ist der Begriff der Weltfremdheit, darauf wurde wiederholt hingewiesen. Doch darüber hinaus werden noch andere Sphären des „Ineinandereingepasstsein von [Subjekt] und [Objekt]" (ebd.) thematisiert. Ein Beispiel ist die Detailuntersuchung zum Wachen bzw. Schlafen als charakteristischer Doppelposition (vgl. PSW: 2) des menschlichen - und tierischen (vgl. PSW: 3, 14) - Weltbezuges (s.o., Abs. 2.2.3). Weiter ergab sich aus der Weltfremdheit das ‚Problem' der Freiheit - Problem deshalb, weil diese zunächst als ein Abgeschnittensein des Menschen von seiner Umwelt gefasst wurde (s.o., Abs. 2.2.4). Umgekehrt bietet die Freiheit die Möglichkeit, den Kontingenzschock (vgl. PF: 5) zu überwinden: der Mensch als willentlich tätiges Wesen kann die Kontingenz von Welt und Ich in praktischer Weise bewältigen (s.o., S. 34). Als letzten Punkt, an dem Anders die Relation von „Lebensform und Lebenssphäre" (Fischer 2008: 522) explizit behandelt, sei noch einmal auf die Frage der Selbstidentifikation des Menschen verwiesen. Diese ergibt sich als Faktum aus der Weltfremdheit und Anders hatte zu ihrer Lösung zwei idealtypische Umgangsweisen angeführt (s.o., Abs. 2.2.8f.).

Eine Entscheidung für den flankierenden Blick von einer Position des Dritten aus (vgl. Fischer 2008: 522), wie sie v.a. für die Philosophische Anthropologie Plessners (vgl. ebd.: 273, 280) und die Institutionentheorie Gehlens (vgl. ebd.: 295) charakteristisch ist, lässt sich bei Anders in dieser Schärfe nicht nachweisen. Sie klingt dort an, wo der unvermittelte Dualismus Mensch-Welt (Subjekt-Objekt), aber auch seine Aufhebung durch Heidegger abgewiesen, wenn also eine Position jenseits der Alternative eingenommen wird. Daher kritisiert Anders das Heideggersche *In-der-Welt-Sein* ebenso wie die strenge Entgegensetzung von Mensch und Welt:

> „Es gilt vielmehr, die Alternative zu vermeiden: den Abstand und das Darinnensein, das Vornweg und das Innen kategorial zu vereinigen. Den Abstand als *Abstand des Menschen von der Welt in der Welt* zu verstehen. *Das Insein als Insein in Distanz.*" (WM: 8f.)

Wie von Fischer postuliert (vgl. 2008: 522f.), gilt auch für die Untersuchungen von Anders: die Kategorienbildung findet vor der „Kontrastfolie" (WM: 6; vgl. SE: 41) des tierischen Organismus statt. Für ihn ist das Tier im Unterschied zum Menschen das material-apriorische Wesen (vgl. WM: 7). Instinkthaft eingebettet in eine bestimmte, begrenzte (Um-)Welt ist es den Anforderungen, die dem Menschen anthropologisch als Aufgabe gestellt sind, nicht ausgesetzt: Welterkenntnis ist ihm pragmatisch (vor-)gegeben - es *macht* in geringerem Umfang Erfahrungen als der Mensch, der Kontingenzschock und das Freiheitsparadox treffen es nicht, auch nicht die Forderung nach Selbstidentifikation. Anders verfolgt die charakteristischen Unterschiede bis ins Subtile: das Tier schläft, träumt und erwacht anders als der Mensch (vgl. PSW: 14, 17f.) und es ist in spezifischer Weise individuell bzw. plural (vgl. PF: 53). Auch wenn Anders - wie schon erwähnt - auf methodische Überlegungen weitgehend verzichtet; dass der Tier-Mensch-Vergleich eine gewichtige Stelle in seiner Philosophie des Menschen einnimmt zeigt sich vor allem retrospektiv: in der *Antiquiertheit des Menschen* verabschiedet sich Anders von seiner früheren Herangehensweise, weil es in der technokratischen Welt nicht mehr angemessen ist, „das tierische Dasein als Vergleichsfolie" (AM I: 327, s.u., Kap. 4) zu benutzen.

Bei Plessner ist der Begriff der Stufung schon im Titel seines Hauptwerkes präsent (wenn auch in den Kapiteln alternativ von den *Sphären* des Tieres bzw. Menschen die Rede ist). Scheler unterscheidet in der *Stellung des Menschen im Kosmos* die vier „Wesenstufen" (1976a: 35): Anorganisches, Pflanze, Tier und Mensch (vgl. ebd.: 35f.). Nach Fischer knüpfen beide damit an die Ontologie Nicolai Hartmanns an (vgl. 2008: 523). Anders weist vor allem in *Über das Haben* darauf hin, dass seine eigene Terminologie an die Hartmannsche angelehnt ist (vgl. ÜdH: Vorbemerkung, 2), in den anthropologischen Texten findet sich nur ein Hinweis auf dessen Freiheitsbegriff (vgl. SE: 66). Insgesamt spielt die Stufung des Organischen bei Anders kaum eine systematische Rolle und Verweise auf die Pflanze finden sich nur spärlich und illustrativ (vgl. WM: 6; ÜdH: 57; SE: 44f.).

Dass beim Übergang von der tierischen auf die menschliche Lebenssphäre eine „Lücke" (Fischer 2008: 523) klafft, der Mensch also in seiner Aufgebrochenheit und Vermitteltheit verstanden werden muss, ist auch Anders bewusst. Alles, was die Lage des Menschen in der Welt ausmacht: dass er ihr entfremdet, von ihr abgehoben ist und alles, was ihm als Aufgabe gestellt ist: dass er sie erfahren und sie ansprechen muss, gilt ja, obwohl er „selbst Welt" (WM: 9) ist - Menschsein heißt dann bei Anders, den Hiatus zwischen Weltsein und Weltfremdheit zu überwinden. Insofern kann man den zentralen Begriff der Weltfremdheit anderen Leitbegriffen - Weltoffenheit (Scheler), exzentrische Positionalität (Plessner) oder dem Hiatus zwischen Bedürfnis und Handlung (Gehlen) - zur Seite stellen. Trotz der unterschiedlichen Terminologie teilen somit nach Fischer doch alle Autoren einen Grundgedanken:

> „Die ‚Sonderstellung' des Menschen ist eine *in* der Natur: Der Mensch ist von Natur aus ein Kulturwesen - *in* der Natur." (Fischer 2008: 524)

In diesem Sinne kann der folgende Satz, mit dem Anders zu Beginn des Aufsatzes *Pathologie der Freiheit* den Vorgängertext (*Die Weltfremdheit des Menschen*) zusammenfasst, als die Summe der Andersschen Anthropologie angesehen werden:

> *„Künstlichkeit ist die Natur des Menschen und sein Wesen ist Unbeständigkeit."* (PF: 1)[135]

Diese Unbeständigkeit kann nur der jeweilige Mensch als handelndes, wollendes Wesen (vgl. PF: 44) - für begrenzte Zeit - überwinden. Denn er ist „das sich selbst in seiner jeweiligen kulturellen Praxis unentwegt frei produzierende, jedoch endliche Wesen" (Lohmann 1996: 156). Auch dieser Gedankenzug weist Anders als Denker der Philosophischen Anthropologie aus, denn ihr geht es prinzipiell um die „Öffnung des Vitalen für das Potential der geschichtlichen oder kulturellen Differenz" (Fischer 2008: 524) - letztlich also um die Anerkennung der Kontingenz und Endlichkeit des in die Natur gestellten Kulturwesens Mensch.

Schließlich findet sich ein letzter Zug, der die Philosophische Anthropologie als Theorieprogramm kennzeichnet, auch im Andersschen Denken: die doppelte Orientierung, einerseits Grundlagendisziplin zu sein, andererseits die wissenschaftlichen Erkenntnisse über den Menschen zu integrieren. Anders' Grundlegungsanspruch bezieht sich zum einen auf die erkenntnistheoretische Frage nach der Außenwelt,

---

135 Gehlen schreibt, dass „der Mensch von Natur ein Kulturwesen" (2004: 80) ist, bei Plessner heißt es: „Darum ist er [der Mensch, M.M.] von Natur, aus Gründen seiner Existenzform *künstlich*." (1975: 310, Kursivierung im Original gesperrt)

wie sie der Idealismus stellt. Er selbst will mit dem Nachweis ihrer anthropologischen Bedingungen der Möglichkeit diese Frage als abhängige ausweisen (vgl. WM: 7). Nur der mangelhaft in die Welt eingebettete Mensch, wird diese Frage überhaupt stellen, dem materialapriorischen Wesen *Tier* ist sie fremd (s.o., Abs. 2.2.3). In Auseinandersetzung mit Heidegger hatte Anders die fundamentale Bedeutung der Frage nach der Lage des Menschen in der Welt bekräftigt: selbst Kants transzendentalphilosophische Fragestellung müsse so erweitert werden (s.o., S. 67f.). Die Philosophische Anthropologie musste vor allem die Erkenntnisse der Biologie seit Darwin[136] in das (philosophische) Bild des Menschen von sich selbst aufnehmen (vgl. Hartung 2003: 36ff.). Der kausaltheoretische Drang der Deszendenztheorie, „alles auf Materie zu reduzieren" (Landmann 1976: 140), führte zu einem strikt naturalistischen Bild des Menschen.

> „Hatte sich der Mensch in der religiösen und in der Vernunftanthropologie der Natur überlegen gefühlt, so taucht er nun fast unterschiedslos in sie ein." (ebd.: 141)

Daher der Anspruch der Philosophischen Anthropologie, das Wissen vom Menschen wieder unter den Aspekten *Einheit* und *Freiheit* zu vereinen (s.o., S. 97). Anders verbindet die beiden Momente in der Weise, dass die menschliche Freiheit aus dem biologischen Unterscheidungswissen über Tier und Mensch gedeutet wird[137]. Freiheit ist einerseits als Konsequenz des Abgeschnittenseins von der Welt verstehbar (s.o., Abs. 2.2.4), andererseits als Moment der Überwindung der Kontingenz im Rahmen der künstlichen Herstellung eines kulturellen Überbaus (vgl. PF: 1, s.o., S. 40). Und dass die Freiheit des Menschen als pathologische Folge der Weltfremdheit zu verteidigen ist (u.U. auch gegen eine den Menschen *fest*-stellende Anthropologie), war ja das Fazit von Anders' Artikel über die *Pathologie der Freiheit* (vgl. PF: 48).

---

136 Heute muss eine integrierende Wissenschaft vom Menschen vor allem Forschungen aus dem Bereich der Neurowissenschaften und die praktischen Möglichkeiten der Genmanipulation philosophisch (nicht allein naturwissenschaftlich) reflektieren (s.o., S. 15; als Beispiel hierfür vgl. Krüger 2010).

137 Dabei ist sein biologisches Fachwissen aus schon genannten Gründen (fehlende akademische Anbindung, Exil) weit weniger umfassend als das Plessners oder Gehlens.

3.5 Fazit

Joachim Fischer betont, dass „die ‚erkenntnispolitische Differenz' zwischen" (2008: 559) den Vertretern der Philosophischen Anthropologie dadurch zustande kommt, „welchen *Aspekt des Lebendigen* sie im Pflanze/Tier/Mensch-Vergleich betonen bzw. an welchem Aspekt des Lebendigen sie die Gebrochenheit und Überbrückung des Funktionskreises in die Sphäre des Menschen hinein verfolgen" (ebd.). Hier erweist sich Anders' Denken der Weltfremdheit als weitere mögliche Akzentuierung. Insbesondere die phänomenologisch geschulten Detailanalysen über Scham (s.o., S. 12), Wachen und Schlafen (s.o., Abs. 2.2.3) oder das Absenzverständnis des Menschen (s.o., S. 28, 42) machen seinen originären Ansatz aus. Allerdings finden sich alle symptomatischen Züge des Denkansatzes in den Aufsätzen, Typoskripten, Manuskripten und kleineren Schriften von Günther Anders aus den Jahren 1927 bis 1942. Im Überblick ist der Identitätskern der Philosophischen Anthropologie „so gesehen immer derselbe, die thematischen Schwerpunkte aber sind signifikant verschieden" (Fischer 2008: 572). Deutlich wird diese Verortung auch mit einem Blick auf die konkurrierenden Theorieprogramme, von denen Fischer die Philosophische Anthropologie unterscheidet (vgl. ebd.: 576ff.). Zwar pflegte Anders Kontakt zu Vertretern der Kritischen Theorie, Phänomenologie und Existenzialontologie. Doch überwiegt, trotz des teilweise methodischen Rückgriffs und auch wenn er seinem Buch *Über das Haben* den Untertitel *Sieben Kapitel zur Ontologie der Erkenntnis* gibt[138], der kritische Bezug. Es ist daher nur konsequent, dass Günther Anders im Typoskript seines Vortrages über die *Weltfremdheit*, mit dem er seine anthropologischen Überlegungen das erste Mal einer interessierten Öffentlichkeit vorstellte, der typographischen Unterscheidung Fischers (s.o., S. 88) - ohne dessen methodische Begründung zu kennen - folgt: also konsequent *Philosophische* (und nicht philosophische) Anthropologie schreibt.

Während für den Günther Anders jener Zeit also die Biologie als Referenzwissenschaft der eigenen Reflexionen fungiert, ändert sich dies nach 1945. Getrieben von zeitgeschichtlichen Notwendigkeiten - darauf weist Anders immer wieder hin - gilt sein Interesse nun vor allem naturwissenschaftlichen Entwicklungen und ihrer technischen Realisie-

---

138 Dies mag ein Grund sein, warum Wittulski die Arbeiten zur Anthropologie unzutreffend als „Beiträge zum Existenzialismus" (1989: 109) aufführt und Brumlik Anders' Denken als „naturalisierte Existentialontologie" (1988: 113) bezeichnet.

rung bzw. der Wirkungen, die diese auf den Menschen haben. Im letzten Kapitel soll daher untersucht werden, ob und inwiefern sich Anders mit der thematischen Umorientierung auch vom Identitätskern der Philosophischen Anthropologie und damit dem Denkansatz selbst abwendet.

4 Ist die Diskrepanzphilosophie eine *Philosophische* Anthropologie?

Einen Schwerpunkt im umfangreichen Œuvre von Günther Anders bilden seine Überlegungen zur Technikphilosophie und zur Atombombe. Diese lassen sich unter den Obertitel einer Diskrepanzphilosophie fassen, da das durchgängige Thema die „Diskrepanz zwischen den Kapazitäten der einzelnen Vermögen des Menschen [ist, M.M.]: daß wir mehr herstellen als vorstellen können" (Anders 1982b: 225). Nach einer Darstellung der Grundzüge dieser Philosophie der Technik und einem kurzen Blick auf die Weise, wie die zentralen Vertreter des Denkansatzes der Philosophischen Anthropologie die Technik in ihre Untersuchungen integrieren, wird es um die vielfältigen Bezüge aber auch Abgrenzungen zur Anthropologie in den Andersschen Veröffentlichungen gehen. Schließlich wird resümierend die Frage des Verhältnisses von anthropologischer Früh- und technikkritischer Spätphilosophie zu klären versucht.

4.1 Grundzüge der Andersschen Technikphilosophie

Anders' Auffassung der Technik findet sich zuerst im Buch *Die Antiquiertheit des Menschen. Über die Seele im Zeitalter der zweiten industriellen Revolution.* Zwischen dem Vortrag zur *Weltfremdheit* (1929/30) und der Veröffentlichung der *Antiquiertheit* (1956) liegen drei zentrale Ereignisse, die sein Denken fortan beschäftigen und ihn zeitweilig „in die Praxis desertieren"[139] (AM II: 13) ließen: Hitlers Machtantritt (s.o., S. 80), der ‚Zivilisationsbruch Auschwitz'[140] und der Abwurf der ersten Atombombe auf Hiroshima (vgl. Schubert 1987: 41f.). Die beiden letztgenannten bringt er unter den Begriff des *Monströsen* (vgl. AM I: 246f.; Anders 1964: 19ff.; 1972: 168) und untersucht so die „Tendenz aller Technik, den Menschen zu liquidieren" (Liessmann 2002: 103). Dabei ist er sich der Paradoxie des Begriffs bewusst:

[139] Anders engagierte sich in der Friedens- und Antiatombewegung (vgl. Schubert 1987: 96ff).

[140] Vgl. Diner 1988.

> „Wesen, die man nicht klassifizieren konnte, nannte man früher ‚monströs'; das heißt: als ‚monstra' hatten Wesen gegolten, die, obwohl sie kein ‚Wesen' hatten, doch da-waren und, der Frage, was sie seien, ins Gesicht lachend, ihr Unwesen trieben." (AM I: 254)

Hier ergibt sich also schon eine wesentliche Richtungsverschiebung: während Anders in den frühen Schriften zur Philosophie des Menschen auf das *Wesen* des Menschen reflektierte, um zum Ergebnis zu kommen, dass eine Definition und *Fest*-Stellung dieses Wesens seiner Künstlichkeit und Unbeständigkeit gerade widerspreche, fragt er nun nach dem „Wesen der Technik" (AM II: 117) - wobei er stets von einzelnen Artefakten ausgeht. Dabei ist die von Anders behauptete ungenügende Bestimmung bedeutsamer technischer Gegenstände (durch Alltagsbewusstsein aber auch Sozialphilosophie) nur zu Teilen in der Seinsweise der Objekte selbst begründet - die Atombombe z.B. ist so schwer zu fassen, weil sie weniger scheint, als sie ist, weil man ihr das monströse Potential nicht ansieht (vgl. AM II: 310, 322). Schwerer wiegt, dass die Fähigkeit des Menschen, sich das Ausmaß dessen, was die Atombombe anrichtet, zu vergegenwärtigen, begrenzt ist. Anders bezeichnet daher sein Denken - im Gegensatz zur Identitätsphilosophie - als *Diskrepanzphilosophie* (vgl. 1982b: 225). Alles Nachdenken über das Verhältnis zur Technik kreist um den Punkt, dass zwischen dem Vorstellungsvermögen des Menschen und dem, was er herzustellen vermag, eine Lücke klafft (vgl. ebd.; AM I: 16, 267ff.; AM II: 14; Liessmann 2002: 54; Dries 2009: 33).

Anders verfolgt nicht den Anspruch, eine *System*philosophie der Technik vorzulegen - im Gegenteil weist er immer wieder darauf hin, dass ihm die Auseinandersetzung mit dem Thema von speziellen Konkretionen der Realität aufgezwungen ist, dass er angesichts der Notwendigkeit der Verhinderung der Annihilation der Menschheit (vgl. AM I: 303) das Mittel der „Übertreibung in Richtung Wahrheit" (Liessmann 2002: 37; vgl. AM I: 175) nutzt. Die Übertreibung sei deshalb nötig, weil nur so z.B. die Gefahr der Atombombe darstellbar werde, da sie selbst als Objekt permanent untertreibe, ihr monströses Potential gerade nicht sichtbar sei (vgl. Wittulski 1989: 74). Anders bezeichnet seine Analysen „in Analogie zu Goethes ‚Gelegenheitsdichtung' als ‚*Gelegenheitsphilosophie*', die sich von ganz konkreten Sachverhalten ausgehend und ohne große Rücksicht auf die Tradition" (Dries 2009: 19; vgl. Anders 1982b: 341f.) ihrem Thema widmet[141] (vgl. AM I: 8, AM II: 10).

141 Sein Interesse am Okkasionellen führt Anders u.a. auf die essayistischen Arbeiten Georg Simmels zurück (vgl. AM I: 417; Kramer 1998: 229). Durch diese me-

Trotzdem können seine Überlegungen in vier Punkten konzentriert werden[142].

Anders' *geschichtsphilosophische These* besagt, dass mit der Herstellung atomarer Geräte ein Sprung ins Absolute vollzogen ist. Die Möglichkeit der Vernichtung der Menschheit zeigt eine negative Allmacht an, die unsere Gegenwart für alle Zukunft zur Endzeit macht, in der wir „gerade-noch" (AM II: 20) leben. Die Atombombe markiert dabei das dritte Stadium der Technikgeschichte. Alle drei orientieren sich an den „Möglichkeiten der Produktionstechnik" (Fohler 2003: 152):

> „Die erste industrielle Revolution wird bezeichnet durch die maschinelle Herstellung von Maschinen; die zweite hebt an mit der künstlichen Erzeugung von Bedürfnissen; die dritte - und für Anders entscheidende - industrielle Revolution hat die Menschheit instandgesetzt, den eigenen Untergang zu produzieren." (ebd.: 152f.)

Eine *ontologische These* beschreibt das gegenwärtige Zeitalter als eines des „Zweiten Platonismus" (AM II: 37). Die von Menschen hergestellten Geräte und Maschinen - da ihre Baupläne, also das Wissen um ihre Herstellung, nach der einmaligen Entdeckung *für immer* gegeben sind - erweisen sich als „ewig, nichtsinnlich, unzerstörbar" (von Brentano 1987: 18), denn ihre „Idee überlebt" (AM II: 395) jeden konkreten Ge- oder Verbrauch. Wir „werden sie selbst dann nicht mehr los, wenn wir alle vorhandenen Exemplare vernichten" (Dries 2009: 64). Weiter gelte, dass der ontologische Hauptsatz der „Metaphysik der industriellen Revolution" (AM II: 32) laute: *„Sein ist Rohstoffsein"* (AM II: 33), dass also der technische Weltbezug jegliches Seiende zu funktionalisierbarem Material verdingliche[143] (vgl. Lohmann 1996: 195).

---

thodischen Entscheidungen ergeben sich natürlich Begründungsprobleme. Lohmann empfiehlt daher wegen der fehlenden begrifflichen Präzision von einer „besonderen Auffassung der Technik" (1996: 190) bei Anders, nicht von einer strikten Theorie, zu sprechen: „So stehen gemäß des okkasionalistischen Vorgehens konkrete technische Erscheinungen im Vordergrund, die Anders philosophisch zu deuten unternimmt, während die technikphilosophische Grundsatzreflexion und Begriffsklärung lediglich eine die Studien ergänzende oder induktiv aus ihr hervorgehende Funktion hat." (ebd.: 198)

142 Die vier Thesen finden sich bei Margherita von Brentano (vgl. 1987).

143 Hier folgt Anders implizit Heidegger (s.o., S. 75) für den das Wesen der neuzeitlichen Technik mit dem Wesen der neuzeitlichen Metaphysik identisch ist (vgl. Heidegger 1977: 75). Wie Heidegger geht es Anders um den Hinweis auf eine

Die *anthropologische These* untersucht das Verhältnis dieser omnipotenten technischen Herstellungsfähigkeit des Menschen zu seinen „anderen Fähigkeiten: denen des Denkens, Wahrnehmens, Vorstellens, des Fühlens und Handelns" (von Brentano 1987: 18; vgl. AM I: 16). Die Diskrepanz, das *„prometheische Gefälle"* (AM I: 16), die mit der prometheischen Scham einhergeht (vgl. AM I: 21ff.), die Anders hier aufdeckt, bildet den Grund der Kennzeichnung des leiblichen, endlichen Wesens Mensch als *antiquiert*. Er ist der Perfektion seiner Produkte, die sich aus der Komplexität, Vernetzung und der Unlesbarkeit der Apparate ergibt (vgl. Dries 2009: 73), weit unterlegen und das verhindert die Ausbildung einer positiven Ich-Identität (vgl. AM I: 23, 65ff.).

Schließlich besagt die *moralphilosophische These*, dass das Böse heute nicht in einem partikularen Willen oder einer bestimmten Handlung zu verorten ist, sondern dass der „Weltzustand ‚Technik'" (AM II: 377) selbst, der in den ersten drei Thesen erfasst wird, das *Malum an sich* ist. Dabei warnt Anders vor der totalisierenden Tendenz der Technik, die Welt selbst in einen Apparat zu verwandeln (vgl. AM II: 111), in *eine* „Mega-Maschine" (Lohmann 1996: 192; vgl. AM II: 113). Weil die Apparate nicht mehr als Einzelwesen funktionieren, fordert Anders, sie als *„'Volksgemeinschaft der Apparate'"* (AM II: 115) in den Blick zu nehmen und als politische Entitäten mittels einer Soziologie der Dinge zu untersuchen[144].

Das *spezialisierte Menschfragment* (vgl. AM I: 272) bedient nur noch ein Teilelement dieser „Totalmaschine" (AM II: 123) und erfährt sich selbst für die Effekte als nicht verantwortlich[145] (vgl. AM II: 69) - auch

---

„maßgebliche Form neuzeitlicher Wirklichkeitskonstitution" (Lohmann 1996: 197): die Dinge erscheinen als künftiges Material selbstzweckhafter technischer Abläufe.

144 An einem solchen Programm der Untersuchung der sozialen Beziehungen zwischen Mensch und Maschine versucht sich z.B. Bruno Latour (vgl. 1998). Im direkten Anschluss an Anders finden sich Überlegungen bei Lütkehaus (Vgl. 2002).

145 Bei der Frage nach der Verantwortung des Bürokraten Eichmann für die Vernichtung der europäischen Juden wies Hannah Arendt ebenfalls auf die *Diskrepanz* hin, dass dieser sich *„niemals vorgestellt* [habe, M.M.], *was er eigentlich anstellte"* (1986: 56). Zwar wurde die Stimmigkeit dieser Einschätzung verschiedentlich bezweifelt (vgl. Vohwinckel 2001: 243); Arendt bezog sich dabei auf einen Selbstbefund Eichmanns (vgl. Arendt 1986: 110f.), den dieser möglicherweise zu Verteidigungszwecken kolportierte. Andererseits gab Eichmann nämlich bereitwillig zu, dass er bei seiner Besichtigung der Vergasungstechnik im Vernichtungslager Lublin-Majdanek sich „sofort die Sache bildlich darstellte" (zit.

deshalb, weil die Arbeit „telos-los" (AM II: 71) erscheint[146]. Er ist also seiner Autonomie beraubt, er ist nicht mehr das „handelnde Wesen" (Gehlen 2004a: 32), *„der Handelnde"* (PF: 44), womit eine Charakterisierung, die Anders in seiner Philosophischen Anthropologie gegeben hatte, widerrufen wird. Aber auch eine zweite zentrale, ihn vom apriorischen Wesen Tier unterscheidende, Eigenschaft wird dem in die Fabrikwelt integrierten Menschen ausgetrieben:

> „Da Technik, wie viel Naturerkenntnis sie auch voraussetzen mag, eudämonistisch darauf abzielt, uns die Welt komfortabel, also konform, zu machen und die Reibung mit der Welt auf ein Mindestmaß zu reduzieren, verwandelt sie uns in Erfahrungsunbedürftige, damit in Erfahrungslose, damit in Erfahrungsunfähige."[147] (Anders 1969: 99; vgl. AM I: 114)

Anders' Diagnose der technischen Zivilisation schwankt zwischen Apokalypse[148] und Appell. Es ist möglich, den „Verlust der menschlichen Freiheit an die Technik" (Lohmann 1996: 171) als den Sieg des nihilistischen Menschen aus Anders' früher Anthropologie (s.o., Abs. 2.2.8) zu interpretieren, dessen omnipotenter Machtwille sich schließlich gegen ihn selbst wendet (vgl. Reimann 1990: 68). So hat Ulrich Horstmann versucht, das Anderssche Denken als Ausdruck einer Philosophie der Menschenflucht zu werten, die die baldige Selbstauslöschung der Menschheit empfiehlt[149] (vgl. 1985: 108ff.). Anders hat sich gegen eine

---

nach ebd. 173). Trotzdem verblüfft die Übereinstimmung des Begriffspaares *Vorstellen-Herstellen* (Anders) und *Vorstellen-Anstellen* (Arendt).

146 So dass der Mensch als Glied im Produktionsprozess „mit der Entlastung vom Wissen um die Ziele seiner Tätigkeit gleichsam auch entlastet wird vom moralischen Bewußtsein für diese Tätigkeit und ihre Wirkung" (Lohmann 1996: 274). Schon 1930 formuliert Ernst Cassirer diesen Sachverhalt: „Denn das *Ende* des Werkes, sein eigentliches Telos, ist jetzt der Maschine anheimgegeben, während der Mensch, im Ganzen des Arbeitsprozesses, zu einem schlechthin Unselbständigen wird - zu einem Teilstück, das sich mehr und mehr in ein bloßes Bruchstück verwandelt." (1996: 198)

147 Auf diesen Verlust der Erfahrung weisen auch die Vertreter der Kritischen Theorie immer wieder hin. So fordert bspw. Adorno die „Restitution von Erfahrung gegen ihre empiristische Zurichtung" (1977: 738).

148 Rudolf Burger spricht gar von einer negativen Eschatologie (vgl. 1990: 16).

149 Auch Reimann (vgl. 1992: 58; 1990: 16f.) will in Anders' Denken die anthropofugale (vgl. Horstmann 1985: 8) Tendenz erkennen und hält dessen Humanismus bestenfalls für ein Selbstmissverständnis.

solche antihumanistische Vereinnahmung verwahrt (vgl. 1989a: 28). Andererseits war ein messianisch gespeistes ‚Prinzip Hoffnung' – für dieses kritisierte er Ernst Bloch scharf[150] (vgl. AM II: 277f., 452) – seine Sache nicht, aber er sah eine Umkehr der diagnostizierten Entwicklung nicht als unmöglich an[151]. Trotzdem ist dies aus seiner Argumentation schwer zu *begründen*. Dafür ist vor allem der unklare Status seiner Aussagen verantwortlich: Sind diese tatsächlich *Behauptungen*, die die Welt adäquat beschreiben, dann scheint eine Abwehr der atomaren Drohung kaum realistisch. Sollte es wirklich so sein, dass das prometheische Gefälle zur „Konstitution des Menschen" (1989d: 66; vgl. ebenso 1984d: 45) gehört, dann „leistet er der Anthropologisierung des prometheischen Gefälles [...] Vorschub" (Lohmann 1996: 276), das Bild der Endzeit erwiese sich als hermetisch und unabänderlich[152].

> „So könnte man annehmen, im heutigen Zustand erfülle sich nur das Schicksal des an der Kluft seiner eigenen Vermögen notwendig zugrunde gehenden Menschen." (ebd.)

Nicht jedoch, wenn der performative Status der Andersschen Rede angesichts der Methode der Übertreibung als *Warnung* verstanden wird[153] (vgl. Lohmann 1996: 279; Fohler 2003: 158; Bollenbeck 2007: 249). Handelt es sich z.B. beim Begriff der Totalmaschine um eine didaktische

---

150 Diese inhaltliche Differenz hinderte Anders nicht daran, Bloch seinen Band *Der Blick vom Mond* ‚in Freundschaft und Bewunderung' zu widmen (vgl. Reimann 1990: 178). Bloch hatte Anders 1950 einen Ruf an die Universität Halle verschafft, den dieser aber ablehnte (vgl. Wittulski 1989: 110).

151 „Die Wahrscheinlichkeit des Gelingens schlage ich wahrhaftig nicht hoch an. Aber solange dessen Unmöglichkeit nicht bewiesen ist, bleibt es moralisch unmöglich, auf die Versuche zu verzichten." (AM II: 428)

152 Aus dem gleichen Grund kritisiert auch Odo Marquard Anders' „philosophischen Sprachmonismus der apokalyptischen Warnung" (2007: 78).

153 Weniger wohlwollend wird Anders' Denken aus den gleichen Gründen als Prophetie abgetan, seine Sorge als (persönlicher, irrationaler) Glaube aufgedeckt (vgl. Broniowski 2003: 146), zudem sei er kein Philosoph (denn dieser strebt nach Wissen), noch habe er „viel Philosophisches zu bieten" (ebd.: 133). Für Brumlik haben Anders' Voraussagen, weil sie sich als Erkenntnisse ausgeben einen „unerbittlichen, autoritären Gestus" (1988: 141). Eine ähnlich fundamentale Kritik landet dann doch wieder bei der von Anders' selbst zurückgewiesenen Parallelisierung mit der Philosophie der Menschenflucht (vgl. Strasser 1992: 281): sie unterstellt Anders die These, dass *„die Menschheit eine zuviel ist"* (ebd.: 291)

Entstellung des tatsächlichen Sachverhaltes, um ein „teilweise diagnostisch getarntes Warnbild" (Lohmann 1996: 279), dann werden auch die Forderungen nach praktischen Konsequenzen, die Anders als „Moralist" (AM I: 238) an seine Leserinnen und Leser stellt, plausibler.

So nahm er 1963 *Erwägungen zum Problem des ‚Produktstreiks'* vor und formulierte gegen den Imperativ der Technokratie „'Das Machbare ist verbindlich'" (AM II: 24) die Forderung „keine Arbeiten anzunehmen oder durchzuführen, ohne diese zuvor darauf geprüft zu haben, ob sie direkte oder indirekte Vernichtungsarbeiten darstellen"[154] (Anders 1972: 137). Wider die Suggestion der Teloslosigkeit solle sich jeder Mensch fragen, was „der Effekt des Effektes des Effektes der Verwendung des Produktteils, den ich mit-herstelle" (AM II: 389) ist. Auf kognitiver Ebene appellierte er immer wieder, das Vorstellungsvermögen, also jene Fähigkeit, die hinter den menschlichen Herstellungsmöglichkeiten weit zurückgeblieben erscheint, zu erweitern: Einerseits durch die Erinnerung an die Opfer der atomaren als auch der quasi-fabrikmäßigen Vernichtung in Hiroshima, Nagasaki und Auschwitz (vgl. Liessmann 2002: 136f.). In Überlegungen zu einer *moralistischen Erkenntnistheorie* (vgl. AM I: 287f.) forderte er andererseits dazu auf, der Apokalypse-Blindheit und dem Erfahrungsverlust die *„Ausbildung der moralischen Phantasie"*[155] (AM I: 273) entgegenzusetzen. Letztlich solle der Mensch „wieder zu seiner Subjektrolle zurückfinden und die technischen Geräte zu Mitteln seiner Zwecke machen"[156] (Fohler 2003: 165).

---

[154] Auch wenn er später, aber das macht das Schwanken zwischen Behauptung und Warnung aus, schrieb: „Gleichviel, *schon bei der ersten Niederschrift des Produktstreik-Imperativs war ich mir dessen Unrealistik bewußt gewesen.*" (1982c: XIII)

[155] Auch Arnold Gehlen - der die Technik v.a. unter dem Aspekt der Organentlastung betrachtete (s.u., Abs. 4.2) - setzte gegen die damit einhergehende „Distanzierung von der Welt" (Thies 2007: 110) die Phantasie als Korrektiv (vgl. ebd.: 111).

[156] Johannes Rohbeck hat in seiner Untersuchung zur *Technologischen Urteilskraft* an Anders' Technikphilosophie die Absolutheit der Kritik aller (technischen) Mittel beanstandet. Der so vertretene „Primat der absolut freien Zwecksetzung" (1993: 157) missachte einerseits, dass bestimmte Mittel durchaus die „Erfüllung besonderer und vielfältigerer Zwecke" (ebd.: 158) überdauern können. Außerdem werde so eine zu strikte Dichotomisierung von Mitteln und Zwecken behauptet (vgl. ebd.: 159), die sich realiter nicht halten lasse - wie Rohbeck unter Rückgriff auf den relationalen Mittelbegriff Deweys nachzuweisen sucht (vgl. ebd.: 210). Nichtsdestotrotz goutiert er Anders' Hoffnung auf die Wiedererlangung der menschlichen Zwecksetzungskompetenz und lobt dessen Forderung nach moralischer Phantasie als „Plädoyer für eine *technologische Urteilskraft*" (ebd.: 166).

Bei einem ersten Überblick über die Anderssche Technikphilosophie spielen Überlegungen zur Philosophischen Anthropologie (abgesehen von der These zur Antiquiertheit) scheinbar keine größere Rolle. Im Gegenteil wird von Lohmann gar die Anthropologisierung des prometheischen Gefälles im Sinne einer Biologisierung beklagt. Bevor den direkten Bezügen zur Anthropologie nachgegangen wird, soll noch ein kurzer Blick auf die techniktheoretischen Ansätze von Plessner und Gehlen geworfen werden.

4.2 Technikphilosophie als *Philosophische* Anthropologie

Neben anderen theoretischen Herangehensweisen ist die Philosophische Anthropologie eine charakteristische Richtung in der Technikphilosophie[157] (vgl. Fischer 2008: 107f.). Ihre Grundannahme, den Menschen schon immer als Kulturwesen und auf künstliche Erweiterung seiner Natur angewiesen vorauszusetzen und ihr integrativer und antidualistischer Anspruch prädestinieren sie für die Reflexion auf Sinn und Bedeutung der Technik, denn die „Reduktion auf Körperlichkeit könnte nicht die Notwendigkeit der Künstlichkeit, die Reduktion auf Geistigkeit nicht die Notwendigkeit der Befriedigung gegenständlicher Bedürfnisse angemessen erfassen" (Fischer 2004: 21). Die drei zentralen Figuren der Philosophischen Anthropologie haben sich der Technik verschieden stark gewidmet, am ausführlichsten Gehlen, nur am Rande Scheler.

Alle Drei erkennen in der Technik eines der „spezifischen Monopole" (Scheler 1976a: 67) des Menschen. Sie gilt ihnen als „notwendige Ergänzung des Menschen" (Fohler 2003: 53). Scheler nennt hier neben Sprache, Religion und Wissenschaft auch Werkzeuge und Waffen[158] (vgl. Scheler 1976a: 67). Für Plessner ist Technik ein „Komplement nicht-natürlicher, nichtgewachsener Art" (1975: 310), der Mensch benötigt diese „außernatürlichen Dinge, die aus seinem Schaffen entspringen" (ebd.). Aus den zentralen Annahmen seiner Anthropologie sind Geräte und Maschinen eine *„dem Menschen aufgrund seiner exzentrischen*

---

[157] Bei Hans Sachsse heißt es: *„Es bedarf einer Anthropologie der Technik, die die Technik als menschliches Wesenselement aus der Natur des Menschen heraus begreift."* (1977: 6)

[158] Eine näher ausgearbeitete Theorie der Technik findet sich bei ihm nicht; einzig in seiner Wissenssoziologie untersucht er das technologische Wissen als höchste Wissensart (vgl. Henckmann 1998: 86, 189).

Positionalität mögliche Weise, seine natürliche Künstlichkeit und vermittelte Unmittelbarkeit geschichtlich zu realisieren. [...] Technik ist Moment der Kultur" (Fischer 2004: 33). Gehlens Ausgangspunkt für die Untersuchung technischer Artefakte bildet der Begriff der Entlastung (vgl. 2004a: 62ff.). Weil der Mensch „biologisch zur Naturbeherrschung gezwungen ist" (1986: 48), gehört Technik als Nutzbarmachung der Natur im Dienste des Menschen zu dessen Natur selbst (vgl. Fohler 2003: 55). Als unspezialisiertes Mängelwesen muss sich der Mensch Organäquivalente zulegen (vgl. Fischer 2004: 55) und genau dies sind technische Hilfsmittel. Dabei unterscheidet Gehlen „zwischen der Ergänzungs-, Verstärkungs- und Entlastungsfunktion der menschlichen Technik im Vergleich mit natürlichen Organfunktionen" (ebd.: 54f.). Die Ersetzung findet dabei auf zwei Ebenen im Sinne einer Überbietung statt: einerseits als Organersatz, andererseits als Ersatz des Organischen, so dass der Mensch sich „durch die Technik von seinen organischen Schranken und im fortschreitenden Maße von den Schranken des Organischen emanzipiert. Damit tritt beim Menschen an die Stelle der natürlichen Evolution die Geschichtlichkeit seines kulturellen Daseins" (Fischer 2004: 55). Mit der Institutionalisierung der Technik kann der Mensch nach Gehlen die durch fehlende Instinkte bedingte Unsicherheit bei der Bedürfnisbefriedigung überwinden, doch zugleich werden so neue Bedürfnisse hervorgerufen[159] (vgl. 2004b: 50).

Wenn so die anthropologische Notwendigkeit der Technik nachgewiesen wird, ist im nächsten Schritt zu prüfen, wie die Konsequenzen der Technik beurteilt werden. Anders' Ausgangspunkt sind ihre katastrophalen Auswirkungen und daher weist er die Idee der (moralischen) Neutralität der Technik scharf zurück (vgl. AM II: 217). Seinem Denken der Technik vom Standpunkt der drohenden Apokalypse aus können jedoch weder Plessner noch Gehlen etwas abgewinnen. Plessner hat sich schon früh gegen die jugendbewegte Technikfeindschaft des *sozialen Radikalismus* geäußert (vgl. Plessner 1981: 39, 44; 1985a: 32, 38). Von der „Selbstentfaltung der Apparate" (1985a: 37), die er wie Gehlen als „Entlastung des Menschen" (ebd.) betrachtet, erhofft er sich nur das Beste für die „Würde und Freiheit des Lebens" (ebd.). Gegen einen irrationalistischen Kulturpessimismus verteidigt Plessner „das bürgerliche Fortschrittsbewußtsein und seinen Humanismus" (1985b: 76), ohne dass ihm entgehen würde, dass die „Entwicklung im Sinne einlinigen

159 „So verfährt die Technik auch heute: sie stellt erfinderisch Mittel bereit für noch nicht vorhandene Zwecke oder für Bedürfnisse, die sie selbst erst erzeugt, weil sie noch niemand fühlt." (Gehlen 2004b: 13)

Fortschreitens[160] [...] problematisch geworden"[161] ist (ebd.: 79). Aber auch nach 1945 steht Plessner der Diagnose Anders' vom prometheischen Gefälle fern[162]. Die skeptische Rede vom „Verfall der Kultur" kontrastiere „aufs Seltsamste mit der schöpferischen Macht ihrer Erfinder" (1985c: 294). In seiner Reflexion auf die „sozialen Rückwirkungen" (ebd.) der Technikentwicklung vertritt er weiterhin die Entlastungsthese und kann einen bedrohlichen Epochenwandel nicht erkennen:

> „Diese Linie von der Dampfmaschine und dem mechanischen Webstuhl über den Explosionsmotor und Elektromotor setzen die Atomtechnik und die Automatisierung mit Hilfe elektronischer Geräte *einfach* fort, so daß in ihrem Verlauf die Zone der Ausschaltung menschlich-tierischer Muskelkraft bereits durchschritten ist und die Zone der Ausschaltung menschlicher Kontroll- und Denkkraft wenigstens in ihren schematisierten Leistungen in Sicht kommt."[163] (ebd.: 295; Hervorhebung M.M.)

Zwar wurde Gehlen nicht zu Unrecht oftmals des Kulturpessimismus verdächtigt (vgl. Fohler 2003: 71), aber auch er sieht die Zukunft der technischen Zivilisation nicht unter so dunklen Vorzeichen wie Anders. Auch er erwähnt die Atombombe als Beispiel für die moderne Technik, hofft aber, entsprechend seiner Institutionentheorie, dass die großartige Gewalt (vgl. 1986: 103) der neuen Möglichkeiten in einen stationären Zustand eintritt, dass sich die „Phase explosiver Entwicklung" (ebd.: 103) „einmal einpendeln wird" (ebd.: 102). Laut Gehlen ist es vorstellbar, dass die modernen Technologien „relativ schnell ihre Endzustände erreichen" (ebd.), also nicht eine auf die Auslöschung der Menschen hinauslaufende Endzeit bevorsteht. Trotzdem ist der Ein-

---

160 Anders dagegen unterzieht den Fortschrittsbegriff wiederholt einer scharfen Kritik (vgl. AM II: 276ff., 299).

161 In den *Stufen* beschreibt Plessner Geschichte als „die Mitte zwischen den Möglichkeiten eines Prozesses, dessen Sinn im Fortschritt zur nächsten Etappe besteht und eines Kreisprozesses, der dem absoluten Stillstand äquivalent ist" (1975: 339).

162 Eine Ausnahme bildet eine Passage in *Homo absconditus*. Dort heißt es: „Mit der Eroberung des Weltraums und der drohenden Eingriffsmöglichkeit in unsere Erbsubstanz werden uns Kräfte verfügbar, denen wir noch nicht gewachsen sind." (Plessner 1983b: 358)

163 Gerade der letzte Punkt ist für Anders eine Horrorvorstellung, die er mit einem historischen Beispiel zur Übertragung der Entscheidung zum Krieg vom Menschen auf die Maschine illustriert (vgl. AM I: 59ff.).

schätzung Susanne Fohlers, für Gehlen erscheine es unrealistisch, dass „sich die technische Entwicklung möglicherweise ganz von menschlichen Zielen und Zwecksetzungen abkoppeln könnte" (2003: 68), nur bedingt zuzustimmen. Schon seinen Ausführungen zur Bedürfnisproduktion ist zu entnehmen (vgl. Gehlen 2004b: 13, s.o., Fn. 159), dass Gehlen durchaus bewusst ist, dass die immanente Entwicklung der Technik dieser den Mittelstatus zu entziehen droht. Er gesteht sogar zu - und hier nähert er sich Anders an - dass die „Dynamik der Technikentwicklung" Technik zum „sekundären Selbstzweck" (Fischer 2004: 76) verfremden kann. Ebenso weiß er darum, dass „die je zur Verfügung stehenden Mittel und Handlungsweisen" (Gehlen 2004b: 13) Gebote zu ihrer eigenen gesollten Verwendung hervorbringen, dass sie eine bestimmte Normativität entfalten (vgl. Fischer 2004: 74). Schließlich beurteilen Gehlen und Anders auch die Wirkungen der Technik auf die Moralität der sie Nutzenden ähnlich. Für Günther Anders ist klar, dass der Abwurf der Atombombe, weil er über so viele Teilschritte vermittelt ist, bei den Ausführenden die Illusion erweckt, „daß am Ende jeder nur irgendetwas, *es* aber keiner ‚getan' hätte" (AM I: 245). Der technische Ablauf unterminiert alle „moralischen Hemmungsenergien" (AM I: 246). Mit demselben Beispiel veranschaulicht Gehlen, wie die wissenschaftlich-technische Entwicklung „natürliche oder kulturelle Hemmungen" (Fischer 2004: 212) ausschaltet.

> „Derselbe Mann, der die schwersten Hemmungen hätte, einem Wehrlosen vor ihm den Schädel einzuschlagen, macht sich kaum Gedanken, wie viele Menschen die Bombe tötet, die er mit einem Fingerdruck abschickt." (Gehlen 1986b: 56)

Trotz dieser Zweifel führt in Gehlens Sicht die Ausbreitung der Technik letztlich zu einer „geschichtlich beispiellosen Daseinsstabilisierung" (Fischer 2008: 297). Einen Epochenwandel wie Günther Anders, der davon spricht, dass wir angesichts der atomaren Drohung im Zeitalter des „*'Gerade-noch'*" (AM II: 278) leben, kann er (genauso wenig wie Plessner[164]) nicht erkennen.

---

164 Auch wenn dieser in einem Lexikonartikel zugibt, dass „durch weit vorangetriebene Forschung der Mensch sich die Kräfte in die Hand gespielt hat, die zum ersten Male seit seinem Erscheinen auf der Erde seine Spezies mit Vernichtung bedrohen" (Plessner 1957: 414). Entsprechend heißt es bei ihm auch: „Die Geister, welche Galilei und Newton neugierig hervorgelockt haben, beherrschen uns heute." (1983b: 361)

4.3 Die Antiquiertheit des Menschen: eine *Philosophische* Anthropologie der Technik?

Viele Interpreten folgen Günther Anders, wenn er seine Gelegenheitsphilosophie der Technik eine *„philosophische Anthropologie im Zeitalter der Technokratie"* (AM II: 9) nennt (vgl. u.a. Brumlik 1988: 118; Reimann 1990: 44, 79; Lütkehaus 1992: 29; Lohmann 1996: 328; Kramer 1998: 6; Fischer 2008: 300; Dries 2009: 31). Hier soll nun untersucht werden, ob Anders' technikphilosophische Argumentation tatsächlich der *Denkrichtung* der Philosophischen Anthropologie folgt (um die Unterscheidung von Joachim Fischer wieder aufzunehmen) oder ob es sich ‚nur' um Beiträge innerhalb der *Disziplin* der philosophischen Anthropologie handelt. Einen ersten Hinweis kann man wieder der Typographie entnehmen: hatte Anders in seinem Vortrag über die *Weltfremdheit* *P*hilosophische Anthropologie mit großen ‚P' notiert, spricht er zu Beginn des zweiten Bandes der *Antiquiertheit* eben von *p*hilosophischer Anthropologie. Und tatsächlich lassen sich in seinen Beiträgen zum technologischen Zeitalter kaum Theorieelemente finden, die im vorigen Abschnitt für Gehlen und Plessner angeführt wurden. Ob die Technik ein Monopol des Menschen und wie sie im Zusammenhang mit dessen biologischer Grundausstattung zu deuten ist, thematisiert Anders nicht. Auch der Nexus von menschlicher Künstlichkeit und Technik bildet keinen Schwerpunkt. Der Ansicht, technische Hilfsmittel könnten das menschliche Dasein stabilisieren, steht Anders völlig fern. Die These, die im Folgenden näher belegt werden soll, lautet also, dass die technikphilosophischen Äußerungen von Günther Anders ihn nicht mehr als Vertreter des Denkansatzes oder des Theorieprogramms *der* Philosophischen Anthropologie ausweisen, wohl aber disziplinär der philosophischen Anthropologie zuzurechnen sind, geht es doch Anders in seiner Suche nach Humanität (vgl. AM I: 100) unzweifelhaft um die Wirkungen der modernen Technik auf *den* Menschen. Daher soll zunächst verfolgt werden, welchen Status die philosophische Anthropologie in Anders' Hauptwerk, den Beiträgen zur *Antiquiertheit des Menschen*[165], hat und wie sich sein Rückbezug auf die eigenen frühen Überlegungen zur Philosophischen Anthropologie ausnimmt.

---

165 Neben den beiden Buchveröffentlichungen (vgl. AM I, AM II) beziehe ich auch die in der Zeitschrift FORVM veröffentlichten Arbeiten unter dem Titel *Sprache und Endzeit* (vgl. Anders 1989a, 1989c, 1989d, 1990), die als Entwürfe eines dritten Bandes der *Antiquiertheit* gelten, mit ein und den ebenfalls dort erschienenen (ursprünglich für den zweiten Band abgefassten) Text *Die Antiquiertheit des Proletariats* (vgl. Anders 1992).

4.4 *Philosophische* Anthropologie und *philosophische* Anthropologie in der Antiquiertheit des Menschen

Ausgangspunkt ist die Tatsache, dass sowohl der Bezug auf die frühen Schriften zur Philosophischen Anthropologie als auch auf eine disziplinär verstandene philosophische Anthropologie von großer Ambivalenz gekennzeichnet sind - in beiden Hinsichten finden sich also positive und neutrale Bezüge, aber auch harsche Abgrenzungen. Daher soll in einem ersten Zugriff - eher formal - die Unterschiedlichkeit der Bezüge an ausgewählten Beispielen dargestellt werden, während in einem zweiten Schritt an vier Themenkomplexen die inhaltlichen Positionierungen (in ihrer Konstanz und Veränderung) verfolgt werden.

4.4.1 Zur *Philosophischen* Anthropologie

Explizite Verweise auf die frühen Aufsätze zur Philosophischen Anthropologie finden sich bei Günther Anders nur spärlich. Trotzdem spricht Werner Reimann davon, dass der „Gedanke des nicht-fixierten Menschen [...] seine Gültigkeit für Anders nie verloren" (1992: 60) hat. Dies bestätigt sich implizit, wenn Anders den Sein-Sollen-Fehlschluss kritisiert, der aus der Existenz bestimmter „bestehende[r] Arten (damit auch die Spezies ‚Mensch')" (AM I: 46) auf die gesollte *Konstanz* dieser Arten verweist. Dagegen wendet er ein, dass „die Natur selbst ja offenbar höchst mutationsfreudig ist" (AM I: 46). Wegen der natürlichen Künstlichkeit des Menschen hatte der frühe Anders letztlich gar das Programm der Anthropologie selbst in Frage gestellt (vgl. PF: 46). Diesen Gedanken nimmt er in einer Anmerkung zum Klonen wieder auf. Weil mittels Genmanipulation *„die Vernichtung der Spezies Mensch durch Herstellung neuer Typen"* (AM II: 25) möglich wird, wird die Behauptung *„'Das Wesen des Menschen besteht darin, daß er kein Wesen hat'"* (AM II: 25) - und hier verweist Anders im Text auf Max Scheler und in einer Fußnote auf seinen eigenen Text *Pathologie der Freiheit* - „vollends sinnlos" (AM II: 25). Wenn er sich hier also von der frühen Idee der Unbestimmtheit verabschiedet, so deshalb, weil aus *„politischen, ökonomischen oder technischen"* (AM II: 25) - also gesellschaftlichen, nicht etwa biologischen - Gründen, Bestimmungen des Menschen vorgenommen werden, die diesen selbst nicht mehr als Maßstab nehmen (vgl. AM I: 47) und so seine Freiheit[166] einschränken. Die These der Unfestgelegtheit muss also nicht aus immanent philosophisch-anthropologischen, sondern lebensweltlichen Gründen überdacht werden. Nur deshalb kann Anders an anderer Stelle - wo er sich (erneut) gegen eine positive Anthropologie ausspricht - streng anknüpfend an seine frühen Aufsätze behaupten, dass er „seit einem halben Jahrhundert *im Menschen das grundsätzlich nicht gesund sein könnende und nicht gesund sein wollende, also das nichtfestgelegte Wesen, das indefinite Wesen gesehen habe, das definieren zu wollen paradox wäre*"[167] (AM II: 129).

Weiterhin bestätigt Anders die Überlegungen zur Bedeutung der Kategorie der *Erfahrung* für den Menschen (s.o., Abs. 2.2.1), wenn er im Essay *Die Welt als Phantom und Matrize* den Erfahrungsverlust des Menschen als Medienkonsument diagnostiziert (vgl. AM I: 114). Unter Verweis auf den Aufsatz über die *Weltfremdheit* (vgl. AM I: 335) heißt es:

> „als instinkt-armes Wesen hatte der Mensch, um auf der Welt zu sein, nachträglich, d.h.: a posteriori zu ihr zu kommen, sie zu erfahren und kennenzulernen, bis er angekommen und erfahren war; [...]." (AM I: 114)

Umgekehrt nimmt die aus dem „Rundfunk- oder Fernseh-Hahn" (AM II: 266) gelieferte Welt dem Menschen jede Möglichkeit, sie subjektiv zu erfahren, sie ist a priori „*immer schon assimiliert, immer schon ‚seine‘*" (AM II: 267). Ebenso findet sich in den medientheoretischen Betrachtungen der Hinweis, dass die Menschen „von Natur aus bedürftige Wesen [sind, M.M.], also konstitutiv auf eine uns passende Welt, auf ein Schlaraffendasein, nicht eingerichtet" (AM I: 199). Hier nimmt Anders implizit frühere Überlegungen wieder auf: der Mensch ist eben im Gegensatz zum Tier nicht eingebettet in die Welt, es liegt keine Bedürfniskongruenz vor[168] (vgl. WM: 3f.).

---

166 Das Thema des Verlusts der menschlichen Freiheit in der Technokratie zieht sich als roter Faden durch Anders' Technikphilosophie, denn „*die Subjekte von Freiheit und Unfreiheit sind ausgetauscht. Frei sind die Dinge: unfrei ist der Mensch*" (AM I: 33; vgl. Liessmann 2002: 59f.). Varianten dieses Gedankens werden im Folgenden wieder aufgenommen.

167 Auch hier mit dem expliziten Verweis auf den Vortrag über die *Weltfremdheit* und die Aufsätze in *Recherches Philosophiques* (vgl. AM II: 129f.).

168 Allerdings kritisiert er andernorts die mit der technologischen Entwicklung einhergehende Propagierung des Bedürfnisses nach „'Kunstwaren', auf die jedermann ohne weiteres verzichten könnte" (AM II: 311).

Neben diesen anknüpfenden Verweisen auf die frühe Philosophische Anthropologie finden sich parallel deutliche Distanzierungen, die - gerade weil die eben aufgeführten Rückbezüge vorliegen - in ihrer Absolutheit überraschen[169]. Bei der ersten Formulierung der These vom Austausch der Subjekte von Freiheit und Unfreiheit (s.o., Fn. 166) verwirft Anders die frühe Philosophische Anthropologie komplett und ohne jeden Zweifel. Zunächst sei die „Überbetonung einer philosophisch-anthropologischen Freiheit" (AM I: 327) nichts weiter als der (zum Scheitern verurteilte) Versuch gewesen, den schon bestehenden Austausch der Subjekte von Freiheit und Unfreiheit zu überspielen. Plausibel konnte diese Herangehensweise nur erscheinen, weil sie „das tierische Dasein als Vergleichsfolie benutzt" (AM I: 327) hatte und im Tier eben das per se unfreie Wesen erblickt hatte. Dieser Vergleich gehe aber aus zwei Gründen fehl: die Exposition des Menschen gegen alle anderen tierischen Spezies erweise sich als „anthropozentrischer Größenwahn" (AM I: 327). Weiterhin gehe heute der Tier-Mensch-Vergleich an der „effektiven Folie des menschlichen Daseins" (AM I: 327) schlicht vorbei. Als diese müsse „die vom Menschen gemachte Welt der Produkte" (AM I: 327) herangezogen werden - und dieser Forderung kommt Anders dann mit der Theorie der prometheischen Scham nach. So würde einerseits die singularische Rede von *dem Menschen* zerfallen und außerdem die Idee seiner Freiheit. Damit wendet sich Anders fundamental vom Identitätskern der Philosophischen Anthropologie ab: der Tier-Mensch-Vergleich wird gemeinsam mit der Biologie als Referenzwissenschaft verworfen und der Fokus zudem nicht mehr auf die Denkfiguren anorganisch-organisch oder Pflanze-Tier-Mensch, sondern organisch-technisch bzw. Mensch-Maschine verschoben.

Dieser Gedanke wird dann im Essay *Die Antiquiertheit der philosophischen Anthropologie* wieder aufgenommen. Die Suche nach einer *differentia specifica* missachte nach Anders die Kontingenz[170] der Unterscheidungsmerkmale gegenüber anderen Wesen und ist daher abzulehnen. Und wenn gar mit *Wesen* so etwas wie eine *„'spezifische Mission im Universum'"* (AM II: 128) gemeint sei, so müsse diese Suche nach einer

---

[169] Anders den Vorwurf der Inkonsistenz zu machen schlägt dabei fehl. Er selbst verfolgt zwar das Ziel der Widerspruchsfreiheit aller seiner Thesen (vgl. AM II: 413); dieses könne jedoch nur erreicht werden, wenn „die Welt selbst widerspruchsfrei sei" (AM II: 413). Ähnlich argumentierte Adorno im *Positivismusstreit* (vgl. 1969: 126).

[170] Hier gilt: selbst in der strikten Distanzierung findet sich ein positiver Anknüpfungspunkt, war doch der Gedanke der Kontingenz maßgeblich in den frühen Aufsätzen ausgearbeitet worden (s.o., Abs. 2.2.6).

theologischen Sonderstellung unter atheistischen Gesichtspunkten abgewiesen werden[171]. Erneut wird die Selbstgefälligkeit und der Anthropozentrismus der Frage nach *dem Menschen* kritisiert, schließlich käme niemand auf die Idee, die „Stellung des Pferdes im Kosmos" (AM II: 129) zu erforschen[172].

An einem anderen Punkt distanziert sich Anders implizit von der These, dass der Mensch konstitutiv nicht-festgestellt und seine Natur die Künstlichkeit ist (vgl. WM: 1). Angesichts dessen, was dem Menschen im Zeitalter der technischen Revolutionen abverlangt bzw. zugemutet wird, will Anders eine *„Kritik der Grenzen des Menschen"* (AM I: 18) formulieren. Dort heißt es:

> „Schließlich ist ja der Mensch [...] ein mehr oder minder bestimmter, also mehr oder minder in seiner Adaptierbarkeit begrenzter, morphologischer Typ; ein Wesen also, das weder durch andere Mächte noch durch sich selbst nach belieben ummodelliert werden kann; ein Wesen, dessen Elastizität sich nicht ad libitum strapazieren läßt." (AM I: 18)

Von einer Plastizität der menschlichen Antriebe, Bedürfnisse und Vermögen - zentraler Topos aller Philosophischen Anthropologen - ist hier also nicht mehr die Rede. Konkretisiert wird diese Abkehr am Beispiel des (1956 wahrlich noch nicht weit fortgeschrittenen) *Human engineering* (vgl. AM I: 35ff.). Anders kritisiert hier die angestrebte Metamorphose der Physis des Leibwesens Mensch, das Ziel, ohnehin schon künstlich geschaffene Grenzsituationen[173] immer wieder zu überbieten (vgl. AM I: 37f.). An Marx anschließend formuliert er als Motto dieses Strebens,

---

171 Zu seinem Atheismus hat sich Anders vor allem in den *Ketzereien*, aber auch in Interviews geäußert (vgl. 1982b: 52, 105, 123, 128, 161, 175ff.; GA: 47, 82, 108).

172 Folgt man Hans-Peter Krüger, so war es gerade eine Einsicht der Philosophischen Anthropologie, dass „die cartesianischen Trennungen von Materie und Geist bzw. deren Nachfahren bis heute: von Physis und Psyche einen Anthropozentrismus zum Ausdruck brachten" (2010: 19). Die Philosophische Anthropologie ist dann als Versuch der *Überwindung* von Dualismus *und* Anthropozentrismus zu verstehen.

173 An den Vorbereitungen für bemannte Raumflüge in Zentrifugen bemängelt Anders den Anspruch, den Menschen in ein Wesen zu transformieren, das in der „Exzentrizität" (AM I: 39) des Weltraums überleben kann. Wie auch in den *Reflexionen über Weltraumflüge* (s.o., S. 92) also ein wenig wohlwollender Bezug auf die Plessnersche Kategorie der Exzentrizität.

es gelte, nicht *„'den Leib zu interpretieren, man muß ihn auch verändern'"* (AM I: 38).

In der *Antiquiertheit des Menschen* ist Anders in diesem Zusammenhang noch bemüht, seine Kritik als nicht-konservative auszuzeichnen. Er sei kein metaphysisch Konservativer (vgl. AM I: 45), das heißt, er beharre nicht auf dem gegebenen „Status der Welt" (AM I: 328). Allerdings gelte es auch - so heißt es im Motto, das dem zweiten Band vorangestellt ist - die Veränderungen, die mit Mensch und Welt vorgehen, zu interpretieren, um diese selbst zu verändern und eine *Welt ohne Mensch* zu verhindern. Später nennt er sich ganz offen einen ontologisch Konservativen (vgl. GA: 46), der die bestehende Welt (zunächst) bewahren und nicht verändern wolle. Hier verfällt Anders nun selbst dem Sein-Sollen-Fehlschluss, den er an anderer Stelle kritisiert (s.o., S. 119). Zwar ist auch die dort als ‚gut' bewertete Wandelbarkeit des Menschen nicht schlüssig aus der Mutationsfreudigkeit der Natur herzuleiten (vgl. AM I: 46), aber wenn Anders jetzt verlangt, sich an das *„Faktum der Leistungsgrenze des Menschen"* (AM I: 328) zu halten, extrapoliert er ebenfalls ein Sollen aus der (zumal empirisch ungesicherten) Faktizität. Sein Konservatismus setzt dann im Gegensatz zu dem Gehlens, der die Unsicherheit, die aus der Unfestgestelltheit des Menschen resultiert, auf der Ebene sozialer Institutionen kompensieren will, sogar schon in der Sphäre des Organischen an[174].

Neben dem gleichermaßen apodiktisch formulierten positiven wie negativen Rückbezug finden sich einige neutrale Bezugnahmen auf Elemente der frühen Anthropologie. So wird - dies natürlich kritisch gegen den Technologiefortschritt gewendet - die Maschine als nichtfestgestelltes Wesen präsentiert, als „modellierbar, adaptionsfähig, elastisch, also *frei*[175]" (AM I: 33). Ebenso nimmt Anders den Gedanken von der Diskrepanz von Angebot und Nachfrage wieder auf (vgl. SE: 60f.), aber auch hier ist sein Anliegen, die Pervertierung jenes Verhältnisses

---

174 Liessmann macht sich dagegen dafür stark, Anders nicht auf einen Kulturkritiker zu reduzieren (vgl. 2002: 47) und verweist auf den Vorzug, dass „seine Kritik der Barbarei vorgetragen werden konnte ohne raunende Beschwörung eines Wesens des Menschen oder eines mythischen Primats der Natur" (ebd.: 51). Auch bei van Dijk (vgl. 2000: 33) findet sich die Warnung vor der Reduktion des Andersschen Denkens auf Kulturkritik, allerdings bemerkenswerterweise in einer drei Seiten umfassenden Passage (vgl. ebd.: 33-36), die der Autor inklusive der Anders-Zitate, aber ohne jeden Nachweis aus Liessmanns *Günther Anders zur Einführung* (vgl. 1988: 25-31) übernimmt - lediglich die Übersetzung ins Englische stammt wohl von ihm!

175 Im Original gesperrt gesetzt.

anzuprangern, denn nicht der Mensch, sondern die Geräte legen jetzt fest, was „aus dem Leib werden soll“ (AM I: 39). Schließlich ist es insbesondere der Befund der „Kontingenz der Welt“ (AM II: 417, s.o., Abs. 2.2.6), den Anders häufig reformuliert und auf verschiedene Kontexte anwendet (vgl. AM I: 220, 310; AM II: 369, 383, 461). Unausgesprochen folgt Anders der Gehlenschen Bestimmung des Menschen als *„handelndes Wesen“* (Gehlen 2004a: 23), wenn er in seiner Kritik der Fließbandarbeit gerade die Ausschaltung des Handelns vor Augen führt. Aus eigener Erfahrung (vgl. GA: 37f.) beschreibt er den Arbeitenden, der „seine *Handlung in einen* bloßen (dazu noch heteronomen) automatischen *Vorgang*“ (AM I: 90) verwandelt. Und auch die schon angeführte These von der Bedürfniskongruenz wird in veränderter Form (und ohne Erwähnung der frühen Anthropologie) wieder aufgenommen. Der Rundfunkhörer und TV-Zuschauer entpuppt sich nämlich zunehmend als Kongruist bzw. Konformist:

> „Und das bedeutet wiederum, daß er sich den ihm zugedachten und gelieferten Inhalten nicht nur anformt, sondern daß sich der *Inhalt seines Seelenlebens* schließlich *mit diesem Inhalt deckt.*“ (AM II: 149).

Natürlich ist so das Verhältnis, wie es in der *Weltfremdheit* formuliert wurde (vgl. WM: 3f.) umgekehrt: dem angebotenen Programm werden keine eigens verspürten oder formulierten Bedürfnisse mehr entgegengestellt, sondern es herrscht stets vollste Zufriedenheit, also Kongruenz, mit dem Angebotenen.

4.4.2 Zur *philosophischen* Anthropologie

Neben diesen versteckten und ausdrücklichen Verweisen auf die eigene frühe Philosophische Anthropologie thematisiert Anders - nicht minder ambivalent - wiederholt die philosophische Anthropologie als Disziplin, als Methode des „Verstehen[s] von uns als Menschen“ (Tugendhat 2007: 35). Zunächst sei noch einmal an die schon angeführte Selbstcharakterisierung der Technikphilosophie als *„philosophische Anthropologie im Zeitalter der Technokratie“* (AM II: 9) erinnert. Schon im ersten Band der *Antiquiertheit* findet sich die Zielformulierung, die „philosophisch-anthropologischen“ (AM I: 266) Wurzeln der Apokalypseblindheit (also der Ignoranz gegenüber der drohenden atomaren Selbstvernichtung der Menschheit) freizulegen. Aber es existieren weitere Belege eines durchaus positiven Bezugs auf das anthropologische Denken. So gibt Anders verschiedene Wesensbestimmungen des Menschen, die als Erweiterungen des „Geflecht von Monopolen"[176] (Fischer 2008: 525) gelten können (vgl. AM I: 32, 199; AM II: 19, 98, 239f., 414, 420). Dass er die Möglichkeit solcher Wesensbestimmungen weiterhin zwiespältig beurteilt, zeigt sich daran, dass für die Vergangenheit zwar die Veränderbarkeit des Menschen zugestanden wird (vgl. AM II: 9), diese jedoch dem durch die Technik *bereits veränderten* Menschen kategorisch abgesprochen wird, weil - ob des Lebens in der *Endzeit* - „wir Menschen in unserem (neuerworbenen) ‚Wesen' konstant bleiben werden" (AM II: 10). Aber sie finden sich doch, wenn auch implizit und nahezu ‚dahergesagt':

> „Machen ist menschlich, gleich ob wir im Machen-müssen einen Fluch oder im Machen-können ein Freiheitszeugnis sehen." (AM II: 74)

Zugleich wird jedes anthropologische Denken auch auf dieser disziplinären Ebene scharf kritisiert. Der zentrale Vorwurf wurde schon benannt, es ist der des Anthropozentrismus. Der Mensch rücke sich zu Unrecht in den Mittelpunkt seines Denkens und spiele sich als kosmischer Manager (vgl. AM I: 187) auf. Seine Vernachlässigung anderer Seinsformen sei kein Urteil, sondern bloßes Vorurteil (vgl. AM I: 327, 335; AM II: 383, 433). Philosophische Anthropologie sei abzulehnen, weil ja auch der Mensch nur ein „empirisches Spezificum ist" (AM I: 13), ein partikularistischer Einwand (vgl. Thies 2004: 22ff.), der „das Allgemeine im Namen des Besonderen" (ebd.: 23) kritisiert. Diesem Muster folgen sowohl Anders' prinzipielle Kritik an jeder *„Frage nach dem ‚Wesen'"* (AM II: 128), als auch die Ablehnung der Frage nach der Stellung des Menschen im Kosmos (vgl. AM II: 129). Im Essay über die *Antiquiertheit des „Sinnes"* geht Anders so weit, angesichts der Kontingenz der Welt (also eines Ergebnisses seiner eigenen Philosophischen Anthropologie) jede Bestimmung des Menschen als unlautere Bestimmung seines (teleologischen) Sinnes abzulehnen (vgl. AM II: 387). Und schließlich weist er darauf hin, dass verschiedene Wissenschaften - angesichts der technischen Möglichkeiten fälschlicherweise - die Natur

---

[176] Zu den vielfältigsten versuchen, das Monopol des Menschen zu bestimmen s.o., Fn. 80.

des Menschen immer noch „aufs naivste als konstant“ (AM II: 425) unterstellen.

Andererseits finden sich auch neutrale Bezüge auf eine disziplinäre philosophische Anthropologie in den Bänden der *Antiquiertheit*. So greift er, wiederum in der Kritik von TV und Radio, völlig selbstverständlich auf die Charakterisierung des Menschen als ζῷον λόγον ἔχον zurück, um vor dem drohenden Sprach- und Freiheitsverlust des Menschen als *Hörigem* der Kulturindustrie zu warnen (vgl. AM I: 109; AM II: 268; 1989c: 52f.). Diesen Gedanken wiederaufnehmend heißt es im zweiten Band, dass mit dem Sprachvermögen „sogar unsere differentia specifica“ (AM II: 152) verloren geht[177]. Eine Konsequenz seiner Reflexionen über die Bedeutung der Atombombe für das Selbstverständnis des Menschen ist, dass sich so eine „völlig veränderte Stellung im Kosmos und zu uns selbst“ (AM I: 239) ergibt. Diese Hinweise auf die Mehrdeutigkeit der Bezüge auf die Anthropologie als Disziplin *und* Theorieprogramm sollen genügen. Im Folgenden werden vier wiederkehrende Argumentationsmuster, die jeweils thematisch schon aus den frühen Aufsätzen bekannt sind, und ihre Transformation in der Technikphilosophie untersucht.

4.4.3 Zur (Dis-)Kontinuität von Themen und Thesen

Zunächst soll der zentrale Topos der Unbestimmtheit und seine Varianten - Un- bzw. Nichtfestgelegtheit, Unbeständigkeit, Künstlichkeit, fehlende Konstanz des Wesens des Menschen (vgl. WM: 16, 54, 56; PF: 1, 43, 54) - noch einmal aufgegriffen werden. Auf die Kontinuität dieser These war schon hingewiesen worden (s.o., S. 120), andererseits kann Anders sie nicht ungebrochen aufrechterhalten, ergibt sie sich doch zentral aus dem Tier-Mensch-Vergleich, den er in seiner Technikphilosophie fundamental ablehnt (s.o., S. 121; vgl. AM I: 327). Nur so werden die vorliegenden Anschlüsse verständlich. Weil der Mensch in der technologischen Welt nicht mehr *„der Handelnde“* (PF: 44) ist, der seine „vorfindliche Welt“ (WM: 54) und damit sich selbst willentlich verwandelt, geht ihm auch die Eigenschaft der Unfestgelegtheit verloren:

---

177 Dabei bezeichnet Anders unsere Sprachunfähigkeit angesichts der Monstrosität der Atombombe als philosophisch-anthropologischen Defekt (vgl. 1990: 19).

„Was uns prägt und entprägt, was uns formt und entformt, sind eben nicht nur die durch die ‚Mittel' vermittelten Gegenstände, sondern die Mittel selbst, die Geräte selbst: die nicht nur Objekte möglicher Verwendung sind, sondern durch ihre festliegende Struktur und Funktion ihre Verwendung bereits festlegen und damit auch den Stil unserer Beschäftigung und unseres Lebens, kurz: *uns*[178]." (AM I: 100)

Umgekehrt ist es eben die Maschine, die sich als „indefinit, offen, plastisch, täglich umbaubegierig, täglich adaptionsbereit" (AM I: 33) erweist, auf die also die Monopole, die den Menschen vom Tier unterscheiden, übergehen und dieser in gewisser Weise droht, „in der Tierheit zu versinken" (Plessner 1983a: 35) - wie es Plessner in anderem Zusammenhang formulierte. Gegen diese Drohung richtet sich Anders, wenn er in *scheinbarem* Gegensatz zu seiner früheren Position die Tatsache, dass der Mensch „morphologisch bereits festgelegt" (AM I: 50) ist, als Mangel aufführt (ganz im Gegensatz zu Gehlens Intention bei der Verwendung des Begriffs *Mängelwesen*) - so zumindest erscheint die leibliche Grundlage des Menschen denen, die ihn als „Rohstoff" (AM I: 50) verwerten wollen. Ähnlich heißt es bei der Thematisierung der Biotechnologie, dass die Physis nicht *„auf Verwandlung"* (AM II: 24) angelegt, wohl aber die Psyche „ihrem Wesen nach ‚plastisch' modellierbar" (AM II: 24) sei. Hier läuft die Argumentation auf die Warnung hinaus, dass die Herstellung „von der Natur" (AM II: 24) nicht vorgesehener Wesen letztlich zur *„Vernichtung der Spezies Mensch"* (AM II: 24) führen könnte. Natürlich handelt es sich hier um eine Anderssche Übertreibung und wie bei jedem Slippery-Slope-Argument ist die Grenze des Unduldbaren selbst *nicht festgelegt*. Ab wann genau bedroht die Veränderung der Morphologie den Wert oder die Würde des Menschen? Ist bspw. die Tatsache, „dass wir in den heutigen Wohlstandsgesellschaften in der Regel größer werden als die Menschen früherer Epochen" (Thies 2004: 25) eine Gefahr für die menschliche Spezies?

Es zeigt sich also, dass es Verschiebungen in der Argumentation gibt, bzw. dass die Unfestgelegtheit nur noch *in bestimmten Hinsichten* von Anders geschätzt wird, dass sie an anderer Stelle als gefährlich bewertet wird. Mit Blick auf die gesellschaftliche Gesamtsituation angesichts der möglich gewordenen „Ausrottung der Menschheit" (Liessmann 2002: 25) ist die Unbestimmtheit gerade deshalb aufgehoben, weil die Geschichtszeit zur Endzeit geworden ist (vgl. AM II: 10). Wir haben

---

[178] Im Original gesperrt gesetzt.

uns also in einen Zustand „hineinmanövriert" (AM II: 10), in dem das neu erworbene Wesen des Menschen *künstlich ist* aber *konstant bleibt.* Dieser Zustand - *der* Grund des Andersschen Schreibens - konnte wiederum nur erreicht werden „weil die Fähigkeit, unsere Welt [...] und uns selbst zu verändern, paradoxerweise zu unserer ‚Natur' gehört" (AM II: 10). Hier - gleich zu Beginn des zweiten Bandes der *Antiquiertheit* - zieht Anders seine Philosophische Anthropologie heran (vgl. ebenso AM II: 431). An anderer Stelle heißt es entsprechend, dass die Natur des Menschen trotz ihrer „Zähigkeit [...] *modellierbar*" (Anders 1992: 8) ist, dass wir diese also mehr oder weniger gewalttätig transformieren *müssen*, denn anders *„als ‚widernatürlich' können wir gar nicht sein"* (ebd.: 9), wir müssen die Grenzen unserer Natur übersteigen. Seine frühen Analysen haben sich als richtig erwiesen, entpuppen sich aber als *Ursache* der drohenden Selbstzerstörung der dem Menschen eigenen Vermögen. Aus diesem Blickwinkel wird der emphatische Bezug auf die eigene negative Anthropologie (vgl. AM II: 129) ebenso verständlich, wie die Kritik an ihren mittlerweile als problematisch erkannten Konsequenzen.

Als Anders die Unfestgelegtheit mit der Zuschreibung von Freiheit verknüpfte, die dem Kulturwesen Mensch neue Seinsmöglichkeiten eröffnet (vgl. WM: 11, s.o., Abs. 2.2.4), folgte er einer klassischen Definition der Freiheit als Abwesenheit von (äußeren) Hindernissen (vgl. Hobbes 1996: 107, 177). Die Welt als ganze ist für das in sie eingebettete Tier ein Hindernis, erst das „von der Natur abgetrennte Wesen" (WM: 15) kann frei agieren. Jede Festlegung, Definition oder Bestimmung schränkt diese Freiheit ein - die Technologie beschreibt Anders als fundamentale (menschengemachte, insofern ‚freie') *Festlegung*. Diese Einschränkung der Freiheit macht die *Antiquiertheit des Menschen* aus. So wird dieser durch die Belieferung mit Informationen „grundsätzlich kontrollierbar" (AM II: 218), er wird daher auf einen neuen „Modus des In-der-Welt-Seins, und zwar des *unfrei* In-der-Welt-Seins, festgelegt" (AM II: 218). Da sich Anders' gesamte technikphilosophische Argumentation gegen die Auswirkungen dieses Freiheitsverlustes richtet, besteht über die Kontinuität des Eintretens für die Freiheit letztlich auch (implizit) die Kontinuität des Gedankens der Unfestgelegtheit des Menschen.

Der späte Günther Anders tritt ganz im Sinne Kants für eine Aufklärung ein, die es den Menschen erlauben soll, ihre *technologisch* „selbst verschuldete Unmündigkeit" (Kant 1968a: 53) zu überwinden. Kant unterscheidet zwei Arten der Freiheit:

> „Jene *Unabhängigkeit* aber ist Freiheit im *negativen*, diese *eigene* Gesetzgebung aber der reinen, und, als solche, praktischen Vernunft ist Freiheit im *positiven* Verstande. Also drückt das moralische Gesetz nichts anderes aus, als die *Autonomie* der reinen praktischen Vernunft, d.i. der Freiheit [...]." (1968b: 144)

In der Philosophie der Technik fordert Anders die Menschen auf, sich ihrer Autonomie zu erinnern, angesichts der Tatsache, dass *„die Subjekte von Freiheit und Unfreiheit [...] ausgetauscht"* (AM I: 33) und die Dinge *frei*, die Menschen jedoch *unfrei* geworden sind (vgl. Lohmann 1996: 176). Unsere Produkte und Maschinen formulieren heute die Gebote (vgl. AM I: 172; AM II: 40), an die wir uns halten sollen. In seiner Philosophischen Anthropologie hatte Anders Kants *erste*, negative, Form der Freiheit aus der Stellung des Menschen zur Welt erklärt. Aber schon dort war klar, dass nur ein in dieser Art freies Wesen zum Handeln befähigt ist (vgl. PF: 44). Im Gegensatz zu den verstreuten Ausführungen zur Bestimmtheit bzw. Unbestimmtheit des Menschen, die tatsächlich „durch und durch inkonsequent" (Anders 1987b: 64) sind, sind die Aussagen zur Freiheit in sich stimmig: Ihr Verlust ist zu beklagen und gegen die bestehenden Widerstände möglichst umzukehren, mit dem Ziel die „Freiheit im *positiven* Verstande" (Kant 1988b: 144) zu restituieren.

Deutlich wird dies z.B. bei der Erläuterung der prometheischen Scham (vgl. AM I: 21ff.), also der Scham, angesichts der Perfektion der Dinge und Maschinen ein ‚verderblicher' Mensch zu sein. Diese Scham ist eben auch die vor der Freiheit der technischen Apparate. Ihnen ist möglich, was der menschlichen Freiheit entzogen ist (vgl. AM I: 69), als sich schämender ist der Mensch „nicht sein eigener Herr, ist er nicht mehr ‚er selbst' und nicht frei" (AM I: 71). In den Reflexionen zum Fernsehen ist es der kulturindustrielle (aber auch sonstige Waren betreffende) Konsum, der die Autonomie des Menschen bedroht: im durch das „Gebot der Ware" (AM I: 172) aufgezwungenen Verbrauch erkauft er sich „selbst seine Unfreiheit" (AM I: 103). Anders lässt an unzähligen Stellen keinen Zweifel aufkommen, dass die Wahlfreiheit moderner Konsumgesellschaften in seinen Augen die Menschen zu heteronomen Wesen macht (vgl. AM I: 139f.; AM II: 136ff., 197f., 268f., 374f.; 1989c: 51f.; 1992: 10). Doch nicht nur das Konsumieren selbst verfällt der Kritik: insbesondere die Belieferung mit Nachrichten entspreche einer Belieferung mit Vorurteilen, die dabei ihren Urteilscharakter verbergen, weil sie als bloße (Ab-)Bilder, als unmittelbare Darstellungen der Wirklichkeit auftreten (vgl. AM I: 163). Damit berauben sie die Menschen ihrer kognitiven Freiheit, denn des „eigenen Urteils sind wir enthoben" (AM I: 163).

Auch in diesem Zusammenhang bedient sich Anders der Methode der Übertreibung und macht seine Thesen so angreifbar. Denn er diagnostiziert mitunter einen absolut hermetischen Verblendungszusammenhang (vgl. Adorno 1973: 99), der die (jede Ideologiekritik treffende) Frage aufwirft, wie es ihm selbst möglich ist, diesen zu durchschauen. So nennt er den Konsum eine bequeme Unfreiheit (vgl. AM II: 54) gerade weil diese nicht (mehr) gespürt wird, denn:

> „Beraubt sind wir eben des Gefühls des Beraubtseins - und dadurch scheinbar frei." (AM II: 55; vgl. ebenso 145, 148, 162, 171, 186)

Wenn man auch dem argumentativen Vorgehen nicht folgen kann, so wird doch deutlich, dass die Kritik an Gleichschaltung und Freiheitsberaubung, die schon am Ende der *Pathologie der Freiheit* programmatisch formuliert wurde (vgl. PF: 48), sich kontinuierlich bis in die spätesten Texte zur Philosophie der Technik durchhält.

Ein weiterer Themenkomplex, den Anders wiederholt ausdrücklich oder latent berührt, betrifft die Frage nach dem Wesen des Menschen bzw. die den Menschen ausmachende *differentia specifica*. Nach der frühen Anthropologie ist dieses Wesen einzig rein negativ durch die Unbeständigkeit bestimmbar (vgl. PF: 1) und er spricht sich gegen die Suche nach einer verabsolutierenden spezifischen Differenz aus (vgl. WM: 6). Später möchte er *Vokabelaskese* betreiben und setzt das ‚Wesen des Menschen' auf eine *„schwarze Liste"* (1982b: 130) verbotener Begriffe. Nichtsdestotrotz finden sich in der *Antiquiertheit des Menschen* unzählige Charakterisierungen und definierende Beiwortbeschreibungen, die zeigen, dass Anders sich (gegen seinen erklärten Anspruch) in seinem gesamten Werk am Knüpfen des Geflechts von Monopolen des Menschen (vgl. Fischer 2008: 525) beteiligte.

Dies reicht von Andeutungen, dass der Mensch eine „mehr oder minder bestimmter" (AM I: 18) ist, über die Annahme, dass es neben dem empirischen einen (nicht näher ausgezeichneten) *wirklichen* Menschen gibt (vgl. AM I: 43), bis zum Anschluss an bekannte Bestimmungen des Menschen, wenn er zum Beispiel die Tendenz zur Handlungsauslöschung kritisiert (vgl. AM I: 90), wo doch die Handlung nach Gehlen den Menschen ausmacht. Es wurde schon darauf hingewiesen, dass im zweiten Band der *Antiquiertheit* das Wesen des Menschen angesichts der heraufgezogenen *Endzeit* als mittlerweile unveränderlich verstanden wird, während andererseits von einem Wesen ob der kulturellen Veränderungen der letzten Jahrhunderte gar nicht mehr gesprochen werden könne (vgl. AM II: 9f.). Angesichts der sich ständig erweiternden Produktion, die so auch die Konsumanforderungen immer mehr steigert, heißt es, der Mensch - einstmals *animal indigentium*, weil seine Bedürfnisse *nicht* instinktiv Erfüllung fanden - sei heute insofern ein Mängelwesen, dass es ihm angesichts der Überproduktion an Mangel mangele (vgl. AMII: 19). Aber auch eine klassische Beschreibung des Menschen als *animal laborans*[179] findet sich, wenn Anders feststellt, dass der Mensch „ohne die Arbeit, zu der er nun einmal verflucht ist, nicht leben kann" (AM II: 98). Er ist nämlich „'wesensmäßig'" (AM II: 103) fürs Arbeiten ‚gebaut' - und Anders entschuldigt sich in einer Fußnote für diese Begriffsverwendung, sie sei aber hier „unvermeidbar" (AM II: 438). Ebenso wird an mehreren Stellen deutlich, dass Anders den λόγος durchaus als spezifische Differenz des Menschen anerkennt (AM II: 152, 268), entgegen aller Beteuerungen auf den Verzicht solcher *Festlegungen.*

Die Aussagen von Anders zur Bestimmung eines Wesens des Menschen sind also widersprüchlich, er kann den selbst eingeforderten Verzicht auf derartige Zuschreibungen nicht durchhalten. Dass diese Widersprüchlichkeit unumgänglich ist, kann mit dem Verweis auf einen Abschnitt aus den *Methodologischen Nachgedanken* des zweiten Bandes der *Antiquiertheit* erläutert werden. Dort gibt Anders unter positivem Bezug auf Heidegger eine *Apologie der Deutung*, weist somit seine vorangegangenen Überlegungen als jenseits von Behauptung und Warnung stehend aus (vgl. AM II: 419ff.). Dabei befragt er den Menschen selbst nach der Nötigkeit und Möglichkeit der Deutung und kommt zu zwei Ergebnissen: einerseits kann nur Lebendiges gedeutet werden und sich deutlich machen, „weil allein Lebendiges *sich äußert*" (AM II: 420). Da es sich umgekehrt nicht *total entäußert*, „also nur noch in seinem Außen" (AM II: 20) besteht, verbirgt es sich partiell. Und es ist damit immer auf die von Heidegger eingeforderte *Entbergung* bzw. Selbstdeutung angewiesen. Mit Christian Thies kann dann formuliert werden, dass es einer solchen Philosophie des Menschen jenseits von naturwissenschaftlichem und normativem Wissen „um Selbstverständigung und Orientierungswissen" (2004: 21) geht.

---

[179] Andere Definitionen sind: *animal philosophicans* und *animal habens* (vgl. AM II: 414, 239f.). Die zweite Charakterisierung greift natürlich auf die frühen Überlegungen aus *Über das Haben* zurück (s.o., Abs. 2.3.4). Und in *Sprache und Endzeit III* findet sich die ebenfalls schon bekannte Definition des Menschen als des Lügens fähiges Wesen (vgl. 1989c: 53; vgl. WM: 21f.).

Doch auch dieser scheinbaren Rettung des Andersschen Denkens als - zumindest - der Disziplin der philosophischen Anthropologie zugehörig muss ein weiteres *Aber* hinzugefügt werden. Denn an besagter Stelle ist nicht etwa vom sich äußernden Menschen oder gar dem (Heideggerschen) Dasein die Rede, sondern schlicht vom: *Lebendigen*. Kontinuierlich distanziert sich Anders nämlich angesichts der Kontingenz des Daseins des Menschen (vgl. AM II: 416) in der *Antiquiertheit* von jedwedem Anthropozentrismus (vgl. AM I: 118f., 187, 327, 335; AM II: 383, 461) und in diesem Zusammenhang wird auch jede spezifische Philosophie des Menschen unter dem Titel einer philosophischen Anthropologie der Lächerlichkeit preisgegeben. Auch die Ameisen würden auf ihren Hochschulen „'Pflanzen, Tiere und Ameisen' unterscheiden" (AM I: 327), mit größtem Recht ließe sich eine ‚philosophische Afghanologie' einfordern (vgl. AM II: 416) und die Philosophie solle sich tunlichst Gedanken um die ‚Stellung des Pferdes im Kosmos' machen[180] (vgl. AM II: 129). Wer nicht bereit sei, sich diesen Aufgaben zu stellen, der solle es endlich unterlassen, „dem Menschen eine metaphysische oder theologische Sonderstellung einzuräumen" (AM II: 129).

4.4.4 Exkurs: *Philosophische* Anthropologie im weiteren Werk von Anders

Ohne Vollständigkeit anstreben zu können, sollen hier einige Hinweise auf die Thematisierung der Anthropologie - als Denkrichtung und als Disziplin - in anderen Nachkriegsveröffentlichungen von Günther Anders gegeben werden. Damit soll kursorisch gezeigt werden, dass der Gegenstand nie seine Bedeutung verlor, dass aber die Bezugnahme - wie schon in den letzten Abschnitten deutlich wurde - ambivalent und vieldeutig ist. Im Anschluss wird nach einem Blick auf die Rezeption des anthropologischen Denkens von Anders der Versuch unternommen, eine Früh- und Spätwerk übergreifende These zu formulieren. Die vor allem die Technik betreffenden und in ihrer erhofften Wirkungsweise auf die (moralische) Praxis zielenden Beiträge, die bisher in diesem Kapitel herangezogen wurden, werden jetzt durch die Einbeziehung einer bisher unerwähnten Textart, nämlich Tagebuchaufzeich-

180 In den *Ketzereien* heißt es, (philosophierende) Wäscherinnen würden den Menschen wohl als *animal lavans* bezeichnen (vgl. Anders 1982b: 93).

nungen[181] und durch (mehr oder weniger) technikferne philosophische Reflexionen[182] ergänzt.

In Anders' Tagebucheintragungen von 1951 findet sich eine Diskussion beschrieben, in der er zentrale Punkte seiner frühen Philosophischen Anthropologie an einem Alter Ego, dem er sie in den Mund legt, kritisiert. Der Kontext ist eine Auseinandersetzung zwischen Anders und zwei Bekannten über die Verbrechen der Deutschen während der Zeit des Nationalsozialismus. Er hält dem Argument eines Gesprächspartners, in den Verbrechen wäre die grausame *Natur des Menschen* zum Vorschein gekommen, die Überzeugung entgegen, dass in einer solch falschen Welt (vgl. 1969: 212) wie der des NS, in derart „widernatürlichen" (ebd.: 208) Situationen die „wahre ‚Natur'" (ebd.) des Menschen sich gar nicht zeigen könne. Der zweite Bekannte erwidert hierauf, dem Menschen, der sich eine „Unzahl von Welten" (ebd.: 210) aufgebaut habe, sei doch offensichtlich jede Welt „künstlich" (ebd.), weil „die erste Natur des Menschen eben darin besteht, daß er keine hat" (ebd.: 211) bzw. in „seiner Freiheit, so zu sein, oder auch so" (ebd.). Der ‚Bekannte' paraphrasiert natürlich aus den Aufsätzen in *Recherches Philosophiques* – die Künstlichkeit (vgl. PF: 1), das Aufbauen eigener Welten (vgl. WM: 16), die Hochschätzung der Freiheit (vgl. WM: 11). Anders kommentiert diese Einwände:

> „Die Formel erschreckte mich nicht. Im Gegenteil. Vor zwanzig Jahren hatte ich sie selbst leidenschaftlich vertreten. Und war sogar angegriffen worden ihretwegen. Von Cassirer[183]." (ebd.)

In einem Brief antwortet er dann ausführlich: dass dem Menschen alle seine gemachten Welten „gleichermaßen ‚natürlich' und ‚künstlich' sind" (ebd.: 212), dass leugne er nicht. Allerdings greife die Rede von der Künstlichkeit des Menschen zu kurz: einmal gebe es trotz alledem „'falsche Welten'" (ebd.); weiterhin dürfe man nicht von *dem* Menschen und *seiner* Freiheit reden, da „der Mensch – Menschen ist; [...] er existiert nur im Plural"[184] (ebd.). Schließlich seien Menschen immer in Ge-

---

181 Vgl. Anders 1969.

182 Vgl. Anders 1965 und 1982b.

183 Meines Wissens ist die Auseinandersetzung mit Cassirer leider nicht dokumentiert.

184 Dort heißt es auch dass im Ausdruck *der Mensch* der „bestimmte Artikel [...] bereits ein Betrug" (Anders 1969: 212; vgl. 1982b: 130) ist, ähnlich wie in der *Mo-*

sellschaft und dies impliziere stets Herrschaft (vgl. ebd.: 213). Frei seien die Menschen, „sofern sie sich als Typ vom Tier unterscheiden" (ebd.: 212). In einer Gesellschaft, in der es Herrschende und Beherrschte gibt, gilt: „die Mehrzahl der Menschen [ist, M.M.] frei nur im Konjunktiv" (ebd.: 213). Wer daran etwas ändern wolle, der sei auf die „Unterscheidung zwischen einer wahren Welt und einer unwahren" (ebd.: 218) angewiesen.

So streng Anders hier seine eigene frühere Position abzulehnen scheint, hält er selbst in der Kritik an einigen Prämissen fest: an der natürlichen Künstlichkeit und - anders als in der *Antiquiertheit* (vgl. AM I: 327) - an der Vergleichsfolie Tier-Mensch. Auch der Verweis auf die Pluralität des Menschen findet sich schon in den Aufsätzen selbst (vgl. PF: 53). Ebenso wurde die Wichtigkeit des gesellschaftlichen Seins für die Menschen und ihre Freiheit schon im letzten (und mutmaßlich spät ausgearbeiteten) Abschnitt der *Pathologie der Freiheit* thematisiert, wo vor der Gleichschaltung im Unsicherheits- und Krisenstaat gewarnt wurde (vgl. PF: 47f.). Trotzdem ist dem Tagebucheintrag die Abkehr vom Theorieprogramm der Philosophischen Anthropologie zugunsten einer kritischen Gesellschaftstheorie - ähnlich wie dies Jürgen Habermas in einem viel beachteten Lexikonartikel zur Philosophischen Anthropologie 1958 formulierte (vgl. Fischer 2008: 313ff.) - anzumerken.

Trotz seines Engagements für eine „moralische und politische Praxis" (Liessmann 2002: 51) - die noch dazu „im Gegensatz steht zu den ernüchternden Ergebnissen der theoretischen Arbeit" (ebd.) - war Günther Anders sein Leben lang dem „morbus metaphysicus" (Anders 1965: 5) verfallen. Den „Versuchungen durch die Philosophie" (ebd.: 6) konnte er sich trotz anderweitiger Verpflichtungen nie entziehen. Ein Ergebnis dessen bildet die Aphorismensammlung *Philosophische Stenogramme*. Aber auch in ihr bleibt die Beschäftigung mit dem Menschen nicht aus und der Bezug auf die philosophische Anthropologie und auf die eigenen frühen Überlegungen ist ausfallend positiv. So gibt Anders - ohne weitere Reflexion auf die Problematik der Festlegung - eine (schon bekannte) Auslegung des Menschen:

> „Die breiteste Bestimmung des Menschen [...] lautet: Er ist das Wesen, das *hat*. Diese Definition *‚animal habens'* ist ungleich umfassender als das ‚animal rationale', und deckt Wissen und Erinnerung

---

lussischen Katakombe vor dem vertuschenden *„Singular der Philosophen"* (Anders 1992: 223) gewarnt wurde.

> nicht weniger als Eigentum." (ebd.: 76, s.o., Fn. 179; vgl. auch 1982b: 192)

An anderer Stelle nimmt er implizit einen Gedanken aus der frühen Anthropologie wieder auf, wenn er den Philosophierenden als einen Menschen beschreibt, der „absolut nicht verstehen kann" (Anders 1969: 123). Etwas nicht verstehen, darüber schockiert und erstaunt sein: in der *Pathologie der Freiheit* hatte dieses „Staunen vor dem Kontingenten" (PF: 7) allerdings nicht den Philosophen, sondern den Menschen *an sich* ausgemacht. Und wie Anders dort die Vergleichsfolie des Tieres nutzt, so zieht er auch jetzt zum Vergleich ein Kalb heran, das er am Tage seiner Geburt länger beobachtet und an dem ihn vor allem der „totale Ausfall von Staunen" (Anders 1969: 124) - wiederum - erstaunt. Ein Erlebnis, das die These des hohen tierischen Einbettungskoeffizienten bestätigt (vgl. WM: 6); umgekehrt: nur der mangelnd in die Welt eingebettete Mensch verfällt angesichts dieser ins Staunen.

Schließlich sei auf einen Punkt hingewiesen, der bis heute nichts an Aktualität verloren hat, reagiert er doch auf die szientistischen Versuche, die Ausdrucksweisen des Menschen auf naturwissenschaftliche Begrifflichkeiten zu reduzieren, wie sie für Physik und Biologie schon lange typisch sind (vgl. Thies 2004: 18f.) und neuerdings von der Hirnforschung angestrengt werden (vgl. Krüger 2010: 21f.). In Anders' Beispiel wird gefragt, ob es die Psychologie vermag, auf empirischem Wege letzte Wahrheiten über den Menschen offen zu legen oder doch „immer nur die Wahrheit über die Experimentatoren" (Anders 1969: 69f.).

> „Was die Experimente sichtbar machen, ist nicht, wie der Mensch *ist*, sondern, was man *aus ihm machen* kann. - Daß man vielerlei aus ihm machen kann[185], ist natürlich unbestreitbar. Aber man glaube nicht, dadurch etwas über ihn zu wissen." (ebd.: 70)

In diesem Sinne behält also - selbst wenn das Theorieprogramm einer Philosophischen Anthropologie gescheitert sein sollte - die disziplinäre Philosophie des Menschen ihr Recht, da allein mit naturwissenschaftlichen Mitteln das „Rätsel Mensch" als „Problem des Sinnverstehens" (Hartung 2008: 125, 126) nicht gelöst werden kann.

---

185 Damit ist natürlich nicht die Frage im Sinne der pragmatischen Anthropologie Kants gemeint (vgl. 1968c: 399), vielmehr geht es hier um das Problem der Manipulierbarkeit durch den empirischen Zugriff auf den Menschen.

Die *Ketzereien* sind das Buch, indem Anders sich am offensivsten als Nihilist präsentiert (vgl. 1982b: 21, 121ff., 135, 197, 217, 329), ohne seinen Moralismus aufzugeben: zwar könne nicht nachgewiesen werden, dass der Mensch sollen soll, aber *„mich als handelnden Menschen hat mein theoretischer Nihilismus niemals beeinflußt"* (ebd.: 197; vgl. Liessmann 2002: 50f.). Dieser Nihilismus speist sich aus dem paradox sicheren Wissen um die Kontingenz der Welt, darauf weist Anders immer wieder hin (vgl. Anders 1982b: 11f., 27, 86, 172), teilweise unter direktem Bezug auf die frühen Aufsätze (vgl. ebd.: 320). Aber auch hier ist die Anknüpfung an die eigene Auseinandersetzung mit der Philosophischen Anthropologie wieder vieldeutig und widersprüchlich.

So finden sich Charakterisierungen des Menschen, die direkt aus einem der frühen Aufsätze stammen könnten. Der Mensch sei:

> „Nicht fixiert auf eine vorbestimmte Lebenswelt, auf einen bestimmten Benehmenskodex oder auf eine bestimmte Sprache, sondern *dazu gezwungen, aber auch fähig dazu, in diversesten Welten, Sitten und Sprachen zu leben.*" (1982b: 281; vgl. WM: 16)

In Bezug auf die Sitten wird dieser Gedanke - ähnlich wie in den Manuskripten zur *Philosophie des Menschen* (vgl. NPM: 20; PM: 10) - noch näher ausgeführt: die Moral ist die dem Menschen eigene Kompensation für fehlende instinktive Verhaltenssteuerung[186].

> „Unter den Millionen Spezies von Lebewesen, die es gibt, sind wir vermutlich die einzige, die das Pech gehabt hat, daß sie keine Weise ihres Benehmens als Mitgift mitbekommen hat; die so unfertig, so mißlungen ist, daß sie *Moral* nötig hat, daß sie *sollen muß.*" (Anders 1982b: 212; vgl. 258)

Während Anders hier also implizit an seine Philosophische Anthropologie und den zentralen Gedanken der Unfestgelegtheit anknüpft, hat er auch mit Wesensbestimmungen oder Definitionsversuchen an einigen Stellen keine Probleme. *Der Mensch* (er verwendet tatsächlich häufig den sonst gescholtenen Singular) ist ein „'animal regionale'" (Anders 1982b: 183), das ‚Haben' (können) ist die spezifische Differenz *des Men-*

186 Zur metaphysischen und anthropologischen Begriffsgeschichte der *Kompensation* vgl. Marquard 2000.

schen (vgl. ebd.: 192), das *Machen* ein *„anthropologisches Monopol"* (ebd.: 39). Aber es gibt auch eine markante Umkehrung: hatte es in den frühen Aufsätzen doch geheißen, es mache den Menschen als denkendes Wesen aus, abstrahieren zu können, also vom Einzelnen abzusehen (vgl. NPM: 19). Dies war insofern Zeichen der Freiheit, als der Mensch den in der Welt seienden Gegenständen nicht mehr (wie das Tier) unmittelbar ‚ausgeliefert' war. Abweichend dazu heißt es jetzt, dass die „menschliche Kultur und das ‚spezifische Humanum' [...] nicht mit der ‚Konstruktion des Generellen' sondern umgekehrt mit der des Spezifischen und Individuellen" (ebd.: 84) beginnt.

> *„Nicht generalisieren müssen* oder *generalisieren können* macht den Menschen zum Menschen, sondern die Fähigkeit, *nicht zu generalisieren."* (ebd.: 85)

Aber selbst in dieser Neuinterpretation einer spezifisch menschlichen Leistung knüpft Anders an einen bekannten Gedanken an, den er gegen die Leibvergessenheit Heideggers richtete (s.o., S. 73). Dort hieß es allerdings noch „Hunger meint Essen *überhaupt*, Trank *überhaupt*" (ÜH: 83), während Anders jetzt gerade jene Bedürfnisintentionalität human erscheint, die „die ‚*Gemeinheit des Allgemeinbegriffs*' abgestreift hat" (1982b: 84f.), also auf ein *Besonderes* geht.

In jedem Fall wird hier deutlich, dass eine Philosophie des Menschen weiterhin ihre Berechtigung hat, auch angesichts des zentralen Themas der Andersschen Spätphilosophie. So bezeichnet er es als „die rechtmäßige Aufgabe heutiger philosophischer Anthropologie" (ebd.: 198), die Bedingungen des Überlebens der Menschheit aufzufinden, herzustellen und zu sichern. Im Rückblick auf die *Antiquiertheit* rechtfertigt er den Gebrauch des Singulars *der Mensch* und allgemein das Recht einer „'philosophischen Anthropologie'" (ebd.: 146) damit, dass die Menschen heute „durchweg *Kreaturen der Technik*" (ebd.: 146) sind und gemeinsam eine - *singuläre* - in Zukunftslosigkeit bestehende Zukunft teilen. Und entsprechend ist der Hinweis, dass der *Homo-mensura-Satz* des Protagoras heute nicht mehr gelte, kein Argument gegen das menschliche Maß, sondern Kritik an der generellen Orientierung an den Maßstäben der Maschinen (vgl. ebd.: 119).

Trotz expliziter Anknüpfung an die frühe Anthropologie und der Apologie einer Philosophie des Menschen im technokratischen Zeitalter nutzt Anders viele *Gelegenheiten*, jeder Anthropologie jegliches Recht abzusprechen. Als Atheist verfällt jede Art des Anthropomorphismus seiner Kritik[187] (vgl. ebd.: 39); der Glaube an Gott sei - selbst wenn er als *„Apriori des Menschen"* (ebd.: 180) zugestanden würde - ein „Element der philosophischen Anthropologie" (ebd.: 181) bar jedes Anspruches auf wahres Wissen. Immer wieder macht er deutlich, dass es nichts als abzulehnender Anthropozentrismus ist, das Nachdenken über den Menschen ins Zentrum des Interesses zu rücken (vgl. ebd.: 86, 180, 342). Als Grund der Kritik gibt Anders meist die Tatsache der Kontingenz an. Dass auch dieses Urteil nur dem Menschen möglich, dass dieser mithin das (einzige) um seine Kontingenz wissende Wesen ist, dieses performativen Widerspruchs ist er sich nicht bewusst.

4.5 Zum Verhältnis von Früh- und Spätphilosophie

Nach diesem mosaikartigen Überblick über das anthropologische Denken von Günther Anders nach 1945, der sich jedoch aus der Methode des Gelegenheitsphilosophierens begründet (vgl. AM I: 8f.; AM II: 10; 1982b: 312f.), soll der Versuch einer Systematisierung unternommen werden. Zu fragen ist also, ob die disparaten Befunde in einer werkgeschichtlichen These zusammengeführt werden können. Genauer: Kann auch der Technikphilosoph Günther Anders der Denkrichtung *Philosophische Anthropologie* zugeordnet werden? Und in welchem Verhältnis steht die Technikphilosophie zu den frühen Aufsätzen zur Anthropologie? Meiner Antwort geht ein kurzer Blick auf die Interpretationen anderer Autorinnen und Autoren zum Thema voraus.

4.5.1 Nichts als Brüche und Kontinuitäten?

In einem ersten, recht allgemeinen Zugriff, finden sich Aussagen, dass die frühe Anthropologie die spätere Philosophie „vorwegnimmt und präformiert" (G'schrey 1991: 84), die „Erklärung für unseren heutige[n] Weltzustand der globalisierten Medien- und Technologiegesellschaft" *vorbereitet* (Bahr 2010: 156) oder auch, dass die „These von der

---

[187] Allerdings weist Rohbeck auf einen gleichsam *kritischen Anthropomorphismus* in der Andersschen Technikkritik hin, wenn Maschinen und Apparate als „beseelt, sozialisiert und geschichtsmächtig"(1993: 156) dargestellt werden - Eigenschaften, die sonst einzig dem Menschen zugeordnet werden. Diese Hypostasierung technischer Geräte als intentionale Subjekte weist Rohbeck allerdings an anderer Stelle als wenig zielführend zurück (ebd.: 204).

,Antiquiertheit des Menschen [...] in einer negativen Anthropologie" *gründet*[188] (Bollenbeck 2007: 250; vgl. Dries 2009: 31). Oliver G'schrey erwähnt, dass Anders von seiner Frühphilosophie „später zwar nicht mehr allzu viel wissen wollte" (1991: 84), aber sowohl diese Charakterisierung, als auch die These einer *Anlage* des Späteren im Früheren werden den oben ausführlich gezeigten Vieldeutigkeiten und widerstreitenden Rückbezügen in Anders' Texten nicht gerecht. Ebenso vermag das gegenteilige Urteil in seiner Absolutheit nicht zu überzeugen. Mit Bezug auf Anders' eigene Hinweise (vgl. AM I: 327) heißt es bei Lütkehaus, dass in „der ,Antiquiertheit des Menschen' [...] die frühen Denkmuster geradezu spiegelverkehrt" (1992: 17) wieder auftauchen. Er bezieht dies vor allem auf die Abkehr vom Tier-Mensch-Vergleich und die Umkehrung des Subjekts der Freiheit, muss dann aber z.B. die Aussage Anders' ignorieren, er habe „seit einem halben Jahrhundert" (AM II: 129) im Menschen das nicht-festgelegte Wesen gesehen. Ähnliches gilt für van Dijk, wenn er von einer *Umkehr* der Fragerichtung (bei gleichzeitiger Radikalisierung) gegenüber den frühen Texten - vom Menschen auf die Maschinen - spricht (vgl. 2000: 32). Dabei findet sich bei ihm die Warnung, es sei kaum möglich, die Anderssche Gelegenheitsphilosophie angesichts ihrer Widersprüchlichkeit[189] zu systematisieren (vgl. ebd.: 27) und hinzuzufügen ist: ebenso schwer lässt sie sich daher (bezogen auf die hier interessierende Fragestellung) generalisieren. Doch dies unternimmt auch Joachim Fischer in seiner Monographie über die Philosophische Anthropologie[190]. Für ihn hat Anders in seiner Technikphilosophie das „Scheler-Plessnersche-Projekt [...] produktiv" (2008: 99) aufgenommen, denn er „eröffnete der Philosophischen Anthropologie" (ebd.: 299) die Perspektive „des Mensch/Maschine-Vergleichs" (ebd.). Dass der Wechsel der Vergleichsfolie für Anders keineswegs eine *auch mögliche* Perspektive, sondern die *einzig gültige* unter

188 Bei Paul van Dijk heißt es (im doppelten Sinne) blumig, dass die 1942 vorgetragenen *Thesen über Bedürfnis* (vgl. Anders 1985a) - dort spricht Anders das erste Mal vom *Gefälle* zwischen Mensch und Gerät - „contain the seeds of Anders's negative anthropology" (2000: 37).

189 Ähnlich Bollenbeck: „Sein [Anders', M.M.] Denken ist voller Zweideutigkeiten." (2007: 249)

190 Es wurde schon darauf hingewiesen, dass Fischer vorgeworfen wurde, die Unterschiede in den Denkweisen der Protagonisten nicht genügend zu berücksichtigen (s.o., S. 93). Möglicherweise ist dies auch der Grund, warum er bei Anders vor allem die Kontinuitäten betont.

den Bedingungen der technischen Zivilisation bedeutete[191], wird dabei ebenso übersehen wie die damit einhergehende Distanzierung vom Projekt der Philosophischen Anthropologie als solchem.

Eine differenziertere Herangehensweise ist also angebracht. Werner Reimanns Interpretation des Andersschen Denkens setzt explizit bei den frühen Schriften an. Deren Zentrum bilde die ontologische Differenz von Mensch und Welt, sie ist „das Konstituens der negativen Anthropologie" (Reimann 1992: 60), welche wiederum jede andere Philosophische Anthropologie verabschiedet (vgl. 1990: 20). In der Technikphilosophie nimmt Anders sie im Bild des prometheischen Gefälles wieder auf – als ontologische Differenz von Mensch und Maschine (vgl. ebd.: 62). Die Gegenwartsanalyse sei somit zwar ein Denken, „das um den Menschen bemüht ist" (ebd.: 40), aber die von Anders angebotenen Auswege aus dem *Verhängnis Technik* würden sich diesem selbst als unbegehbar erweisen, so dass der „vielfältige Zweifel am Gelingen [...] zur Gewissheit über das Scheitern" wird[192] (ebd.: 75). Für Reimann gehört das prometheische Gefälle zu dem „metaphysischen und ontologischen Status" (ebd.: 76) des Menschen, diese „anthropologische Konstitution" (ebd.) ist nicht zu überwinden, wir haben uns mit ihr zu arrangieren.

Obwohl Reimann in anderem Zusammenhang die Kontinuität des *negativen* anthropologischen Denkens von Anders zugesteht, denn der „Gedanke des nicht-fixierten Menschen hat seine Gültigkeit für Anders nie verloren" (ebd.: 23), *anthropologisiert* er mit dem prometheischen Gefälle die Festlegung auf die Apokalypse[193]. Eine solche Kontinuitätsthe-

---

191 Reimann spricht gar von einem Paradigmenwechsel – der Übergang von der ontologischen Differenz Mensch-Welt auf die ontologische Differenz Mensch-Maschine (vgl. 1990: 32).

192 Nach Reimann ist der Nihilismus die einzige angemessene Reaktion auf Kontingenz und Weltfremdheit, die sich in den frühen Aufsätzen aus der Stellung des Menschen zur Welt ergibt und später „das universale Produkt der Technik" (1990: 90) ist. Daher subsumiert er Anders' Denken der anthropofugalen Philosophie (vgl. ebd.: 16f.), die der „Gravitation des Humanismus" (Horstmann 1985: 9) zu entkommen sucht.

193 Reimann kann sich dabei allerdings auf die Vorarbeit von Anders selbst stützen. In *Der Blick vom Mond* heißt es nämlich, „daß die Diskrepanz zwischen der Fassungskraft unserer Sinne und der Fähigkeit unseres Produzierens (und damit auch die fatale Verfremdung unserer Leistungen, die uns heute unserer Freiheit beraubt) letztlich in unserem ‚Wesen' gründet; paradoxerweise also gerade in unserer menschlichen Freiheit" (1984d: 45). Es bleibt an dieser Stelle nichts anderes übrig, als diese Aussage gegen den Strich zu lesen – als Plädoyer für die Freiheit und nicht für ein der Technik schicksalhaft verfallenes Wesen des Menschen (s.u., S. 142).

se, die in den frühen Aufsätzen schon die Begründung für das Scheitern der Menschheit angesichts der selbst hervorgerufenen Probleme der modernen Technik sieht, geht fehl, weil sie den *praktischen* Anspruch Günther Anders', jenseits des *theoretischen* Pessimismus für das Weiterbestehen von Mensch und Welt einzutreten, ignorieren muss.

Wenn Reimann also in der negativen Anthropologie die Grundlegung für eine *Philosophie der Menschenflucht* (so der Untertitel des schon angeführten Buches von Horstmann) erkennt, vertritt Christian Dries die gegenteilige Auffassung. Er hält zunächst an Anders' Intention fest „Technik- und Gesellschaftskritik" (Dries 2009: 99) zu betreiben und in diesem Sinne erscheinen ihm dessen Überlegungen auch heute noch hilfreich und inspirierend (vgl. ebd.: 101). Auch er betont die Kontinuität im Andersschen Denken: implizit, bzw. in „Fußnoten und kurzen Exkursen" (ebd.: 75), spielen die „frühen Entwürfe" (ebd.: 30) in allen weiteren Texten eine zentrale Rolle und „geben gewissermaßen den (normativen) Grund ab, auf dem sich das technisch- und gesellschaftskritische Spätwerk entfaltet" (ebd.: 31). Ging es Anders zunächst um die „Grundstrukturen der conditio humana" (ebd.), so später um ihre Veränderungen und Verwüstungen in der Moderne. Umgekehrt habe sich jedoch die Fragerichtung, insofern es vom „Standpunkt der *Weltfremdheit*" (ebd.: 76) um die Analyse der Unbestimmtheit ging, während die moderne Maschinenwelt „den Menschen *fest-stellt*, d.h. [...] die Bedingungen der Möglichkeit des Menschseins - nämlich Weltoffenheit - storniert" (ebd.). Aber auch der antiquierte Mensch benötige angesichts der Kontingenz „Vereinbarungen, die das Zusammenleben regeln und erträglich machen" (ebd.: 99), der Zwang des Menschen zur Moral, der sich aus seiner Künstlichkeit ergab, gilt also weiterhin (vgl. ebd.). Auch hier ist anzumerken, dass über die Betonung der Stetigkeit die Brüche in Anders' Bezugnahme auf das eigene Frühwerk unterrepräsentiert bleiben. Zugleich ist die These von der normativen Grundlegung der Technikphilosophie durch die negative Anthropologie ergänzungsbedürftig. Tatsächlich gehen sämtliche Anstrengungen der Andersschen Nachkriegsphilosophie darauf, dass „die Menschheit weiterbestehen werde" (AM I: 238), aber dieser Anspruch lässt sich laut Anders *nicht* begründen. Im Gegenteil ist es eine Konsequenz der Analyse der Kontingenz, dass „die Frage, warum wir *sollen sollen*" (1982b: 197) nicht beantwortet werden kann. Es gelte jedoch, die Menschen und die Welt *trotzdem* so zu behandeln, als wären sie nicht kontingent, „als käme auf deren Fortbestand alles an" (ebd.). Mithin kann man davon sprechen, dass die negative Anthropologie in dieser Hinsicht wenn nicht *begründend*, so doch *motivierend* für das weitere Werk blieb. Denn wenn es stimmt, „dass der Mensch seiner prinzipiellen Weltoffenheit (= Freiheit) beraubt ist" (Dries 2009: 77), so gilt es, die verlorenen „Seinsmöglichkeiten" (WM: 11) wieder einzuholen.

Auch Margret Lohmann betont diesen Punkt:

> „Die ursprüngliche Freiheit des ‚künstlichen' Wesens Mensch weicht in Anders' Perspektive seiner in Unfreiheit endenden und sich des Menschseins nur noch schamvoll erinnernden Selbstaufhebung. Das Humane erweist sich als ein Intermezzo zwischen zwei Phasen der Unmenschlichkeit: der vor-menschlichen Phase totaler Animalität und der nach-menschlichen Phase totaler Instrumentalität."[194] (1996: 181f.; vgl. Anders 1972: 201)

Während also in der negativen Anthropologie die Analyse der Freiheit, ihres Grundes und ihrer ‚Pathologie' erfolgt, dient die „Kritik der maschinisierten Welt" (Lohmann 1996: 326) ihrer Verteidigung. Für Lohmann zeichnet sich die Werkgeschichte vor allem dadurch aus, dass die frühe Hauptthese der Künstlichkeit zur These von der Antiquiertheit des Menschen *erweitert* wird (vgl. ebd.: 328). Die anthropologischen Arbeiten, vor allem aber die phänomenologische Methode bilden „unhintergehbare Grundlagen" (ebd.) der Technikphilosophie. Da aber offensichtliche Kontextverschiebungen vorliegen und Anders zudem eine Methodenmodifikationen in Richtung einer „prognostischen Hermeneutik" (ebd.; vgl. AM II: 424f.) vornimmt, „kann man ebenso wenig von einem Bruch wie von einer Kontinuität zwischen den einzelnen Entwicklungsabschnitten sprechen" (ebd.). Diese Interpretation verzichtet auf eine vereinheitlichende Feststellung und Eindeutigkeit, die Anders' Texte selbst widerlegen würden. So stimmt es z.B. durchaus, dass Anders „in normativer Hinsicht den anthropozentrisch zu nennenden Standpunkt [bezieht, M.M.], daß der Mensch als Maßstab und so seine Freiheit zurückzugewinnen ist" (ebd.: 184). Gleichzeitig rückt so seine generelle und gegen die Möglichkeit jeder philosophischen Anthropologie gerichtete Kritik des Anthropozentrismus (s.o., S. 132) in den Hintergrund.

Dass eine Einschätzung des Verhältnisses von früher Anthropologie und später Technikphilosophie die Widersprüche im Andersschen Denken reflektieren muss, unterstreicht auch Konrad Paul Liessmann.

---

194 Dabei gleicht die „Einbindung des Menschen in seine Apparatewelt [...] verblüffend der Situation des Tieres nach der Beschreibung der frühen Anthropologie" (Lohmann 1996: 277). Beide müssen sich einer jede Freiheit einschränkenden *Einbettung* ergeben.

Er verdeutlicht dies am Gedanken der Unfestgelegtheit, der zunächst scheinbar trotz aller Modifikationen auch in der exterritorialen Spätphilosophie (vgl. Liessmann 2002: 9) beibehalten wird (vgl. ebd.: 46). Das Lob der Künstlichkeit hätte bei Anders immanent auch zu einer Technikaffirmation führen können (vgl. ebd.). Angesichts der realen Konsequenzen der Technisierung geht es ihm später jedoch „um die Frage, inwiefern der Mensch von genau jener Welt zu seinem existentiellen Nachteil geprägt und geformt wird, die er aufgrund seiner Unfestgelegtheit genötigt war, sich zu entwerfen" (ebd.: 47). Es sind also gerade die „Triumphe des Menschen" (ebd.: 50), die Folgen seiner anthropologischen Freiheit, die ihm zur Gefahr werden. Insofern ist das Paradoxon, dass Anders „die Unfestgelegtheit des Menschen behauptet und dennoch beklagt" (ebd.: 51) kaum lösbar. Angesichts dessen ist für Liessmann die Bedeutung der frühen Anthropologie nur „schwer einzuschätzen" (ebd.: 45). Gewiss sei jedoch, dass Anders' Interesse „von seinen ersten philosophischen Versuchen bis zu seinen letzten Reflexionen kurz vor seinem Tode einem einzigen Thema" (ebd.: 30) galt: dem Menschen. Aus Not und Leidenschaft war er daher immer „in einem eminenten Sinne Anthropologe" (ebd.).

Diese These vertritt letztlich auch Georg Bollenbeck, wenn er konstatiert, Anders' habe stets eine „emphatische Vorstellung vom Menschen" (2007: 246; vgl. ebd.: 248) gehabt und verteidigt, nicht zuletzt, weil ihm schon „im Elternhaus der Begriff ‚Menschenwürde' eingepflanzt" (ebd.: 247; vgl. ebenso Bahr 2010: 74) worden sei. Daher sei es nur konsequent, dass er als Moralphilosoph der Technik „maximalistische Forderungen an das Leben im Namen eines echten ‚Menschseins'" (ebd.: 250) stellte – im Wissen darum, dass sich diese Forderungen jeder normativen Letztbegründung entzogen. Brüche und Diskontinuitäten außen vor lassend, hebt auch er vor allem die Kontinuität des Freiheitsanspruches im Denken von Günther Anders hervor, die sich in der Möglichkeit des Aufschubs der Apokalypse zeigt:

> „Das Überleben der Menschheit ist möglich, weil auch Anders an einer flexiblen Anthropologie festhält. [...] Die Menschen können und sollen ihre moralische Phantasie ausbilden, um das prometheische Gefälle zu überwinden." (ebd.: 251)

4.5.2 *Philosophische* Anthropologie und *philosophische* Anthropologie

Wie es die skizzenhafte (und keineswegs vollständige) Vorstellung der Rückbezüge auf die frühen Überlegungen in der Technikphilosophie von Günther Anders schon gezeigt hatte (s.o, Abs. 4.4) und wie es auch in den eben dargelegten Beurteilungen Dritter zum Ausdruck kam, lässt sich auf jede einseitige Betonung des Moments der Kontinuität des anthropologischen Denkens oder der Abwendung von ihm, ein dementierendes Argument des Autors selbst anführen. Die pessimistisch anmutende Theorie der atomaren Apokalypse, die man in den anthropologischen Untersuchungen zu Weltfremdheit, Kontingenz und Nihilismus vorbereitet sehen kann, wird durch einen unbekümmerten Aktionismus abgemildert. Dem konservativen Anspruch, dass Gegebene angesichts einer fortschreitenden, alles bedrohenden Technisierung zu bewahren, steht die ungebrochene Ambition entgegen, den Menschen als unfestgelegt, frei und künstlich anzuerkennen. Der Verabschiedung jeder Definition des Menschen folgt eine Unzahl charakteristischer spezifischer Differenzen, deren jede dennoch nicht *allein* den Menschen ausmacht. Und der Analyse der Freiheit als einer Kompensation eines anthropologischen Mangels (der geringen Welteinbettung des Menschen) tritt ihre emphatische Verteidigung angesichts der Bedrohungen menschlicher Seinsmöglichkeiten im Zeitalter der Technokratie zur Seite.

Hier soll abschließend, mit Blick auf die oben vorgestellte Unterscheidung von Philosophischer Anthropologie als *Denkansatz*, -richtung bzw. Theorieprogramm und philosophischer Anthropologie als *Disziplin* (s.o., Abs. 3.3) eine meines Erachtens deutlich zu Tage liegende Differenz zwischen den frühen Aufsätzen und den Veröffentlichungen zur Technikphilosophie akzentuiert werden. Anders' Aufsätze in den *Recherches Philosophiques* und ihre Vorarbeiten (erkennbar aber auch in den thematisch anderweitig orientierten Schriften aus deren Entstehungszeit) fügen sich in den *Identitätskern des Denkansatzes der Philosophischen Anthropologie* (s.o., Abs. 3.4). Sowohl in seinen Fragestellungen, als auch in der spezifischen Herangehensweise (antidualistische Philosophie des Menschen, Biologie als Referenzwissenschaft, Zentralität des Mensch-Tier-Vergleichs, Betonung der natürlichen Künstlichkeit) kann man Günther Anders als einen zeitgenössischen Vertreter der Philosophischen Anthropologie neben Max Scheler und Helmuth Plessner einordnen, wenn er auch, wie es bei Fischer heißt, nur ein „Seitenautor des Denkansatzes" (2008: 301) war. Dies machen nicht zuletzt die vielfältigen Bezüge (s.o., Abs. 2.3ff.) auf die anthropologische Diskussion in den dreißiger Jahren deutlich[195].

Mit der Fokussierung auf die Philosophie der Technik - und bezogen auf die philosophische Reflexion über die Atombombe kommt Anders eine Vorreiterrolle zu (vgl. Fohler 2003: 152) - sind zwei wesentliche Entwicklungen im Andersschen Denken zu verzeichnen. Einerseits wendet er sich von rein akademischen Diskussionen ab. Nach der Vorstellung seiner *Thesen über Bedürfnis* im Kreis des exilierten *Instituts für Sozialforschung* (s.o., S. 83f.) finden sich keine veröffentlichten Auseinandersetzungen über die frühe Anthropologie oder auch die sich entwickelnde Technikphilosophie im klassisch akademischen Rahmen. Die *Antiquiertheit des Menschen* entwickelt Anders als solitäre Philosophie[196] - und selbst das Etikett ‚Philosoph' mag er sich nicht unwidersprochen anheften lassen:

> „Obwohl als ‚Philosoph' klassifiziert, interessiere ich mich für Philosophie nur wenig. Mein Interesse gilt der Welt." (GA: 67)

Auch aus dem Diskurs über Philosophische Anthropologie verabschiedet sich Anders. Dabei markiert die thematische, methodische und heuristische Abwendung vom *Denkansatz* der Philosophischen Anthropologie in der Technikphilosophie den *entscheidenden* Bruch. In den Arbeiten zur *Antiquiertheit des Menschen* findet sich kein expliziter und nur sehr eingeschränkt ein impliziter Bezug auf den Identitätskern der Philosophischen Anthropologie, wie er oben erläutert wurde (Abs. 3.3). Den Ansätzen zur Technikphilosophie von Plessner und Gehlen, wie sie in Abschnitt 4.2 kurz vorgestellt wurden, steht Anders fern. Zum Teil werden die Themen und Herangehensweisen schlicht nicht mehr aufgegriffen, zum Teil werden Versatzstücke des Theorieprogrammes aus-

---

195 In diesem Zusammenhang muss auch Bahr (2010: 151) widersprochen werden, wenn er behauptet, der Vortrag über die *Weltfremdheit* habe den *Beginn* des Bruches mit der akademischen Philosophie bedeutet. Er ist das Ergebnis einer mehrjährigen Auseinandersetzung mit den Positionen Plessners, Schelers, Heideggers und Mannheims, entstand also *innerhalb* des akademischen Diskurses, an dessen Ausformulierung Anders' noch lange Zeit arbeitete.

196 Dabei darf diese Tatsache lebensgeschichtlich nicht voluntaristisch überinterpretiert werden. Die Notwendigkeit, sich Fabrikjobs zu suchen (vgl. GA: 38), statt eine akademische Karriere an einer US-Universität anzutreten, war gewiss keine freie Entscheidung. Nicht zuletzt das erzwungene Exil verhinderte eine akademische Karriere. Zumindest 1949/50 hielt Anders jedoch Vorlesungen an der New School for Social Research in New York (vgl. Liessmann 2002: 201).

drücklich verworfen - am deutlichsten zeigt sich dies in der Abwendung von der Vergleichsfolie Mensch-Tier (vgl. AM I: 327). Während Plessner und Gehlen den Denkansatz in der Nachkriegszeit vor allem innerhalb soziologischer Forschungen fortführten (vgl. Fischer 2008: 263ff.) und andere Denker Motive der Philosophischen Anthropologie aufnahmen und weiterentwickelten (vgl. ebd.: 259ff.), kann dies für Anders nicht behauptet werden.

Trotzdem, und darin sind sich die unterschiedlichsten Interpretationen einig (vgl. Reimann 1990: 44; Lohmann 1996: 184; Liessmann 2002: 30; Bollenbeck 2007: 246), betreibt Anders weiterhin eine Philosophie des Menschen, der es auch in praktischer Hinsicht *um den Menschen* geht. Nicht zuletzt wird dies in der oben angeführten anthropologischen These über die veränderten intellektuellen und praktischen Fähigkeiten des modernen Menschen deutlich (s.o., S. 110). Seine Philosophie der Technik sieht sich ja gezwungen, die Technik als Objekt zu wählen (und den Menschen theoretisch *zunächst* zu vernachlässigen): es ist nicht die empirische Feststellung, dass die Technik zum neuen Subjekt der Geschichte (vgl. AM II: 9) geworden ist, die den Philosophen Anders staunen und daher nach ihr fragen lässt, es ist die damit einhergehende Bewertung des Seins des Menschen als durch die Technik bedrohtes. Und die Abwendung dieses in der Technik drohenden Verhängnisses ist die einzige „rechtmäßige Aufgabe heutiger philosophischer Anthropologie" (Anders 1982b: 198). Werkgeschichtlich lässt sich also das Fazit ziehen, dass der Anders der frühen anthropologischen Schriften dem *Denkansatz* der Philosophischen Anthropologie zuzurechnen ist und dass dies für den Anders der Technikphilosophie nicht mehr gilt. Trotzdem geht es ihm noch immer in erster Linie um ein Nachdenken über den Menschen und daher finden seine Reflexionen weiterhin innerhalb der Grenzen der philosophischen Anthropologie als *Disziplin* statt.

5 Schlussbetrachtung

Am Ende des zweiten Bandes der *Antiquiertheit des Menschen* stellt sich Anders in eine Reihe mit einigen „belletristischen Autoren" (AM II: 425) - er nennt Aldous Huxley, Stanislaw Lem und George Orwell - und lobt deren „Darstellungen der von den Maschinen geprägten Menschen" (AM II: 425). Nur „wir Futurologen" (AM II: 429), heißt es dort, könnten angesichts der Ignoranz professioneller Philosophen (vgl. AM II: 425) und skrupelhafter Einzelwissenschaftler (vgl. AM II: 428) gegenüber den technologischen Gefahren, Prognosen aussprechen, die doch eigentlich für alle offen zu tage liegen. Dabei erweise sich der für solcherlei Wahrnehmung nötige phantasievolle Blick „nicht schwieriger als der Blick in die Vergangenheit, oft vielleicht sogar weniger schwierig" (AM II: 429). Ohne die Stichhaltigkeit dieser Behauptung prüfen zu können lässt sich am Ende der vorliegenden Arbeit sagen: Da nicht auszumachen ist, in welcher Weise das Werk von Günther Anders in der Zukunft wirken wird (und ein Großteil der innerhalb seiner Technikphilosophie behandelten Themen hat an Aktualität nichts verloren), war für *mich* ein interpretierender Blick in Günther Anders' werkgeschichtliche Vergangenheit weit weniger *schwierig* als eine *„'prognostische Hermeneutik'"* (AM II: 425). In der Hoffnung, den Andersschen Denkweg vom *tanzenden Phänomenologen* (vgl. Wittulski 1992b: 17) zum luzidesten Kritiker der technischen Welt (vgl. Amery 2004: 375) in Ausschnitten erhellt zu haben, fasse ich die Ergebnisse der Untersuchung kurz zusammen.

Im zweiten Kapitel konnte gezeigt werden, dass der unter phänomenologischem (Husserl) und fundamentalontologischem (Heidegger) Einfluss stehende Günther Anders in der Zeit zwischen 1927 und 1942 systematische anthropologische Studien betrieb. Unter Kenntnis der Arbeiten Max Schelers und Helmuth Plessners (teilweise auch in Kontakt mit ihnen) entwickelte Anders eine Theorie der Stellung des Menschen in der Welt, die sich in der Kategorie der *Weltfremdheit* konzentriert und 1934/35 bzw. 1936/37 in der französischen Zeitschrift *Recherches Philosophiques* einer kleinen Leserschaft zugänglich wurde. Unter Einbeziehung der Vorarbeiten aus dem Nachlass ließ sich die Nähe der Andersschen Konzeption zu den, um die Begriffe der *Weltoffenheit* bzw. *exzentrische Positionalität* kreisenden, Ansätzen von Scheler und Plessner nachweisen.

In einem zweiten Schritt wurde mit Blick auf die Systematisierung von Joachim Fischer der Identitätskern der Philosophischen Anthropologie als eines spezifischen *Denkansatzes* zu Beginn des 20. Jahrhunderts vorgestellt und von einem *disziplinären* anthropologisch-philosophischen Denken unterschieden. Die Prüfung der vorhergehenden Rekonstruktion der frühen Andersschen Philosophie des Menschen - sowohl in den publizierten Texten, als auch in den unveröffentlichten Materialien - wies ihn - in seinen Fragestellungen, in zentralen Herangehensweisen und methodischen Entscheidungen - als Vertreter dieses Denkansatzes aus.

Das letzte Kapitel unternahm eine Untersuchung der Technikphilosophie, die Anders vor allem angesichts des Atombombenabwurfes am Ende des Zweiten Weltkrieges entwickelte. In den Publikationen zu diesem Thema (aber auch in anderen Veröffentlichungen aus der Zeit nach 1945) spielt das frühe anthropologische Denken eine ambivalente Rolle. Neben wohlwollenden Verweisen finden sich strenge Distanzierungen. Deutlich wurde aber (vor allem hinsichtlich der Überlegungen zur Technik von Plessner und Gehlen), dass der späte Günther Anders sich vom Identitätskern der Philosophischen Anthropologie wieder entfernte. Doch zeichnet sich auch seine Philosophie der Technik durch eine „emphatische Vorstellung vom Menschen" (Bollenbeck 2007: 26) aus. Und weil es ihm in allem Theoretisieren immer (auch) um die praktische Rettung von Mensch und Welt, sei es im „Kampf gegen die Atombombe" (Dries 2009: 16) oder in der Erinnerung an die Vernichtung der europäischen Juden (vgl. Anders 1964), ging, kann man den späten Anders zumindest als Vertreter der philosophischen Anthropologie als *Disziplin* bezeichnen.

Es war das Thema der Freiheit, dass sich als roter Faden in den behandelten Texten erwies. Die frühe Anthropologie zeichnet die Freiheit zunächst noch negativ aus, als einen Ausdruck des Abgeschnittenseins des Menschen von der Welt (im Gegensatz zur Einbettung des Tieres), aber sie entwickelte sich nicht zuletzt deshalb zu einer Theorie der *Unbeständigkeit* des Menschen, weil sie die praktischen Beschneidungen und *Fest*-Stellungen der menschlichen Freiheit im nationalsozialistischen Deutschland in ihre Reflexionen einbezog. Und in der Technikphilosophie plädiert Anders eindringlich daran, das Übergehen des Subjektstatus vom Menschen auf die Technik zu korrigieren, seine Autonomie und Freiheit wiederherzustellen und zu bewahren. Auch im 21. Jahrhundert ist, bleibt und wird sich der Mensch - wie es vor nunmehr fast einhundert Jahren Max Scheler formulierte - „völlig und restlos ‚problematisch'" (1976b: 120), „weil er wissenschaftlich und technisch, medizinisch und rechtlich zur Disposition steht" (Gamm 2006: 103). Wer deshalb mit Gerhard Gamm heute die „Aufgabe der *reflexiven*

Anthropologie" darin sieht, „sich kritisch den vereinseitigenden und vergegenständlichenden Bestimmungen, welche die wissenschaftlichen Disziplinen über den Menschen verbreiten, entgegenzusetzen" (ebd.: 111), der tut gut daran, der frühen Anthropologie *und* der späten Technikphilosophie von Günther Anders Aufmerksamkeit zu schenken.

Bibliographie

A) Günther Anders

Siglen

AM I — Anders, Günther, 1956: Die Antiquiertheit des Menschen. Über die Seele im Zeitalter der zweiten industriellen Revolution. München: Beck.

AM II — Anders, Günther, 1980: Die Antiquiertheit des Menschen. Band II. Über die Zerstörung des Lebens im Zeitalter der dritten industriellen Revolution. München: Beck.

GA — Schubert, Elke (Hrsg.), 1987: Günther Anders antwortet. Interviews & Erklärungen. Mit einem einleitenden Essay von Hans-Martin Lohmann. Berlin: Edition Tiamat.

MA — Anders [Stern], Günther, 1927: Materiales Apriori und der sogenannte Instinkt. Ein Beitrag zur Theorie des Wissens. Unveröffentlichtes Typoskript. Wien: Österreichisches Literaturarchiv der Österreichischen Nationalbibliothek (ÖLA), Nachlass Günther Anders, ohne Signatur.

NPM — Anders [Stern], Günther, 1927: Notizen zu Philosophie des Menschen. Unveröffentlichtes Manuskript. Wien: ÖLA, Nachlass G.A., o.S.

PF — Anders [Stern], Günther, 1936/37: Pathologie der Freiheit. Versuch über die Nicht-Identifikation. Rückübersetzung von Werner Reimann. (Im Original erschienen als: Stern, Günther, 1936/37: Pathologie de la liberté. Essai sur la non-identification. In: Recherches Philosophiques 6, S. 22-54.)

PM — Anders [Stern], Günther, 1927-29: Philosophie des Menschen. Unveröffentlichtes Manuskript. Wien: ÖLA, Nachlass G.A., o.S.

PSW — Anders [Stern], Günther, 1928: Die Positionen Schlafen - Wachen relativierender Exkurs. Unveröffentlichtes Typskript. Wien: ÖLA, Nachlass G.A., o.S.

SE — Anders [Stern], Günther, 1929: Situation und Erkenntnis. Unveröffentlichtes Typoskript. Wien: ÖLA, Nachlass G.A., o.S.

ÜdH — Anders [Stern], Günther, 1928: Über das Haben. Sieben Kapitel zur Ontologie der Erkenntnis. Bonn: Cohen.

ÜH Anders, Günther, 2001: Über Heidegger. Herausgegeben von Gerhard Oberschlick in Verbindung mit Werner Reimann als Übersetzer. Mit einem Nachwort von Dieter Thomä. München: Beck.

WM Anders [Stern], Günther, 1934/35: Die Weltfremdheit des Menschen. Rückübersetzung von Werner Reimann (Im Original erschienen als: Stern, Günther, 1934/35: Une interpretation de l'a postériori. In: Recherches Philosophiques 4, S. 65-80.)

VWM Anders [Stern], Günther, 1930: Die Weltfremdheit des Menschen. Vortrag unter dem Titel ‚Freiheit und Erfahrung' gehalten in der Frankfurter Ortsgruppe der Kantgesellschaft, Februar 1930. Gegenüber den mündlichen Ausführungen in wesentlichen Punkten erweitert. Unveröffentlichtes Typoskript. ÖLA, Nachlass G.A., o.S.

Andere Titel

Anders [Stern], Günther, 1926: Über Gegenstandstypen. Phänomenologische Bemerkungen zu Arnold Metzger ‚Der Gegenstand der Erkenntnis'. In: Philosophischer Anzeiger 1 (2. Halbband), S. 359-381.

Anders [Stern], Günther, 1927: Phänomenologie des Zuhörens. In: Zeitschrift für Musikwissenschaft 9, S. 610-619.

Anders, Günther, 1964: Wir Eichmannsöhne: offener Brief an Klaus Eichmann. München: Beck.

Anders, Günther, 1965: Philosophische Stenogramme. München: Beck.

Anders, Günther, 1969: Die Schrift an der Wand. Tagebücher 1941-1966. Berlin (Ost): Union Verlag.

Anders, Günther, 1972: Endzeit und Zeitenende. Gedanken über die atomare Situation. München: Beck.

Anders [Stern], Günther, 1982a [1930]: Über die sog. ‚Seinsverbundeheit' des Bewußtseins. In: Meja, Volker und Nico Stehr (Hrsg.): Der Streit um die Wissenssoziologie. Band. 2. Rezeption und Kritik der Wissenssoziologie. Frankfurt am Main: Suhrkamp, S. 497-514.

Anders, Günther, 1982b: Ketzereien. München: Beck.

Anders, Günther, 1982c: Hiroshima ist überall. München: Beck.

Anders, Günther, 1984a: Mensch ohne Welt. Schriften zur Kunst und Literatur. München: Beck.

Anders, Günther, 1984b [1931]: Der verwüstete Mensch. *Über Welt- und Sprachlosigkeit in Döblins „Berlin Alexanderplatz"*. In: Ders.: Mensch ohne Welt. Schriften zur Kunst und Literatur. München: Beck, S. 3-30.

Anders, Günther, 1984c [1935]: Der letzte Roman. *Gebrauchsanweisung für Döblins Buch „Babylonische Wanderung oder Hochmut kommt vor dem Fall"*. In: Ders.: Mensch ohne Welt. Schriften zur Kunst und Literatur. München: Beck, S. 31-41.

Anders, Günther, 1984d: Der Blick vom Mond. Reflexionen über Weltraumflüge. München: Beck.

Anders, Günther, 1984e: Of all people. In: Ders.: Der Blick vom Turm. Fabeln von Günther Anders. Leipzig/Weimar: Gustav Kiepenheuer, S. 25-26.

Anders, Günther, 1984f: Der Blick vom Turm. Fabeln von Günther Anders. Leipzig/Weimar: Gustav Kiepenheuer.

Anders, Günther, 1985a [1942], Thesen über ‚Bedürfnis', ‚Kultur', ‚Kulturbedürfnis', ‚Kulturwerte', ‚Werte'. In: Horkheimer, Max: Gesammelte Schriften. Band 12. Nachgelassene Schriften 1931-1949. Herausgegeben von Gunzelin Schmid Noerr, Frankfurt am Main: Fischer, S. 579-586.

Anders, Günther, 1985b: Tagebücher und Gedichte. München: Beck.

Anders, Günther 1986: Lieben gestern. Notizen zur Geschichte des Fühlens. München: Beck.

Anders, Günther, 1987a: Gewalt – ja oder nein. Eine notwendige Diskussion. Herausgegeben von Manfred Bissinger. München: Droemersche Verlagsanstalt.

Anders, Günther, 1987b: Die Irrelevanz des Menschen. In: FORVM 35, Nr. 415/416, S. 54-64.

Anders, Günther, 1989a: Sprache und Endzeit II. In: FORVM 36, Nr. 426/427, S. 28-30.

Anders, Günther, 1989c: Sprache und Endzeit III. In: FORVM 36, Nr. 428/429, S. 50-55.

Anders, Günther, 1989d: Sprache und Endzeit V. In: FORVM 36, Nr. 432, S. 62-67.

Anders, Günther, 1990: Sprache und Endzeit VI. In: FORVM 37, Nr. 433-435, S. 17-21.

Anders, Günther, 1992: Die Antiquiertheit des Proletariats. In: FORVM 39, Nr. 462-464, S. 7-11.

Anders, Günther 1994: Mariechen. Eine Gutenachtgeschichte für Liebende, Philosophen und Angehörige anderer Berufsgruppen. 2. Auflage. München: Beck.

Anders, Günther, 1998: Erzählungen. Fröhliche Philosophie. Frankfurt am Main: Suhrkamp.

B) Sonstige verwendete Literatur

Adorno, Theodor W., 1969: Zur Logik der Sozialwissenschaften. In: Ders. et al. (Hrsg.): Der Positivismusstreit in der deutschen Soziologie. Darmstadt/Neuwied: Luchterhand, S. 125-143.

Adorno, Theodor W., 1973: Negative Dialektik. In: Ders.: Gesammelte Schriften. Band 6. Herausgegeben von Rolf Tiedemann. Frankfurt am Main: Suhrkamp, S. 7-412.

Adorno, Theodor W. 1977 [1969]: Wissenschaftliche Erfahrungen in Amerika. In: Ders. Gesammelte Schriften. Band 7. Herausgegeben von Rolf Tiedemann. Frankfurt am Main: Suhrkamp, S. 702-738.

Agard, Olivier, 2006: Die Resonanz der deutschen zeitgenössischen Philosophie in den französischen philosophischen Fachzeitschriften zwischen 1933 und 1945. In: Heinz, Marion und Goran Gretic (Hrsg.): Philosophie und Zeitgeist im Nationalsozialismus: Zur Sache des Denkens. Würzburg: Königshausen und Neumann, S. 23-43.

Amery, Jean, 2004 [1972]: Zu Günther Anders' Anthropologie des homo faber. In: Ders.: Werke. Band 6. Aufsätze zur Philosophie. Herausgegeben von Gerhard Scheit. Stuttgart: Klett-Cotta, S. 374-380.

Arendt, Hannah, 1929: Der Liebesbegriff bei Augustinus. Versuch einer philosophischen Interpretation. Berlin: Springer.

Arendt, Hannah, 1982: Philosophie und Soziologie. In: Meja, Volker und Nico Stehr (Hrsg.): Der Streit um die Wissenssoziologie. Zweiter Band. Rezeption und Kritik der Wissenssoziologie. Frankfurt am Main: Suhrkamp, S. 515-531.

Arendt, Hannah, 1986: Eichmann in Jerusalem. Ein Bericht von der Banalität des Bösen. (Mit einem einleitenden Essay von Hans Mommsen). München/Zürich: Piper.

Arendt, Hannah und Martin Heidegger, 2002: Briefe 1925 bis 1975 und andere Zeugnisse. Aus den Nachlässen herausgegeben von Ursula Ludz. Durchgesehene und erweiterte Auflage. Frankfurt am Main: Vittorio Klostermann.

Aristoteles, 1995: Metaphysik. Nach der Übersetzung von Hermann Bonitz bearbeitet von Horst Seidl. In: Ders.: Philosophische Schriften in sechs Bänden. Darmstadt: Wissenschaftliche Buchgesellschaft.

Bahr, Raimund, 2010: Günther Anders. Leben und Denken im Wort. Wien: Edition Art und Science.

Baumgartner, Hans Michael, 1995: Zur Einleitung: Übersicht, Aufbau und Problemanzeigen (336-350). In: Höffe, Otfried und Annemarie Pieper (Hrsg.): F.W.J. Schelling: Über das Wesen der menschlichen Freiheit. Berlin: Akademie, S. 35-53.

Bernet, Rudolf, 2009: Leiblichkeit bei Husserl und Heidegger. In: Figal, Günter (Hrsg.): Heidegger und Husserl. Neue Perspektiven. Frankfurt am Main: Vittorio Klostermann, S. 43-71.

Böhme, Gernot, 1985: Anthropologie in pragmatischer Hinsicht. Darmstädter Vorlesungen. Frankfurt am Main: Suhrkamp.

Bollenbeck, Georg, 2007: Eine Geschichte der Kulturkritik: von J.J. Rousseau bis G. Anders. München: Beck.

Brentano, Margherita von, 1987: Günther Anders' Philosophie des Atomzeitalters. In: Schulte, Christoph (Hrsg.): Friedensinitiative Philosophie: Um Kopf und Krieg. Darmstadt/Neuwied: Luchterhand, S. 11-30.

Broniowski, Stefan, 2003: Der überschätzte Unbekannte. Günther Anders: Ein Philosoph oder doch nur ein Prophet? In: Röpcke, Dirk und Raimund Bahr (Hrsg.): Geheimagent der Masseneremiten - Günther Anders. 2., überarbeitete Auflage. St. Wolfgang: Edition Art und Science, S. 129-147.

Brumlik, Micha, 1988: Günther Anders. Zur Existentialontologie der Emigration. In: Diner, Dan (Hrsg.): Zivilisationsbruch. Denken nach Auschwitz. Frankfurt am Main: Fischer, S. 111-149.

Burger, Rudolf, 1990: Die Philosophie des Aufschubs. In: FORVM 37, Nr. 444, S. 16-19.

Cassirer, Ernst, 1996 [1930]: Form und Technik. In: Fischer, Peter (Hrsg.): Technikphilosophie. Von der Antike bis zur Gegenwart. Leipzig: Reclam, S. 157-213.

David, Christophe, 2002: Falsche Zwillingsbrüder. Günther Anders und Jean Paul Sartre. In: Röpcke, Dirk und Raimund Bahr (Hrsg.): Geheimagent der Masseneremiten - Günther Anders. 2., überarbeitete Auflage. St. Wolfgang: Edition Art und Science, S. 89-111.

Dietze, Carola, 2006: Nachgeholtes Leben. Helmuth Plessner 1892-1985. Göttingen: Wallstein.

Dijk, Paul van, 2000: Anthropology in the Age of Technology. The Philosophical Contribution of Günther Anders. Amsterdam/Atlanta, GA: Rodopi.

Diner, Dan (Hrsg.), 1988: Zivilisationsbruch: Denken nach Auschwitz. Frankfurt am Main: Fischer.

Dries, Christian, 2009: Günther Anders. Paderborn: Wilhelm Fink.

Eidson, John (Hrsg.), 2008: Das anthropologische Projekt. Perspektiven aus der Forschungslandschaft Halle/Leipzig. Leipzig: Universitätsverlag.

Ellensohn, Reinhard 2008: Der andere Anders. Günther Anders als Musikphilosoph. Frankfurt am Main: Peter Lang.

Figal, Günter, 1988: Martin Heidegger - Phänomenologie der Freiheit. Frankfurt am Main: Athenäum.

Fischer, Joachim, 2000: Exzentrische Positionalität. Plessners Grundkategorie der Philosophischen Anthropologie. In: Deutsche Zeitschrift für Philosophie 48, S. 265-288.

Fischer, Joachim 2008: Philosophische Anthropologie. Eine Denkrichtung des 20. Jahrhunderts. Freiburg/München: Alber.

Fischer, Peter, 2004: Philosophie der Technik. München: Wilhelm Fink.

Fohler, Susanne, 2003: Techniktheorien. Der Platz der Dinge in der Welt des Menschen. München: Wilhelm Fink.

Freud, Sigmund, 1969 [1917]: Vorlesungen zur Einführung in die Psychoanalyse. In: Ders.: Studienausgabe. Band 1. Herausgegeben von Alexander Mitscherlich, Angela Richards und James Strachey. Frankfurt am Main: Fischer, S. 34-445.

Freudenberg, Dirk, 2008: Theorie des Irregulären. Partisanen, Guerillas und Terroristen im modernen Krieg. Wiesbaden: VS Verlag für Sozialwissenschaften.

Frings, Manfred, 1976: Nachwort des Herausgebers. In: Scheler, Max: Gesammelte Werke. Band 9. Späte Schriften. Mit einem Anhang herausgegeben von Manfred Frings. Bern/München: Francke, S. 343-364.

Fuld, Werner, 1992: Zwischen Film und Bombe. Die Kontinuität des Andersschen Denkens. In: Liessmann, Konrad Paul (Hrsg.): Günther Anders kontrovers. München: Beck, S. 114-123.

Gamm, Gerhard, 2006: „Abgerissenes Bruchstück eines ganzen Geschlechts" - Philosophische Anthropologie in der Leere des zukünftigen Menschen. In: Krüger, Hans-Peter und Gesa Lindemann (Hrsg.): Philosophische Anthropologie im 21. Jahrhundert. Berlin: Akademie, S. 103-121.

Gehlen, Arnold 1986: Anthropologische und Sozialpsychologische Studien. Mit einem Nachwort von Herbert Schnädelbach. Reinbek bei Hamburg: Rowohlt.

Gehlen, Arnold, 2004a: Der Mensch. Seine Natur und Stellung in der Welt. Mit einer Einführung von Karl-Siegbert Rehberg. 14. Auflage. Wiebelsheim: Aula.

Gehlen, Arnold, 2004b: Urmensch und Spätkultur: philosophische Ergebnisse und Aussagen. 6. Erweiterte Auflage. Frankfurt am Main: Vittorio Klostermann.

Gehring, Petra, 2008: Traum und Wirklichkeit: Zur Geschichte einer Unterscheidung. Frankfurt am Main: Campus.

G'schrey, Oliver, 1991: Günther Anders: ‚Endzeit'-Diskurs und Pessimismus. Cuxhaven: Junghans-Verlag.

Großheim, Michael, 2003: Heidegger und die Philosophische Anthropologie (Max Scheler, Helmuth Plessner, Arnold Gehlen). Von der Abwehr der anthropologischen Subsumtion zur Kulturkritik des Anthropozentrismus. In: Thomä, Dieter (Hrsg.): Heidegger-Handbuch: Leben - Werk - Wirkung. Stuttgart: Metzler, S. 333-337.

Hartmann, Nicolai, 1926: Kategoriale Gesetze. Ein Kapitel zur Grundlegung der allgemeinen Kategorienlehre. In: Philosophischer Anzeiger 1 (2. Halbband), S. 201-266.

Hartung, Gerald, 2003: Das Maß des Menschen. Aporien der philosophischen Anthropologie und ihre Auflösung in der Kulturphilosophie Ernst Cassirers. Weilerswist: Velbrück.

Hartung, Gerald, 2008a: Philosophische Anthropologie. Stuttgart: Reclam.

Hartung, Gerald, 2008b: Philosophische Anthropologie als Leitwissenschaft vom Menschen: Scheler, Heidegger, Plessner und Cassirer. In: Eidson, John (Hrsg.): Das anthropologische Projekt. Perspektiven aus der Forschungslandschaft Halle/Leipzig. Leipzig: Universitätsverlag, S. 39-62.

Haucke, Kai, 1998: Anthropologie bei Heidegger. Über das Verhältnis seines Denkens zur philosophischen Tradition. In: Philosophisches Jahrbuch. 105/II, S. 321-345.

Haug, Wolfgang Fritz, 1991: Jean-Paul Sartre und die Konstruktion des Absurden. Dritte, veränderte Auflage. Hamburg: Argument.

Hegel, Georg Wilhelm Friedrich, 1970 [1821]: Werke 7. Grundlinien der Philosophie des Rechts oder Naturrecht und Staatswissenschaft im Grundrisse. Mit Hegels eigenhändigen Notizen und den mündlichen Zusätzen. Herausgegeben von Eva Moldenhauer und Karl Markus Michael. Frankfurt am Main: Suhrkamp.

Heidegger, Martin, 1967 [1927]: Sein und Zeit. Tübingen: Max Niemeyer.

Heidegger, Martin, 1977 [1938]: Die Zeit des Weltbildes. In: Ders.: Gesamtausgabe. Band 5. Holzwege. Herausgegeben von Friedrich Wilhelm von Herrmann. Frankfurt am Main: Vittorio Klostermann, S. 75-113.

Heidegger, Martin, 1983 [1929/30]: Gesamtausgabe. Band 29/30. Die Grundbegriffe der Metaphysik. Welt - Endlichkeit -Einsamkeit. Herausgegeben von Friedrich Wilhelm von Herrmann. Frankfurt am Main: Vittorio Klostermann.

Heidegger, Martin, 1991 [1929]: Gesamtausgabe. Band 3. Kant und das Problem der Metaphysik. Herausgegeben von Friedrich Wilhelm von Herrmann. Frankfurt am Main: Vittorio Klostermann.

Heidegger, Martin, 2000a [1933]: Die Selbstbehauptung der deutschen Universität. In: Ders.: Gesamtausgabe. Band 16. Reden und andere Zeugnisse eines Lebensweges. Herausgegeben von Hermann Heidegger. Frankfurt am Main: Vittorio Klostermann, S. 107-117.

Heidegger, Martin, 2000b [1953]: Die Frage nach der Technik. In: Ders.: Gesamtausgabe. Band 7. Vorträge und Aufsätze. Herausgegeben von Friedrich Wilhelm von Herrmann. Frankfurt am Main: Vittorio Klostermann, S. 5-36.

Heidegger, Martin, 2000c [1936-46]: Überwindung der Metaphysik. In: Ders. Gesamtausgabe. Band 7. Vorträge und Aufsätze. Herausgegeben von Friedrich Wilhelm von Herrmann. Frankfurt am Main: Vittorio Klostermann, S. 67-98.

Heidegger, Martin, 2000d [1955]: Gelassenheit. In: Ders.: Gesamtausgabe. Band 16. Reden und andere Zeugnisse eines Lebensweges. Herausgegeben von Hermann Heidegger. Frankfurt am Main: Vittorio Klostermann, S. 517-529.

Heilbut, Anthony, 1983: Exiled in paradise. New York: Viking Press.

Henckmann, Wolfhart, 1998: Max Scheler. München: Beck.

Herder, Johann Gottfried, 1985 [1772]: Abhandlung über den Ursprung der Sprache. In: Ders.: Frühe Schriften 1764-1772. Herausgegeben von Ulrich Gaier. Frankfurt am Main: Deutscher Klassiker Verlag, S. 695-810.

Hildebrandt, Helmut, 1990: Weltzustand Technik. Ein Vergleich der Technikphilosophien von Günther Anders und Martin Heidegger. Berlin: Metropol.

Hildebrandt, Helmut, 1992a: Günther Anders und die philosophische Tradition. In: Text und Kritik. Heft 115. Günther Anders. Herausgegeben von Heinz Ludwig Arnold, S. 58-63.

Hildebrandt, Helmut, 1992b: Anders und Heidegger. In: Liessmann, Konrad Paul (Hrsg.): Günther Anders kontrovers. München: Beck, S. 34-48.

Hobbes, Tomas, 1996 [1651]: Leviathan. Aus dem Englischen übertragen von Jutta Schlösser. Mit einer Einführung und herausgegeben von Hermann Klenner. Hamburg: Meiner.

Höffe, Otfried und Annemarie Pieper (Hrsg.), 1995: F.W.J. Schelling: Über das Wesen der menschlichen Freiheit. Berlin: Akademie.

Homann, Heide, 1992: Artikel Schlaf. In: Ritter, Joachim und Karlfried Gründer (Hrsg.): Historisches Wörterbuch der Philosophie. Band 8. Basel: Schwabe, Sp. 1296-1299.

Horkheimer, Max (Hrsg.), 1985 [1932-1941]: Zeitschrift für Sozialforschung. Band 1-9. Herausgegeben von Alfred Schmidt. München: Deutscher Taschenbuchverlag.

Horkheimer, Max, 1988 [1935]: Bemerkungen zur philosophischen Anthropologie. In: Ders.: Gesammelte Schriften. Band 3. Schriften 1931-1936. Herausgegeben von Alfred Schmidt und Gunzelin Schmid Noerr. Frankfurt am Main: Fischer, S. 249-276.

Horstmann, Ulrich, 1985: Das Untier. Konturen einer Philosophie der Menschenflucht. Frankfurt am Main: Suhrkamp.

Husserl, Edmund, 1952: Ideen zu einer reinen Phänomenologie und phänomenologischen Philosophie. Zweites Buch. Phänomenologische Untersuchungen zur Konstitution. (Husserliana. Gesammelte Werke, Band IV) Herausgegeben von Marly Biemel. Haag: Nijhoff.

Jung, Thomas, 2007: Die Seinsgebundenheit des Denkens. Karl Mannheim und die Grundlegung einer Denksoziologie. Bielefeld: Transcript.

Jungk, Robert, 1992: Günther Anders und die andere Zukunft. In: Liessmann, Konrad Paul (Hrsg.): Günther Anders kontrovers. München: Beck, S. 292-296.

Kant, Immanuel, 1968a [1784]: Beantwortung der Frage: Was ist Aufklärung? In: Ders.: Werke XI. Schriften zur Anthropologie, Geschichtsphilosophie, Politik und Pädagogik 1. Herausgegeben von Wilhelm Weischedel. Frankfurt am Main: Suhrkamp, S. 51-61.

Kant, Immanuel, 1968b [1788]: Kritik der praktischen Vernunft. In: Ders.: Werke VII. Schriften zur Ethik und Religionsphilosophie 1. Herausgegeben von Wilhelm Weischedel. Frankfurt am Main: Suhrkamp, S. 103-302.

Kant, Immanuel, 1968c [1798]: Anthropologie in pragmatischer Hinsicht. In: Ders.: Werke XII. Schriften zur Anthropologie, Geschichtsphilosophie, Politik und Pädagogik 2. Herausgegeben von Wilhelm Weischedel. Frankfurt am Main: Suhrkamp, S. 395-690.

Kant, Immanuel, 1923 [1800]: Werke. Band IX. Logik. Physische Geographie. Pädagogik. Herausgegeben von der Königlich Preußischen Akademie der Wissenschaften. Berlin/Leipzig: de Gruyter.

Köhnke, Klaus Christian, 1986: Entstehung und Aufstieg des Neukantianismus. Die deutsche Universitätsphilosophie zwischen Idealismus und Positivismus. Frankfurt am Main: Suhrkamp.

Kramer, Wolfgang, 1998: Technokratie als Entmaterialisierung der Welt. Zur Aktualität der Philosophien von Günther Anders und Jean Baudrillard. Münster et al.: Waxmann.

Krüger, Hans-Peter, 2006: Die Fraglichkeit menschlicher Lebewesen. Problemgeschichtliche und systematische Dimensionen. In: Ders. und Gesa Lindemann (Hrsg.): Philosophische Anthropologie im 21. Jahrhundert. Berlin: Akademie, S. 15-41.

Krüger, Hans-Peter, 2010: Gehirn, Verhalten und Zeit. Philosophische Anthropologie als Forschungsrahmen. Berlin: Akademie.

Landmann, Michael, 1976: Philosophische Anthropologie. Menschliche Selbstdeutung in Geschichte und Gegenwart. Vierte, überarbeitete und erweiterte Auflage. Berlin/New York: De Gruyter.

Latour, Bruno, 1998: Wir sind nie modern gewesen. Versuche einer symmetrischen Anthropologie. Frankfurt am Main: Fischer.

Lenk, Hans, 2010: Das flexible Vielfachwesen. Einführung in die moderne philosophische Anthropologie zwischen Bio-, Techno- und Kulturwissenschaften. Weilerswist: Velbrück.

Liessmann, Konrad Paul, 1988: Günther Anders zur Einführung. Hamburg: Junius.

Liessmann, Konrad Paul, 1992 (Hrsg.): Günther Anders kontrovers. München: Beck.

Liessmann, Konrad Paul, 2002: Günther Anders: Philosophieren im Zeitalter der technischen Revolution. München: Beck.

Liessmann, Konrad Paul, 2007: Verzweiflung und Verantwortung. Koinzidenz und Differenz im Denken von Hans Jonas und Günther Anders. In: Bahr, Raimund (Hrsg.): Zugänge: Günther Anders - Leben und Werk. Wien: Edition Art und Science, S. 7-33.

Lohmann, Margret, 1996: Philosophieren in der Endzeit: zur Gegenwartsanalyse von Günther Anders. München: Wilhelm Fink.

Luckner, Andreas, 1995: Martin Heidegger: Fundamentalontologie als Anti-Anthropologie. In: Weiland, René (Hrsg.): Philosophische Anthropologie der Moderne. Weinheim: Beltz Athenäum, S. 86-98.

Luckner, Andreas, 2008: Heidegger und das Denken der Technik. Bielefeldt: Transcript.

Lütkehaus, Ludger, 1992: Philosophieren nach Hiroshima. Über Günther Anders. Frankfurt am Main: Fischer.

Lütkehaus, Ludger, 2002: Unterwegs zu einer Dingpsychologie. Für einen Paradigmenwechsel in der Psychologie. Gießen: Psychosozial-Verlag.

Mannheim, Karl, 1985 [1929]: Ideologie und Utopie. Frankfurt am Main: Vittorio Klostermann.

Mannheim, Karl, 1986: Utopie. In: Neusüß, Arnhelm (Hrsg.): Utopie. Begriff und Phänomen des Utopischen. Frankfurt am Main: Campus, S. 113-120.

Marquard, Odo, 1971: Artikel Anthropologie. In: Ritter, Joachim und Karlfried Gründer (Hrsg.): Historisches Wörterbuch der Philosophie. Band 1. Basel: Schwabe, Sp. 362-374.

Marquard, Odo, 1973: Zur Geschichte des philosophischen Begriffs ‚Anthropologie' seit dem Ende des achtzehnten Jahrhunderts. In: Ders.: Schwierigkeiten mit der Geschichtsphilosophie. Aufsätze. Frankfurt am Main: Suhrkamp, S. 122-144.

Marquard, Odo, 2000 [1983]: Homo compensator. Zur anthropologischen Karriere eines anthropologischen Begriffs. In: Ders.: Philosophie des Stattdessen. Stuttgart: Reclam, S. 11-29.

Marquard, Odo, 2007 [2002]: Sprachmonismus und Sprachpluralismus in der Philosophie. In: Ders.: Skepsis in der Moderne. Philosophische Studien. Stuttgart: Reclam, S. 72-82.

Marx, Karl, 1969 [1888]: Thesen über Feuerbach. In: Marx-Engels-Werke. Band 3. Berlin (Ost): Dietz, S. 533-535.

Meyer-Drawe, Käthe, 2004: Leib. In: Vetter, Helmuth (Hrsg.): Wörterbuch der phänomenologischen Begriffe. Hamburg: Meiner, S. 331-337.

Mitscherlich, Olivia, 2008: Wozu Philosophische Anthropologie? In: Deutsche Zeitschrift für Philosophie 56, S. 812-818.

Nietzsche, Friedrich, 1988 [1886]: Jenseits von Gut und Böse. In: Ders.: Sämtliche Werke. Kritische Studienausgabe in 15 Bänden. Band 5. Herausgegeben von Giorgio Colli und Mazzino Montinari. München: Deutscher Taschenbuchverlag, S. 9-243.

Pascher, Manfred, 1997: Einführung in den Neukantianismus: Kontext – Grundpositionen – praktische Philosophie. München: Wilhelm Fink.

Peters, Günter, 1999: Literarisches Philosophieren mit dem Mythos ‚Prometheus'. In: Faber, Richard und Barbara Neumann (Hrsg.): Literarische Philosophie – philosophische Literatur. Würzburg: Königshausen und Neumann, S. 39-62.

Platon, 1977: Werke in acht Bänden. Griechisch und Deutsch. Herausgegeben von Gunther Eigler. Darmstadt: Wissenschaftliche Buchgesellschaft.

Plessner, Helmut, 1957: Anthropologie II. Philosophisch. In: Die Religion in Geschichte und Gegenwart. Handwörterbuch für Theologie und Religionswissenschaft. Tübingen: Mohr-Siebeck, Sp. 410-414.

Plessner, Helmuth, 1981 [1924]: Grenzen der Gemeinschaft. Eine Kritik des sozialen Radikalismus. In: Ders.: Gesammelte Schriften V. Macht und menschliche Natur. Herausgegeben von Günter Dux, Odo Marquardt und Elisabeth Ströker. Frankfurt am Main: Suhrkamp, S. 7-133.

Plessner, Helmuth, 1982a [1941]: Lachen und Weinen. In: Ders.: Gesammelte Schriften VII. Ausdruck und menschliche Natur. Herausgegeben von Günter Dux, Odo Marquardt und Elisabeth Ströker. Frankfurt am Main: Suhrkamp, S. 201-387.

Plessner, Helmuth, 1982b [1948]: Zur Anthropologie des Schauspielers. In: Ders.: Gesammelte Schriften VII. Ausdruck und menschliche Natur. Herausgegeben von Günter Dux, Odo Marquardt und Elisabeth Ströker. Frankfurt am Main: Suhrkamp, S. 403-418.

Plessner, Helmuth, 1982c [1950]: Das Lächeln. In: Ders.: Gesammelte Schriften VII. Ausdruck und menschliche Natur. Herausgegeben von Günter Dux, Odo Marquardt und Elisabeth Ströker. Frankfurt am Main: Suhrkamp, S. 419-434.

Plessner, Helmuth, 1982d [1961]: Der imitatorische Akt. In: Ders.: Gesammelte Schriften VII. Ausdruck und menschliche Natur. Herausgegeben von Günter Dux, Odo Marquardt und Elisabeth Ströker. Frankfurt am Main: Suhrkamp, S. 446-457.

Plessner, Helmuth, 1983a [1937]: Die Aufgabe der Philosophischen Anthropologie. In: Ders.: Gesammelte Schriften VIII. Conditio Humana. Herausgegeben von Günter Dux, Odo Marquard und Elisabeth Ströker. Frankfurt am Main: Suhrkamp, S. 33-51.

Plessner, Helmuth, 1983b [1969]: Homo absconditus. In: Ders.: Gesammelte Schriften VIII. Conditio Humana. Herausgegeben von Günter Dux, Odo Marquard und Elisabeth Ströker. Frankfurt am Main: Suhrkamp, S. 353-366.

Plessner, Helmuth, 1985a [1924]: Die Utopie in der Maschine. In: Ders.: Gesammelte Schriften X. Schriften zur Soziologie und Sozialphilosophie. Herausgegeben von Günter Dux, Odo Marquard und Elisabeth Ströker. Frankfurt am Main: Suhrkamp, S. 31-40.

Plessner, Helmuth, 1985b [1936]: Die Entzauberung des Fortschritts. In: Ders.: Gesammelte Schriften X. Schriften zur Soziologie und Sozialphilosophie. Herausgegeben von Günter Dux, Odo Marquard und Elisabeth Ströker. Frankfurt am Main: Suhrkamp, S. 71-79.

Plessner, Helmuth, 1985c [1969]: Technik und Gesellschaft in Gegenwart und Zukunft. In: Ders.: Gesammelte Schriften X. Schriften zur Soziologie und Sozialphilosophie. Herausgegeben von Günter Dux, Odo Marquard und Elisabeth Ströker. Frankfurt am Main: Suhrkamp, S. 294-301.

Pöggeler, Otto, 1999: Existenziale Anthropologie. In: Ders.: Heidegger in seiner Zeit. München: Wilhelm Fink, S. 174-186.

Rehberg, Karl-Siegbert, 1981: Philosophische Anthropologie und die ‚Soziologisierung' des Wissens vom Menschen. In: Lepsius, Rainer M. (Hrsg.): Soziologie in Deutschland und Österreich. Kölner Zeitschrift für Soziologie und Sozialpsychologie. Sonderheft 23, S. 160-197.

Rehberg, Karl-Siegbert, 1993: Nachwort des Herausgebers. In: Arnold Gehlen: Gesamtausgabe. Band 3.2. Der Mensch. Seine Natur und seine Stellung in der Welt. Teilband 2. Herausgegeben von Karl-Siegbert Rehberg. Frankfurt am Main: Vittorio Klostermann, S. 751-786.

Reijen, Willem van, 2008: Martin Heidegger. Paderborn: Wilhelm Fink.

Reimann, Werner, o.J.: Editorisches. In: Anders (Stern), Günther, 1934/35: Die Weltfremdheit des Menschen. Rückübersetzung von Werner Reimann (Im Original erschienen als: Stern, Günther, 1934/35: Une interpretation de l'a postériori. In: Recherches Philosophiques 4, S. 65-80.)

Reimann, Werner, 1990: Verweigerte Versöhnung. Zur Philosophie von Günther Anders. Wien: Passagen.

Reimann, Werner, 1992: Nihilismus und Scham. In: Liessmann, Konrad Paul (Hrsg.): Günther Anders kontrovers. München: Beck, S. 57-71.

Rilke, Rainer, Maria, 1975: Duineser Elegien. In: Ders.: Sämtliche Werke. Werkausgabe. Band 2. Frankfurt am Main: Insel, 683-726.

Rohbeck, Johannes, 1993: Technologische Urteilskraft. Zu einer Ethik technischen Handelns. Frankfurt am Main: Suhrkamp.

Sachsse, Hans, 1978: Anthropologie der Technik: ein Beitrag zur Stellung des Menschen in der Welt. Braunschweig: Vieweg.

Sander, Angelika, 2001: Scheler zur Einführung. Hamburg: Junius.

Scheler, Max, 1954 [1916]: Der Formalismus in der Ethik und die materiale Wertethik. Neuer Versuch der Grundlegung eines ethischen Personalismus. Gesammelte Werke. Band 2. Vierte durchgesehene Auflage, herausgegeben von Maria Scheler. Bern/München: Francke.

Scheler, Max, 1955 [1915]: Zur Idee des Menschen. In: Ders.: Gesammelte Werke. Band 3. Vom Umsturz der Werte. Abhandlungen und Aufsätze. Bern/München: Francke, 171-195.

Scheler, Max, 1957a [1933]: Über Scham und Schamgefühl. In: Ders.: Gesammelte Werke. Band 10. Schriften aus dem Nachlass. Band I. Herausgegeben von Maria Scheler. 2. Auflage. Bern/München: Francke, S. 65-154.

Scheler, Max, 1957b: Gesammelte Werke. Band 10. Schriften aus dem Nachlass. Band I. Herausgegeben von Maria Scheler. 2. Auflage. Bern/München: Francke.

Scheler, Max, 1976a [1928]: Die Stellung des Menschen im Kosmos. In: Ders.: Gesammelte Werke. Band 9. Späte Schriften. Mit einem Anhang herausgegeben von Manfred Frings. Bern/München: Francke, S. 7-71.

Scheler, Max, 1976b [1929]: Mensch und Geschichte. In: Ders.: Gesammelte Werke. Band 9. Späte Schriften. Mit einem Anhang herausgegeben von Manfred Frings. Bern/München: Francke, S. 120-144.

Schelling, Friedrich Wilhelm Joseph, 1990 [1809]: Philosophische Untersuchungen über das Wesen der menschlichen Freiheit und die damit zusammenhängenden Gegenstände. In: Ders.: Ausgewählte Werke. Schriften von 1806-1813. Darmstadt: Wissenschaftliche Buchgesellschaft., S. 275-360.

Schloßberger, Matthias, 2000: Philosophie der Scham. In: Deutsche Zeitschrift für Philosophie 48, S. 807-829.

Schnädelbach, Herbert, 1983: Epilog: Der Mensch. In: Ders.: Philosophie in Deutschland 1831-1933. Frankfurt am Main: Suhrkamp, S. 263-281.

Schubert, Elke, 1992: Günther Anders. Reinbek bei Hamburg: Rowohlt.

Schürmann, Volker, 2009: Buchbesprechung: Joachim Fischer, Philosophische Anthropologie. Eine Denkrichtung des 20. Jahrhunderts. In: Philosophisches Jahrbuch 116/II, S. 463-466.

Schulz, Walter, 1972: Philosophie in der veränderten Welt. Pfullingen: Neske.

Seifert, Friedrich, 1935: Zum Verständnis der anthropologischen Wende in der Philosophie. In: Blätter für Deutsche Philosophie 8, S. 393-410.

Stephens, Anthony, 2004: Duineser Elegien. In: Engel, Manfred (Hrsg.): Rilke Handbuch. Leben - Werk - Wirkung. Stuttgart: Metzler, S. 365-384.

Strasser, Peter, 1992: Kritik der Antiquiertheit. In: Liessmann, Konrad Paul (Hrsg.): Günther Anders kontrovers. München: Beck, S. 278-291.

Strümpel, Jan, 1992: Vita Günther Anders. In: Text und Kritik. Heft 115. Günther Anders. Herausgegeben von Heinz Ludwig Arnold, S. 86-88.

Thies, Christian, 2007: Gehlen zur Einführung. 2., ergänzte Auflage. Hamburg: Junius.

Thies, Christian, 2004: Einführung in die philosophische Anthropologie. Darmstadt: Wissenschaftliche Buchgesellschaft.

Thomä, Dieter, 2001: Gegen Selbsterhitzung und Naturvergessenheit. Nachwort zur Aktualität des Philosophen Günther Anders. In: Anders, Günther: Über Heidegger. Herausgegeben von Gerhard Oberschlick. München: Beck, S. 398-433.

Thomä, Dieter (Hrsg.), 2003: Heidegger-Handbuch: Leben - Werk - Wirkung. Stuttgart: Metzler.

Thomä, Dieter, 2007: Das natürliche Leben und die Aufgaben des Philosophen. Anmerkungen über Günther Anders mit Seitenblicken auf Husserl, Heidegger, Arendt und Foucault. In: Bahr, Raimund (Hrsg.): Günther Anders - Zugänge. Wien: Edition Art und Science, S. 35-67.

Türcke, Christoph, 2008: Philosophie des Traums. München: Beck.

Tugendhat, Ernst, 2007: Anthropologie als „erste Philosophie". In: Ders.: Anthropologie statt Metaphysik. München: Beck, S. 34-54.

Verein Ernst Mach (Hrsg.), 2006 [1929]: Wissenschaftliche Weltauffasung. Der Wiener Kreis. In: Wiener Kreis. Texte zur wissenschaftlichen Weltauffassung von Rudolf Carnap, Otto Neurath, Moritz Schlick, Philipp Frank, Hans Hahn, Karl Menger, Edgar Zilsel und Gustav Bergmann. Herausgegeben von Michael Stöltzner und Thomas Uebel. Hamburg: Meiner, S. 3-29.

Vohwinckel, Annette, 2001: Geschichtsbegriff und Historisches Denken bei Hannah Arendt. Köln: Böhlau.

Weiland, René (Hrsg.), 1995: Philosophische Anthropologie der Moderne. Weinheim: Beltz Athenäum

Wiggershaus, Rolf, 1986: Die Frankfurter Schule. Geschichte. Theoretische Entwicklung. Politische Bedeutung. München/Wien: Hanser.

Wittulski, Eckhard, 1989: Kein Ort, Nirgends: zur Gesellschaftskritik Günther Anders'. Frankfurt am Main: Herchen.

Wittulski, Eckard, 1992a: Günther Anders - Treue nach Vorn. Von der Phänomenologie zur Diskrepanzphilosophie. Bibliographie. (Dissertation)

Wittulski, Eckard, 1992b: Der tanzende Phänomenologe. In: Liessmann, Konrad Paul (Hrsg.): Günther Anders kontrovers. München: Beck, S. 17-33.

Wolf, Thomas R., 2005: Hermeneutik und Technik. Martin Heideggers Auslegung des Lebens und der Wissenschaft als Antwort auf die Krise der Moderne. Würzburg: Königshausen und Neumann.

Wunsch, Matthias, 2010: Heidegger - ein Vertreter der Philosophischen Anthropologie? Über seine Vorlesung *Die Grundbegriffe der Metaphysik*. In: Deutsche Zeitschrift für Philosophie 58, S. 543-560.

Young-Bruehl, Elisabeth, 1986: Hannah Arendt: Leben, Werk und Zeit. Frankfurt am Main: Fischer.

Zaborowski, Holger, 2010: „Eine Frage von Irre und Schuld?" Martin Heidegger und der Nationalsozialismus. Frankfurt am Main: Fischer.

Zahavi, Dan, 2009: Husserls Phänomenologie. Tübingen: Mohr Siebeck.

Personenregister

(Kursiv gesetzte Angaben verweisen auf Erwähnungen in Fußnoten.)

Zeitfracht Medien GmbH
Ferdinand-Jühlke-Straße 7
99095 Erfurt, Deutschland
produktsicherheit@kolibri360.de